LITTÉRATURE, IMMIGRATION ET IMAGINAIRE AU QUÉBEC ET EN AMÉRIQUE DU NORD

Illustration de couverture :
Tristan Batko, « Intégration / Influence », 2004.
Maquette : Hafid Gafaïti

©L'Harmattan, 2006
ISBN : 2-296-00264-1
EAN : 9782296002647

Études transnationales, francophones et comparées
Transnational, Francophone and Comparative Studies

Collection dirigée par / Book Series directed by
Hafid Gafaïti

Daniel CHARTIER, Véronique PEPIN
et Chantal RINGUET [éd.]

LITTÉRATURE, IMMIGRATION ET IMAGINAIRE AU QUÉBEC ET EN AMÉRIQUE DU NORD

L'Harmattan
5-7, rue de l'École-Polytechnique ; 75005 Paris
FRANCE

L'Harmattan Hongrie
Könyvesbolt
Kossuth L. u. 14-16
1053 Budapest

Espace L'Harmattan Kinshasa
Fac..des Sc. Sociales, Pol. et Adm. ;
BP243, KIN XI
Université de Kinshasa – RDC

L'Harmattan Italia
Via Degli Artisti, 15
10124 Torino
ITALIE

L'Harmattan Burkina Faso
1200 logements villa 96
12B2260
Ouagadougou 12

« **Études transnationales, francophones et comparées** »
Transnational, Francophone and Comparative Studies

Collection dirigée par / *Book Series Directed by* Hafid Gafaïti

Les mouvements migratoires dans le monde ont donné naissance à des diasporas et des cultures immigrées qui simultanément transforment les sociétés et les immigrés et contribuent à la formation d'identités et de cultures globales ou transnationales. Le but de cette collection est d'explorer les processus à partir desquels ces phénomènes ont donné naissance à des cultures nationales et transnationales ainsi que d'analyser les modalités selon lesquelles les diasporas contribuent à la production de nouvelles identités et discours qui défient les modes de pensée traditionnels sur l'identité, la nation, l'histoire, la littérature, l'art et la culture dans le contexte postcolonial. Elle vise à contribuer aux débats sur ces phénomènes, leurs problématiques et discours à partir d'une perspective interdisciplinaire et plurilingue au-delà des cloisonnements idéologiques, politiques ou théoriques. Elle a également pour but de renforcer les liens entre la théorie critique et les études culturelles ainsi que de développer les relations entre les études francophones, anglophones et comparées dans un cadre transnational.

Cette collection tente de multiplier les échanges entre les universitaires et étudiants francophones, anglophones et autres et de transcender les barrières culturelles et linguistiques qui caractérisent encore nombre de publications.

Migratory movements in the world have led to the formation of diasporas and immigrant cultures that transform both societies and immigrants themselves, while contributing to global or transnational identities and cultures. The aim of this book series is to explore the processes by which these phenomena led to the constitution of national and transnational cultures. In addition, it studies how diasporas contribute to the construction of new identities and discourses that challenge traditional ways of thinking about identity, nation, history, literature, art and culture in the postcolonial context. It aims to contribute to the discussion of these issues from an interdisciplinary and multilingual perspective beyond ideological, political and theoretical exclusions. Its objective is to reinforce the links between critical theory and cultural studies and to develop the relations between Francophone, Anglophone and comparative studies in a transnational framework.

This book series attempts, on the one hand, to enhance the communication and to strengthen the relations between Francophone, Anglophone and other scholars and students and, on the other hand, to transcend the cultural and linguistic barriers that still characterize many publications.

Pour une interprétation de l'immigration littéraire

Source de débats, parfois de querelles, d'inquiétudes et surtout, d'un important renouvellement esthétique, l'immigration littéraire a marqué la fin du XXe siècle, tant dans la littérature du Québec que dans celles des autres cultures occidentales. Fruit d'une diversification des pays d'origine des nouveaux écrivains, résultante de l'arrivée d'une génération littéraire que les critiques ont nommée courant des « écritures migrantes », cette jonction entre un fait politico-social multiple (l'exil, l'immigration, les mouvements migratoires, les politiques d'intégration, d'accueil et d'aménagement de la différence) et une convergence littéraire (le postmodernisme, les réflexions sur l'identité et « l'identitaire », la mouvance, le multiple, l'hybridation des influences et des problématiques) a marqué le destin individuel d'écrivains qui ont trouvé, dans l'écriture, une manière d'exprimer la difficulté de quitter « le pays de l'enfance » pour se retrouver « étranger » à soi et aux autres. Les œuvres de ces auteurs ont proposé de riches réflexions sur l'espace, l'identité, la langue et l'immigration, qui ont forcé les institutions littéraires (critiques, historiens, enseignants) à revoir les fondements (assises, prémices, bases) théoriques et méthodologiques sur lesquels elles s'appuyaient pour concevoir l'idée de « frontière » des littératures nationales qui les occupent.

Pour tenter de saisir les particularités et les problèmes que posent ces corpus, nous avons réuni ici les textes d'une douzaine d'auteurs qui examinent les rapports entre littérature, immigration et imaginaire. De manière à traduire les courants qui traversent ces questions, nous avons choisi de les assembler selon quatre axes, qui reprennent les thématiques des œuvres elles-mêmes : « Les espaces et les lieux-dits », « L'exil et les questionnements identitaires », « L'écriture et "l'entre-deux-langues" » et, enfin, « L'immigration littéraire ».

La première partie, « Les espaces et les lieux-dits », est l'occasion d'une réflexion sur la réappropriation imaginaire du paysage étranger, par le biais d'un acquis culturel précédant sa connaissance, sur la recherche d'un espace personnel de vie et de création, ainsi que d'un espace public de prise de parole et d'énonciation par l'écriture. En réfléchissant sur des œuvres nées de l'écriture coloniale du XIXe siècle américain, Françoise Le Jeune étudie les romans de Susanna Moodie et de Catherine Parr Traill. Par la comparaison, le lecteur prend conscience du filtre subjectif des écrivaines, mais aussi des dispositifs littéraires et culturels qui construisent le paysage selon des modalités différentes des représentations issues des habitants d'alors du Bas-Canada. Elena Marachese remarque chez deux écrivaines plus contemporaines, Abla Farhoud et Bianca Zagolin, que cette représentation de l'espace se double d'une recherche intérieure, existentialiste et psychologique, qui entraîne leurs personnages à la recherche d'un espace personnel qui répondrait à la perte des repères qui les a conduites l'exil. Pour sa part, Simon Harel, en s'intéressant à l'œuvre majeure du romancier d'origine haïtienne Émile Ollivier, réfléchit sur la notion de « lieu habité » et notamment sur les libertés et les contraintes des écrivains émigrés, pour lesquels l'énonciation doit trouver sa place entre une tentation de déterritorialisation, le rejet (ou la valorisation) d'un patrimoine culturel et la nécessité de se recomposer un paysage mémoriel qui puisse être compris et partagé dans les œuvres littéraires.

L'immigration intérieure – qu'il s'agisse de mouvements migratoires comme l'exode rural, ou encore des déplacements réels ou symboliques de populations, ou même l'exil de soi – induit un mouvement de réflexion sur l'identité qui, traduit dans les formes littéraires, mène à l'expérimentation et à la recherche esthétiques. La seconde partie de cet ouvrage, intitulée « L'exil et les questionnements identitaires », s'ouvre sur un article éclairant de Pamela Sing, qui explore la « réapparition » contemporaine des Métis canadiens-français des plaines de l'Ouest, oubliés par l'histoire après les Rébellions de la fin du XIXe siècle, mais qui proposent aujourd'hui, notamment par l'utilisation de la langue *mitchif*, des œuvres dites de la « désécriture ». Antoine Boisclair, en se penchant sur les personnages de « la loi de l'exil » dans l'œuvre de la romancière Gabrielle Roy – elle aussi native de l'Ouest canadien –, découvre que ceux-ci sont évoqués par une totalité élégiaque, sorte de « chant de deuil » qui reprend les motifs narratifs du déracinement. Enfin, Nathalie Prud'Homme cherche à comprendre comment, dans l'œuvre du romancier d'origine haïtienne Dany Laferrière, sont représentés les phénomènes sociaux du racisme et de l'appartenance à la nation états-unienne, du point de vue des personnages afro-américains.

Ce que l'écrivaine Régine Robin a nommé l'« entre-deux-langues » apparaît fondateur d'une expérience partagée par les écrivains de l'immigration qui cherchent non à tracer l'itinéraire simple de leur intégration ou de leur rejet dans une société d'accueil, mais à traduire la complexité d'une situation culturelle, littéraire et linguistique entre deux – ou plusieurs – langues. La troisième partie de cet ouvrage, intitulée « L'écriture et l'"entre-deux-langues" », propose des réflexions sur cette hybridité fertile. Souvent immigrants de plusieurs pays (par exemple, la moitié des écrivains émigrés au Québec ont d'abord immigré dans un autre pays avant d'arriver dans la société québécoise), parfois issus de cultures linguistiquement complexes (notamment le monde juif, lui-même pluriculturel et multilinguistique) ou de parents de langues différentes, les écrivains émigrés doivent arriver à concevoir dans leurs œuvres un rapport d'ambiguïté riche qui permet la tension constante entre les langues et les influences. L'œuvre particulière du romancier Négovan Rajic, originaire de Belgrade et immigré au Québec, permet à Vladimir Kapor de démontrer, par l'étude des versions française et serbe de l'œuvre de cet écrivain, un choix de stratégie d'écriture qui met en évidence le double aspect qui caractérise les écritures migrantes. Pour Chantal Ringuet, l'œuvre de la romancière d'origine roumaine Angela Comnène permet également un double jeu formel, cette fois par la réécriture de l'histoire comme témoignage différé, qui brouille les frontières entre fiction et fait historique. Enfin, Cynthia Fortin analyse comment la construction d'un espace langagier hybride, mis en scène dans une nouvelle de Régine Robin, favorise une prise de parole impossible par le biais des langues issues des « hiérarchies langagières ».

Enfin, la dernière partie de ce livre s'ouvre sur l'amorce d'une interprétation historique du phénomène récent de « l'immigration littéraire ». En abordant le cas exceptionnel de l'écrivaine du début du XXe siècle, Sui Sin Far, Daniel Chartier s'interroge sur les problématiques interprétatives de l'histoire littéraire posées par les cas atypiques, souvent relégués au silence. Petra Mertens voit dans l'œuvre du poète Juan Garcia une rhétorique poétique de l'intégration et de la différence, inscrite au cœur d'une poésie québécoise – celle des années 1950 à 1970 – fortement marquée par l'appartenance collective. Gilles Dupuis remarque des relations littéraires de « transmigrance » et le début d'un mouvement d'influence inverse : cette fois, des romanciers immigrés, comme Ying Chen, sont source d'inspiration pour des écrivains nés au pays, comme Guy Parent. Enfin, l'article de Véronique Pepin constate une difficulté supplémentaire pour les écrivains émigrés qui s'intéressent au théâtre : le choix d'une langue qui puisse à la fois établir une jonction entre leur expérience migrante, le choix des comédiens et les habitudes des spectateurs.

Daniel Chartier
Véronique Pepin
Chantal Ringuet

Université du Québec à Montréal

LES ESPACES ET LES LIEUX-DITS
Moodie, Parr Traill, Zagolin, Farhoud, Ollivier

L'appropriation du paysage par l'imaginaire colonial du XIXe siècle dans *The Backwoods of Canada* et *Roughing It in the Bush*

Françoise Le Jeune
Université de Nantes

Au début du XIXe siècle, paraissent à Londres les premiers récits d'émigration au Canada, parmi lesquels deux ouvrages rencontrent un certain succès auprès des lecteurs, si l'on en juge par leurs multiples rééditions. Leurs auteures, Catherine Parr Traill et Susanna Moodie, sont des femmes issues de la classe moyenne désargentée, ayant choisi l'émigration et l'exil avec leur famille, à la recherche du « rêve bourgeois » qui leur échappe en Grande-Bretagne. Malheureusement, les conditions de vie qu'elles rencontrent, dans la colonie du Haut-Canada où elles s'installent, ne répondent pas à leurs espoirs. Fait exceptionnel dans le contexte littéraire de ce début d'époque victorienne, ces deux récits de vie de femmes, ces autobiographies d'émigrantes, sont publiées par des maisons d'édition reconnues, et trouvent un public. L'engouement pour la nouveauté que le Canada représente leur assure un intérêt immédiat chez les lecteurs *et* les lectrices de la classe moyenne, curieux de découvrir le quotidien colonial de ces femmes. Les deux ouvrages étudiés ici, *The Backwoods of Canada* (1836) de Catherine Parr Traill et *Roughing It in the Bush* (1852) de sa sœur Susanna Moodie[1], sont populaires et maintes fois cités

---

[1] Catherine Parr Traill, *The Backwoods of Canada*, Toronto, McClelland and Stewart, [1836] 1989; Susanna Moodie, *Roughing It in the Bush*, Toronto, McClelland and Stewart, [1852] 1989.

par d'autres émigrantes, dans leurs correspondances ou leurs écrits[2]. Les voyageurs ou voyageuses qui les suivront ne manqueront pas non plus de lire attentivement ces récits afin d'élaborer leurs itinéraires et de se préparer au choc culturel, dont parlent Catherine Parr Traill et Susanna Moodie, en évoquant leur arrivée dans les colonies canadiennes. Entre 1836 et 1852, sur le sujet du Canada, leurs ouvrages servent de référence et de repère aux lecteurs anglais éduqués, auxquels ils sont clairement adressés, comme les deux femmes l'expliquent dans leurs préfaces[3]. Les représentations du Canada qu'elles donnent aux lecteurs de la métropole revêtent un caractère de légitimité puisqu'elles sont reconnues elles-mêmes comme des auteures légitimes, ou du moins légitimées grâce à leur statut de coloniales. Ce statut et leur expérience de première main dans la colonie leur confèrent une certaine autorité aux yeux de leurs éditeurs, du moins dans la sphère domestique qu'elles fréquentent.

---

[2] On peut citer par exemple l'ouvrage de Mrs Copperstone, *Canada, Why We Like It, Why We Live in It*, paru en 1862 dans lequel l'auteure explique avoir lu et relu *Backwoods of Canada* avant son départ. De même, elle admet publier ses propres mémoires d'émigrante en réponse à l'ouvrage de Susanna Moodie, *Roughing It in the Bush*, dont elle trouve la représentation de la colonie trop dogmatique. Eliot Warburton, l'auteur de *Hochelaga, England in the New World*, autre ouvrage populaire, écrit par un voyageur, évoque l'ouvrage de Catherine Parr Traill, en y faisant des allusions, sans jamais la nommer. Quant à Isabella Lucy Bird, la première voyageuse au Canada, elle dénigre l'idéalisation que Susanna Moodie fait du Canada par des allusions moqueuses, sans mentionner le titre de son récit dans son célèbre ouvrage *The Englishwoman in America*. En réalité, les deux textes sont si connus par les lecteurs que pour Warburton et Bird, il est inutile de citer explicitement leurs sources.

[3] Pour une analyse plus précise du didactisme de ces autobiographies d'émigrantes, on peut lire mon article « Les avatars du réalisme dans les premiers écrits des émigrantes britanniques au Canada au XIXe siècle », *Les avatars du réalisme*, Marie-Jeanne Ortemann [éd.], Nantes, Presses académiques de l'Ouest, 2000, p. 85-104.

Dans leurs préfaces, ce lieu du pacte autobiographique[4] entre lecteur et auteur, les écrivaines émigrantes s'engagent à reproduire la réalité du Canada avec authenticité et vérité. Leur contact unique avec le monde colonial et leur statut de femmes éduquées semblent deux garanties aux lecteurs que le discours autobiographique et les représentations qu'elles leur offrent sont nourries par la réalité de la colonie dans laquelle elles évoluent.

Cependant, nous allons voir que réalisme et autobiographie sont irréconciliables et que les représentations des colonies canadiennes, et plus particulièrement dans ce présent essai la représentation du Bas-Canada, sont faussées par la subjectivité des autobiographes. Leurs états d'âme nourris par le contexte de l'exil et de la nostalgie du pays perdu, ainsi que leur statut particulier de colons anglais au Canada français, façonnent leur perception du Nouveau Monde.

L'illusion de la représentation réaliste du Canada est évidente lorsqu'on analyse le contexte de la production de ces autobiographies. Je m'intéresse ici au contexte qui préside à l'élaboration du manuscrit, au moment de l'écriture. Je n'aborderai pas toutes les contraintes de production de l'œuvre et notamment celles imposées par les maisons d'édition qui suivent en cela la dictature du marché et les discours coloniaux qui circulent en Angleterre. Par contexte de production, j'entends l'état d'esprit de l'émigrante au

---

[4] Philippe Lejeune, *Le pacte autobiographique*, Paris, Seuil, deuxième édition, 1996, ou l'application de la théorie de Lejeune aux sources primaires citées ici dans Françoise Le Jeune, « L'autobiographie coloniale au féminin; une tentative de définition du genre à travers les écrits des émigrantes britanniques au Canada », Ginette Castro et Marie-Lise Paoli [éd.], *Écritures de femmes et autobiographie*, Bordeaux, Presses de la MSHA, 2001, p. 119-142.

moment de l'écriture, les rêveries intimes que déclenchent chez elle la vision du Nouveau Monde, ainsi que la distance narrative qui transparaît entre le moment de la représentation et la transmission de cette représentation au lecteur. L'étude de ces facteurs, pour chacune des autobiographies étudiées ici, va nous montrer que le contexte de production modifie la représentation de mêmes paysages, y ôtant toute illusion d'authenticité et de réalisme.

Par contexte de production, j'entends aussi principalement les contraintes esthétiques, culturelles, morales et coloniales qui pèsent sur nos auteures. Les contraintes esthétiques et culturelles les obligent à reproduire et à transcrire les scènes de la vie coloniale au moyen d'une rhétorique esthétique et morale, à savoir les genres du pittoresque et du sublime. Ces codes picturaux sont des références communes aux émigrantes et à leurs lecteurs. Ils partagent un langage commun, formulé par les classes dominantes en Angleterre depuis la fin du XVIIIe siècle, qui leur permet, respectivement, de traduire et de se représenter un paysage par le biais de l'écriture. Par ailleurs, les représentations que les deux émigrantes proposent du Nouveau Monde et des premiers paysages qu'elles découvrent le long du Saint-Laurent, le regard qu'elles portent sur Québec et Montréal, varient aussi en fonction des contraintes personnelles et morales qui influencent les auteures. En effet, chacune envisage son récit autobiographique sous l'angle d'une leçon de vie, et façonne son discours et son parcours d'émigrante dans le but de dégager pour ses lecteurs une certaine morale. Dans l'un et l'autre des ouvrages, l'émigrante se met en scène de manière à utiliser son cas personnel comme un exemple, comme un modèle pouvant inspirer de futurs émigrants.

Mon choix d'analyser la représentation du Bas-Canada dans les écrits de ces émigrantes n'est pas innocent. Pour le comprendre, il faut doublement tenir compte du contexte particulier de la production de ces autobiographies. En effet, j'ai mentionné plus haut le poids des contraintes extérieures qui pèsent sur l'écriture, parmi lesquelles on trouve, à côté des contraintes esthétiques, des contraintes coloniales. Les émigrantes ne peuvent faire abstraction de leur statut de colon. Elles appartiennent à une nation conquérante, l'Angleterre, qui par son empire domine le monde. Elles sont pétries par cette culture dominante et leur représentation des colonies canadiennes est nécessairement influencée par ce contexte politique. De plus, leurs premiers contacts avec le Canada ont lieu à Québec, sur le lieu historique de la conquête du Canada français par les Britanniques en 1760. De ce fait, le contexte historico-politique de la colonie et le statut de ses habitants, colonisés, dominés par les Anglais, ne peut qu'influencer la sensibilité et le discours, littéraire, esthétique ou moral, de ces émigrantes éduquées. Elles ont l'impression d'une supériorité morale sur ce peuple conquis. Les représentations du Bas-Canada qu'elles offrent à leurs lecteurs sont pénétrées de ce sentiment d'autorité et d'ethnocentrisme.

C'est bien évidemment dans l'analyse de ce paratexte que se situe le cœur de notre essai. À travers les représentations du Bas-Canada qui ouvrent les premiers chapitres de leurs autobiographies, le discours colonial, qui s'exprime sous forme de jugements esthétiques, domine le texte[5]. C'est en étudiant la représentation que donnent ces

---

[5] Cette définition de la notion de représentation, selon laquelle concepts historiques et imaginaires composent un discours politique, est évoquée par Homi K. Bhabha dans son ouvrage théorique *The Location of Culture*, London, New York, Routledge, 1994, p. 72 : « [...] *representation as a*

femmes du paysage canadien, que nous pouvons le saisir et l'analyser.

Récits autobiographiques.
Contraintes du genre et subjectivité de la représentation

Au début du XIXe siècle, le Canada reste pour les Britanniques un monde inconnu, qui conserve encore le mystère du Nouveau Monde, au contraire de l'Amérique, qui fascine les voyageurs européens depuis la fin du XVIIIe siècle. Le Canada est alors souvent présenté en annexe d'un voyage dans la république américaine. L'Amérique du Nord britannique ne bénéficie donc pas d'ouvrages qui lui soient consacrés entièrement et l'intérêt pour cette région reste périphérique pour les Anglais, jusque dans les années 1820.

À partir de cette époque, le Canada est présenté aux lecteurs dans des ouvrages commandés par les éditeurs, tel John Murray, spécialiste du récit de voyage, ou publié par des individus à titre privé, pour promouvoir l'émigration vers le Haut-Canada ou les Maritimes[6]. Des voyageurs s'improvisent géographes ou économistes et passent en revue les différentes caractéristiques des colonies de l'Amérique britannique – *British America*. Chaque colonie est analysée selon l'intérêt de l'auteur. Les livres portant sur le Haut-Canada dominent l'ensemble de la production. Ils visent à y attirer des émigrants en rendant la province attractive à des colons d'un certain statut et d'un certain niveau social, tandis que le Bas-Canada est présenté comme très en retard d'un point de

---

concept that articulates the historical and fantasy in the product of the "political" effects of discourse. ».

[6] Quelques-uns de ces ouvrages sont suggérés par les membres de l'assemblée du Haut-Canada ou par les comités privés d'émigration en Angleterre.

vue économique, en raison de problèmes politiques. Son assemblée coloniale, pourtant sous le joug britannique, est composée en majorité de Français du Canada qui seraient peu intéressés par le développement de leur province, selon les observateurs. Ces ouvrages servent à promouvoir les intérêts de nombreux spéculateurs qui sévissent dans le Haut-Canada et qui espèrent vendre des terres à des colons naïfs de la classe moyenne. Il est évident que la série d'ouvrages qui précèdent les récits autobiographiques de nos émigrantes sont des ouvrages peu réalistes dont les fins sont mercantiles. Catherine Parr Traill et Susanna Moodie consultent ces textes promotionnels, avant leur départ pour le Canada.

Le lectorat des ouvrages sur l'Amérique britannique, celui qu'elles aimeraient intéresser, se compose en partie de nouveaux émigrants. Ils sont issus de la bourgeoisie qui jusqu'à présent n'envisageait pas l'émigration vers les colonies comme un choix de vie. Mais les circonstances économiques obligent une portion de cette classe moyenne à reconsidérer les colonies blanches, le Canada, l'Australie et la Nouvelle-Zélande, comme une alternative à une perte de revenu et de statut social dans la mère-patrie. Catherine Parr Traill et Susanna Moodie font partie de cette vague d'émigrants qui arrivent dans les années 1830 et s'installent dans le Haut-Canada. Leurs époux sont des officiers de l'armée britannique, démobilisés après la fin des guerres napoléoniennes. Ils sont désargentés, n'ayant que leur solde pour faire vivre une famille en Grande-Bretagne. Pour réaliser malgré tout leur « rêve bourgeois » d'aisance, d'affluence, d'abondance et d'apparat, il leur reste le choix de l'émigration vers le Canada où ils investissent dans la terre, s'imaginant déjà propriétaire terrien, comme le promettent les ouvrages qu'ils ont lus.

Dans ces autobiographies coloniales, le récit s'étend de l'arrivée de l'émigrante dans le Nouveau Monde (la renaissance) à son acclimatation (avec le deuil du retour en Angleterre) et passe par une reconstruction du parcours émotionnel, du « moi[7] ». Il s'agit pour les émigrantes d'évoquer leur parcours physique, spirituel et moral au Canada. Mais l'introspection spirituelle, le véritable critère de l'autobiographie au XIXe siècle, n'est jamais mise en avant. Le retour sur soi, si propre aux autobiographes, n'apparaît pas lisiblement, il faut le décrypter à travers leurs discours esthétiques par exemple. L'âme se dévoile au moment où l'émigrante décrit ses premiers paysages canadiens. La vue de Québec déclenche par exemple de la mélancolie ou de la nostalgie et sert de support à l'expression de ces sentiments. Ces moments où l'émigrante s'épanche, perceptibles dans les premiers chapitres de ces récits à la première personne, constituent aussi un paratexte dans lequel les auteurs cherchent à mettre en garde les lecteurs. Leur intention est de prévenir les futurs émigrants de même classe sociale contre toute fausse représentation qu'ils peuvent se faire du Canada, en exposant leurs souffrances de mère et d'épouse.

Les récits autobiographiques de ces femmes présentent un grand intérêt pour l'historien à partir du moment où celui-ci prend en compte le contexte de la production, et en particulier le mode subjectif et ses contraintes, qui dérivent normalement du discours autobiographique. Ces femmes sont les premières à être autorisées à articuler leurs sentiments dans le monde patriarcal de la littérature anglaise, à réfléchir sur leur statut d'émigrante, et à pratiquer une certaine introspection qui résulte des souffrances de l'exil. Ces

---

[7] Philippe Lejeune décrit l'autobiographie comme un « récit rétrospectif en prose » (*op. cit.*, p. 14).

éléments sont précieux pour l'historien. Mais, nous avons constaté que la sensibilité des émigrantes les amène à manipuler le discours autobiographique pour se mettre en scène dans ce contexte si particulier du monde colonial. La distance salutaire qui les sépare de la métropole leur permet d'élaborer, au moment de leur introspection sur leur nouveau statut de coloniales, certaines remarques personnelles sur le fonctionnement de l'empire et sur les rapports entre la colonie et la mère-patrie. C'est à ce type de discours que l'historien est attentif car, entre les lignes de ces simples récits de vie, se glissent des commentaires politiques, que les femmes ne sont normalement pas autorisées à formuler.

L'amertume domine le récit de ces deux femmes, car leurs conditions d'émigrantes sont difficiles. Dans notre analyse des représentations du Bas-Canada, qui ouvrent les deux récits autobiographiques, nous ne pouvons pas faire abstraction du ton dogmatique et critique que les deux femmes adoptent. Cependant, la distance narrative au moment de l'écriture joue aussi son rôle. En effet, Catherine Parr Traill rédige ses « Lettres d'une femme d'officier britannique émigré[8] » en 1835, soit deux ans après son arrivée au Canada[9]. L'auteure n'a donc qu'un faible recul sur son parcours, et les conditions de vie misérables dans lesquelles la famille Traill se trouve au moment de l'écriture ne lui permettent pas de théoriser sur son statut d'émigrante ou de coloniale. Le récit est dominé par une profonde nostalgie et par l'ennui. Catherine Parr Traill nous dresse le portrait d'une femme isolée dans les bois du Haut-Canada, condamnée à passer le reste de sa vie dans une colonie qui stagne économiquement. C'est l'état d'esprit dans lequel la

---

[8] Catherine Parr Traill, *Backwoods of Canada, Being Letters from the Wife of an Emigrant Officer*.
[9] Voir Ballstadt *et al.*, *I Bless you in My Heart : Selected Correspondence of Catherine Parr Traill*, Toronto, University of Toronto Press, 1987.

narratrice se trouve au moment de se remémorer les premiers paysages qu'elle a découverts au Canada et de les traduire pour ses lecteurs anglais. Ses représentations sont le fruit d'une reconstruction de ses premières impressions, à travers le filtre de l'échec et de l'amertume. L'ensemble est teinté de didactisme. Selon l'auteure, le lecteur de la classe moyenne, s'il suit ses pas, ne peut qu'être déçu par l'émigration. Son intention est donc de le mettre en garde contre ce qui l'attend ou ne l'attend pas dans les colonies canadiennes. Il s'agit de répondre aux récits de voyage qui idéalisent le Canada et de ne pas donner au lecteur une fausse représentation idyllique. Si le récit est authentique, et teinté de vérité comme le souhaite son auteure[10], sa vérité est le fruit d'une forte subjectivité.

Susanna Moodie ouvre elle aussi son récit d'émigration sur un chapitre consacré au Bas-Canada, ce port d'entrée dans le Nouveau Monde. Elle y arrive en 1833 mais elle ne rédige son récit de vie, *Roughing It in the Bush or Life in Canada*, qu'en 1851[11]. Le contexte de production de son manuscrit influence radicalement son récit et la

---

[10] « *Truth has been conscientiously her object in the work, for it were cruel to write in flattering terms calculated to deceive emigrants into the belief that the land to which they are transferring their families, their capital and their hopes, a land flowing with milk and honey, where comforts and affluence may be obtained with little exertion.* » *Backwoods*, p. 10 (« La vérité a été consciencieusement l'objet de son travail, car il semblait cruel d'écrire en termes flatteurs visant à décevoir les émigrants en leur faisant croire que le pays vers lequel ils s'apprêtent à transférer leurs familles, leur capital et leurs espoirs, est un pays où coulent le miel et le lait, où l'on peut obtenir confort et richesse sans le moindre effort. » [je traduis]).
[11] Carl Ballstadt, Michael Peterman, Elizabeth Hopkins [éd.], *Susanna Moodie, Letters of a Lifetime*, Toronto, University of Toronto Press, 1985. On pourrait traduire son ouvrage par le « Vivre à la dur dans les bois ».

représentation qu'elle donne du Canada. La perception du paysage canadien et les sensations ressenties en 1833 sont révisées par la distance narrative qui sépare la jeune émigrante Susanna en 1833 de l'auteure installée au Canada, qui se remémore en 1851 ou qui réécrit ses premières impressions du Nouveau Monde, dix-neuf ans plus tard.

Susanna Moodie élabore son volume au moment où la première étape de sa vie dans la colonie se termine. Du moins est-ce ainsi que l'écrivaine considère la fin de son exil dans le *bush* canadien et son retour à la civilisation, dans le dernier chapitre de *Roughing It*. Grâce à ses relations dans la colonie, Susanna Moodie a pu obtenir pour son mari un poste de sherif dans une bourgade, à plusieurs kilomètres de sa « prison des bois[12] », où la famille a vécu misérablement pendant ces dix-neuf années, victimes de spéculateurs en tous genres, confrontée à la misère. Ce dernier chapitre[13] est triomphal. L'auteur écrit ces dernières lignes alors qu'elle vient de s'installer dans une maison de ville et qu'elle démarre, selon elle, une nouvelle vie qu'elle espère enfin aisée et bourgeoise. En 1851, elle n'est plus une émigrante, mais elle est définitivement intégrée dans ce nouveau monde. Son calvaire est terminé, et c'est sous des couleurs idéalisées que l'émigrante va dépeindre le Canada en reconstruisant son parcours de vie de manière triomphale. Moodie s'érige en modèle d'émigrante, mettant en avant sa réussite, grâce à son endurance, sa modestie et ses hautes valeurs morales. Elle devient une héroïne, puisqu'elle s'est sortie de la misère qui l'a rendue plus forte selon elle. Elle obtient enfin la réussite sociale qu'elle mérite. Le Canada devient donc un pays de cocagne à ses yeux. Le dogmatisme de son discours est plus flagrant encore que celui tenu par sa sœur, car Susanna

---

[12] « the prison-house », Susanna Moodie, *Roughing It*, p. 489.
[13] Intitulé « Adieu to the woods ».

Moodie se pose en héroïne, le moi est mis en valeur, la réussite de sa famille, explique-t-elle, repose entièrement sur ses épaules et sur ses initiatives. Les circonstances de la production du manuscrit sont foncièrement différentes pour Susanna Moodie que pour Catherine Parr Traill, puisque la réalité du Canada que donne à lire Moodie est fortement teintée par la subjectivité de son succès.

Conventions esthétiques et discours colonial

Les premiers chapitres des autobiographies étudiées ici sont consacrés à de longues descriptions du paysage qui entourent nos émigrantes lorsque leur bateau descend le fleuve Saint-Laurent de Québec à Montréal où elles débarquent pour emprunter un autre moyen de transport, la diligence, jusqu'à leur destination finale, le Haut-Canada. Si l'on considère l'ensemble des deux récits, on peut constater que les véritables moments d'épanchement, d'émotion et d'introspection, se situent dans ces premiers chapitres, car lorsqu'elles aperçoivent la citadelle de Québec, les jeunes femmes sont confrontées, pour la première fois, à la réalité tangible de leur nouvelle condition : l'exil. Le promontoire rocheux représente, pour elles, la porte d'entrée symbolique du Canada. La citadelle semble garder la porte de ce nouveau monde. Une fois franchie, les auteures commencent leur nouvelle vie. Il s'agit de faire passer cette émotion tout en traduisant ce paysage étranger, pour leurs lecteurs. Réalité de l'étranger et subjectivité de l'émotion créent des représentations diverses de la ville, juchée sur son promontoire. Les émigrantes-écrivaines ont recours à des discours esthétiques différents, mais familiers aux lecteurs britanniques.

Du bateau, elles guettent cette vue de Québec, elles l'attendent et elles la craignent en même temps, car elle représente pour elles le but de leur voyage. Edmund Burke, dans son traité sur le « beau et le sublime », explique que le spectateur doit ressentir des sentiments ambigus en percevant un paysage[14]. C'est le propre du « sublime » de mêler attirance et rejet dans son sein. Ce sont aussi les premiers sentiments qui agitent les jeunes Susanna Moodie et Catherine Parr Traill sur le Saint-Laurent. Le sentiment conjoint d'attirance et de rejet occupe les voyageuses depuis leur départ de la mère-patrie : la subjectivité de l'émigrante trouve naturellement son expression dans une première approche sur le mode du sublime. Susanna Moodie continue sur ce mode, tandis que Catherine Parr Traill choisit, une fois passée la première confrontation avec le monde colonial, de représenter les paysages du Saint-Laurent sur le mode du pittoresque. La distance narrative est quasi nulle entre la narratrice et la jeune Catherine. Le pittoresque lui permet de dominer ses émotions et de maîtriser sa peur du nouveau monde.

Au premier abord, Catherine Parr Traill est envoûtée par l'aspect sublime et magique du point de vue sur Québec, mais elle le ramène immédiatement à un élément connu, au pittoresque. Elle cherche à associer ce paysage à un décor

---

[14] Edmund Burke, *A Philosophical Enquiry into the Origin of our Ideas of the Sublime and the Beautiful*, Oxford, Oxford University Press, [1757] 1990. « *Whatever is fitted in any sort to excite the ideas of pain, and danger... or is conversant about terrible objects, or operates in a manner analogous to terror, is a source of the sublime; that is, it is productive of the strongest emotion which the mind is capable of feeling.* », p. 48 (« Lorsque quelque chose est créé pour susciter les idées de douleur et de danger... ou fait référence à des objets terribles, ou s'organise de manière analogue à la terreur, elle devient source de sublime; c'est à dire, que cette chose produit l'émotion la plus puissante que l'esprit puisse ressentir. » [je traduis]). On peut aussi lire sur ce sujet Carl Paul Barbier, *William Gilpin, His Drawings and Teaching and Theory of the Picturesque*, Oxford, Clarendon Press, 1963.

connu et familier : un paysage des Highlands écossais par exemple ou encore au château d'Édimbourg, qui sont au XIXe siècle des paysages peints et dépeints par les peintres et théoriciens du pittoresque[15]. Il s'agit pour elle dans un premier temps de saisir la réalité du Nouveau Monde en la ramenant à sa propre culture d'Européenne. On remarque fort bien cette progression dans la description. L'émigrante est d'abord naturellement saisie et effrayée par la grandeur du décor et la démesure de ce nouveau monde, à la vue du promontoire naturel sur lequel se dresse la citadelle de Québec. Puis elle s'en empare, se l'approprie et le domestique en le comparant à un paysage familier :

> *The misty curtain is slowly drawn up as if by invisible hands, and the wild, wooded mountains partially revealed with their bold rocky shores and sweeping bays... I am never weary of watching these fantastic clouds; they recall to me the pleasant time I spent in the Highlands, among the cloud-capped hills of the north... all is serene and bright, and the air is filled with fragrance, and flies and bees and birds come flitting past us from the shore*[16].

---

[15] Notamment à travers les ouvrages de William Gilpin. L'un d'eux est consacré à la découverte des paysages pittoresques d'Écosse est accompagné de tableaux et de scènes pittoresques parmi lesquels on trouve le château d'Édimbourg surplombant la ville, et d'autres paysages des Highlands, *Observations, Relative Chiefly to Picturesque Beauty, Made in the Year 1776, on Several Parts of Great Britain; Particularly the High-Lands of Scotland* (1789), 2 vol.

[16] Catherine Parr Traill, *Backwoods of Canada*, p. 20 (« Le rideau de brouillard est doucement tiré par des mains invisibles, et les montagnes sauvages et boisées sont partiellement révélées à la vue avec leurs rivages rocheux et abrupts et leurs baies ondoyantes... Je ne me lasse jamais de regarder ces nuages fantastiques, ils me rappellent les belles heures que j'ai passées dans les Highlands, parmi les montagnes ennuagées du Nord... tout est serein et lumineux, et l'air est rempli de parfums, et les

En réalité, nous constatons que Catherine Parr Traill introduit immédiatement dans sa représentation esthétique du Canada un discours colonial. Il est façonné d'une part par son statut d'émigrante qui lui suggère sa première réaction d'émotivité, sur le mode du sublime, et d'autre part par son statut de colon qui oriente son discours vers une représentation impérialiste et ethnocentrique du paysage colonial, sur le mode du pittoresque.

Quant à Susanna Moodie, Québec lui apparaît comme magique et sublime. Elle fait ses gammes sur ce registre et chante la gloire du Québec en y voyant le lieu où la présence divine se manifeste à l'âme romantique :

> *As the sun rose above the horizon, all these matter-of-fact circumstances were gradually forgotten and merged in the expressing grandeur of the scene that rose majestically before me... The mountain chain which forms the stupendous background to this sublime view*[17].

Je vais démontrer plus loin que, dans le cas de Susanna Moodie, c'est aussi son statut de coloniale – elle est désormais intégrée au Canada et continue à défendre la cause impériale – qui influe sur ses *re*-présentations sublimes du Canada. Burke semble expliquer que le sublime est un sentiment immédiat. Je maintiens toutefois que, dans le cas de Susanna Moodie, le mode du sublime est un choix délibéré de l'autobiographe pour traduire le paysage et présenter à ses lecteurs un discours colonial très construit.

---

mouches, les abeilles et les oiseaux nous frôlent dans leur envol. » [je traduis]).

[17] Susanna Moodie, *Roughing It*, p. 25 (« Alors que le soleil s'élève au-dessus de l'horizon, tous les problèmes étaient progressivement oubliés et se perdaient dans le décor grandiose qui s'élevait majestueusement devant moi... La chaîne des montagnes qui forment le décor époustouflant de cette vue sublime. » [je traduis]).

Son souhait est de déclencher chez le lecteur un sentiment d'attachement, d'enthousiasme et d'admiration devant Québec, notamment. En idéalisant Québec au moyen du sublime, la ville devient la métaphore du Nouveau Monde, dont elle veut convaincre le lecteur qu'il est sur le point de surpasser l'ancien.

Le discours colonial du pittoresque

Catherine Parr Traill, écrivaine et artiste[18], utilise le langage et les critères esthétiques du pittoresque (*picturesque*) pour saisir l'étrangeté ou la familiarité du paysage colonial. Le terme « pittoresque » a été emprunté au français au cours du XVIIIe siècle par les artistes anglais qui en font un genre. Il a ses théoriciens en Angleterre : William Gilpin[19] et Uvedale Price[20], peintres et maîtres de peinture, définissent les critères esthétiques du pittoresque dans leurs écrits, qu'ils accompagnent d'esquisses et de dessins. Gilpin illustre la théorie du pittoresque à partir de tableaux ou d'esquisses réalisés lors de ses voyages en Grande-Bretagne. Il visite notamment le Pays de Galles, la région des Lacs et l'Écosse, où il trouve des paysages pittoresques qu'il popularise pour ses lecteurs. Ses ouvrages sont considérés comme les premiers guides pour le touriste anglais aisé, amateur de beaux paysages. En cette fin de XVIIIe siècle, il

---

[18] Catherine Parr Traill accompagne son ouvrage d'illustrations de la vie coloniale : « Peter, the Chief », « Falls of Montmorenci », « Sleigh Driving », « Chart Showing the Interior Navigation of the Districts of New Castle and Upper Canada »... (Pierre le Chef, les Chutes Montmorency, Carte montrant la navigation intérieure dans les districts de New Castle et du Haut-Canada.)

[19] Entre autres ouvrages de William Gilpin : *Observations relative chiefly to Picturesque Beauty, Made in the Year 1772, on Several Parts of England, particularly the Mountains, and Lakes of Cumberland and Westmoreland* (1786).

[20] Uvedale Price, *An Essay on the Picturesque*, 1794.

crée une forme de discours esthétique nationaliste en détournant les voyageurs de leur « grand tour » de l'Europe artistique pour leur montrer que leur patrie compte aussi des paysages dignes d'intérêt et de fierté.

Par « paysage pittoresque », Gilpin entend un beau paysage. Le beau idéal pour l'Anglais de cette époque est composé d'un arrière-plan de montagnes ou de forêts, et d'un second plan, composé d'un village, d'un *cottage* ou d'une scène rurale, qui représente la partie la plus lumineuse du tableau. L'avant-plan doit être plus sombre et contraster avec le centre du tableau. Du bateau où se trouvent les émigrantes, les rives du fleuve Saint-Laurent apparaissent sous cet angle. Les montagnes ou forêts s'étendent en arrière-plan. Le premier plan plus sombre correspond aux eaux du fleuve. En second plan, dans la lumière, on aperçoit les rives du Saint-Laurent et ses villages ou seigneuries.

Pour être beau, le tableau doit inspirer un sentiment de bien-être, être bien agencé et ordonné. Aucune aspérité ou inégalité ne doit troubler l'impression de limpidité. L'ensemble doit être lisse et harmonieux, sans être monotone. Il arrive parfois que la portion d'un paysage ainsi repéré par l'artiste ne présente pas suffisamment d'intérêt pittoresque, en raison d'un élément gênant. Aussi Gilpin et ses confrères suggèrent que l'on peut arranger ce paysage pour le rendre conforme aux critères esthétiques qui définissent le pittoresque[21], soit en y ajoutant un élément qui manque au décor naturel, soit en le soustrayant. L'outil indispensable du

---

[21] « *Nature scarcely knows the thing mankind call a landscape.* » Il s'agit donc d'améliorer le paysage pour le conformer au « beau ideal » (« *to improve the landscape* »). William Marshall, *Planting and Gardening* (1785), cité in Malcom Andrews, *The Search for the Picturesque*, Stanford, Stanford University Press, 1989, p. 34 (« La nature connaît fort peu cette chose que l'homme appelle le paysage. » [je traduis]).

voyageur-artiste est le miroir de Claude, ainsi appelé en référence à Claude Lorrain, l'un des créateurs du pittoresque en France. Son miroir reste en vogue en Angleterre durant tout le XIXe siècle. Les artistes et les voyageurs utilisent fréquemment ce petit miroir convexe pour saisir une portion de paysage et ainsi délimiter le cadre de leur esquisse et de leur futur tableau. Le miroir ne reflète qu'une portion du paysage, choisi par l'artiste qui peut le déplacer à sa guise pour trouver le morceau ou la scène la plus pittoresque du décor, qui apparaît légèrement déformé par la forme convexe du miroir.

Métaphoriquement, il est clair que dans l'application des conventions du pittoresque au paysage anglais ou au paysage colonial, le paysage est manipulé, découpé et réfracté artificiellement. L'artiste n'y observe que la réflexion du paysage auquel il tourne le dos. En l'absence de miroir, le regard de l'artiste sert de filtre, en reproduisant un paysage de manière aussi convexe que le miroir de Claude. De même, l'écrivaine réorganise subjectivement le paysage pour qu'il plaise aux lecteurs et corresponde au discours colonial.

Du bateau, Catherine Parr Traill cherche du regard les scènes ou les paysages qui lui plaisent ou la ravissent afin de les décrire[22]. C'est le plaisir de l'œil qui guide son choix. L'obsession du paysage bien ordonné, de la composition parfaite, dont elle projette les critères sur le paysage colonial, produit une forme de palimpseste : le paysage canadien-français est réarrangé correspondre aux conventions du

---

[22] Le vocabulaire utilisé par l'auteure laisse transparaître son attitude : son regard est à l'affût du pittoresque, du plaisir pour l'oeil : « *less picturesque than...* », « *there is enough to delight the eye* », « *nothing of this kind gladdened our eyes* »... (« moins pittoresque que... », « il y a suffisament d'éléments pour séduire l'œil », « rien de pareil n'a séduit nos yeux... » [je traduis]).

tableau anglais. Son altérité, c'est-à-dire sa canadienneté, disparaît. Il plaît à l'émigrante si celle-ci y reconnaît une scène de la campagne anglaise : « *As we advance higher up the river the country on both sides begins to assume a more genial aspect*[23]. » Le terme « *genial* » signifie qu'au fur et à mesure qu'elle avance vers Montréal, Traill trouve les rives du fleuve de plus en plus pittoresques, et surtout plus accueillantes, c'est-à-dire plus domestiquées et plus anglaises. Elle opère un tri subjectif dans le paysage et choisit essentiellement les scènes qui lui apparaissent comme suffisamment pittoresques pour plaire aux lecteurs anglais. Mais pour être pittoresque, le décor doit être familier, ressembler à une scène typiquement anglaise et donc avoir été colonisé, sinon il est déconsidéré, décrié et parfois non décrit.

Cette rhétorique picturale domine les récits de voyage dans les colonies britanniques jusque tardivement dans le siècle[24]. Catherine Parr Traill s'approprie le paysage par l'imaginaire. Son autorité passe par le regard ethnocentrique du colon qui appréhende le décor et domine celui-ci. Rappelons-nous que les deux émigrantes sont sur un bateau, ce qui leur donne une position de distance qui facilite la mise en perspective d'une part, mais aussi l'*appropriation* du décor d'autre part, car elles englobent une grande partie du paysage ainsi balayé par le regard. Il s'agit pour elle de capturer une image et de fixer un paysage afin de le saisir

---

[23] « Comme nous avançons le long du fleuve, le pays de part et d'autre commence à prendre un aspect plus accueillant. » [je traduis]
[24] « *The devices became conventions, and the conventions in turn supplied the descriptive vocabulary of the Picturesque tourist...* », Malcom Andrews, *The Search for the Picturesque*, p. 29 (« Les techniques devinrent des conventions, et les conventions à leur tour nourrissaient le vocabulaire descriptif du touriste à la recherche du pittoresque. » [je traduis]).

correctement pour son lecteur. Le regard de la Britannique conquiert et possède le paysage canadien-français.

Catherine Parr Traill renforce les conventions du pittoresque en y introduisant un critère plus récent que ceux établis par Gilpin. En femme du XIXe siècle, élevée dans le berceau de la révolution industrielle, l'émigrante requiert un paysage d'une autre qualité, plus morale, plus utilitariste, que les critères bucoliques du XVIIIe siècle. Pour qu'un paysage du Bas-Canada soit décrit comme pittoresque, il doit correspondre à un nouvel étalon : la scène de vie rurale, active et prospère. Les classes laborieuses doivent travailler au profit du progrès économique de la Grande-Bretagne, dans la colonie comme en métropole. Ce qui plaît au voyageur, ce n'est plus nécessairement le paysage bucolique où le paysan en haillons se repose devant son taudis[25]. Désormais, la vue d'un champ cultivé, et de paysans à l'ouvrage, ravit le touriste. Un paysage prospère dans les colonies montre que l'Empire britannique est solidement implanté et que ses colons y font œuvre utile. C'est ce critère qui permet à Catherine Parr Traill d'élaborer ses commentaires sur le progrès ou l'absence de progrès dans la colonie canadienne-française.

En décrivant les rives du Saint-Laurent entre Québec et Montréal, les émigrantes aperçoivent des fermes et des

---

[25] « *In a moral view, the industrious mechanic is a more pleasing object that the loitering peasant. But in a picturesque light, it is otherwise.* » Cette citation de Gilpin nous montre les tensions entre le discours utilitariste de Bentham qui est présent à l'esprit de l'auteur et son attirance pour le paysage bucolique, pré-*enclosures* et pré-révolution industrielle, William Gilpin, *Lakes*, p. 44, cité par Malcom Andrews, *The Search for the Picturesque*, p. 25 (« D'un point de vue moral, l'ouvrier travailleur est un objet plus agréable à l'oeil qu'un paysan paresseux. » [je traduis]). On peut aussi lire Ann Bermingham, *Landscape and Ideology : The English Rustic Tradition, 1740-1860*, Berkeley, University of California, 1986.

villages bâtis sur d'anciennes seigneuries. Mais ces scènes et ces décors sont ennuyeux et monotones pour Catherine Parr Traill. Son œil n'aperçoit pas de scènes pittoresques, il se fatigue : « *I begin to grow weary of its immensity and long for a nearer view of the shore.* » Son regard se porte sur les villages des paysans canadiens-français sur la rive, mais ils ne retiennent pas vraiment son attention : « *I watch the progress of cultivation among these rugged and inhospitable regions with positive pleasure*[26]. » Le paysage entre Québec et Montréal n'est pas pittoresque, il est brut et peu accueillant. Il ne vaut la peine d'être décrit. Cependant, Catherine Parr Traill semble suggérer que dans un avenir proche, lorsque ces seigneuries seront cultivées, égayées, domestiquées, donc « anglicisées », le voyageur pourra trouver dans ce progrès un semblant de pittoresque.

Le discours colonial n'apparaît de manière flagrante que quelques pages plus loin lorsque, se rapprochant de Montréal, dont la rive nord est en 1831 habitée par des Anglais, Catherine Parr Traill retrouve un intérêt dans des paysages qu'elle juge à nouveau pittoresques : « *The southern shores are more populous but less picturesque than those of the north but there is enough on either side to delight the eye* ». Les propriétés lui apparaissent plus belles, mieux entretenues. Les champs sont cultivés et prospères. Les seigneuries sont habitées par de riches marchands anglais[27]. Le point de vue apparaît comme plaisant à l'œil de la voyageuse. À cet

---

[26] Catherine Parr Traill, *Backwoods of Canada*, p. 20.
[27] « *a rose-coloured house, with roof of the same gaudy hue, the front of the gay edifice being garnished with grass-green shutters... no doubt the interior is furnished with corresponding taste* » (« une maison peinte en rose, au toit de même couleur, la façade de cet édifice coloré se complétait de volets couleur vert foncé. » [je traduis]) Les seigneuries sont décorées comme des demeures bourgeoises anglaises, Catherine Parr Traill y reconnaît le goût sûr de ses compatriotes.

endroit, le Bas-Canada est colonisé et l'élément français ne rompt pas le pittoresque du décor. Le paysage, tel qu'il lui apparaît, est beau, car il est le résultat de la colonisation, par opposition aux villages qu'elle a aperçus autour de Québec, dont les scènes sont fort peu pittoresques. Elle blâme ici le peu d'efforts que les habitants ont consacré au développement. Pour elle, les Canadiens français semblent incapables de rendre un paysage pittoresque. Le jugement esthétique qu'elle porte sur le paysage est avant tout un discours moral sur le peuple colonisé et sur les déficiences culturelles de ces habitants :

> *The opposite heights, being the Point Levi side, are highly picturesque... But in my opinion much less is done with this romantic situation than might be effected if good taste were exercised in the buildings and on the disposal of the ground. How lovely would such a spot be rendered in England or Scotland! Nature here has done all and man but little, excepting sticking up some ugly wooden cottages, as mean as they are tasteless*[28]...

Sa description des paysages du Bas-Canada laisse transparaître son discours colonial. Dans cet acte de perception, elle maîtrise et oriente son discours en établissant une sélection dans les paysages et les comparaisons, ainsi qu'en consacrant davantage de pages au pittoresque des rives anglaises de Montréal qu'aux scènes des villages autour de Québec. Il s'agit pour elle de convaincre le lecteur anglais

---

[28] Catherine Parr Traill, *op. cit.*, p. 29 (« Les hauteurs sur l'autre rive sont très pittoresques... Mais selon mon opinion l'on ne tire pas assez partie de cette situation romantique comme on pourrait le faire si on exerçait un goût sûr dans les bâtiments et dans la disposition des terres. Comme on saurait tirer partie de cet endroit si l'on était en Angleterre ou en Écosse! Ici, la nature a tout fait et l'homme rien, à l'exception de planter là quelques horribles cabanes en bois, aussi laides qu'elles sont sans goût. » [je traduis]).

que le Bas-Canada reste encore une colonie peu prospère, en raison d'une population peu productive, les Français. Le point d'orgue de sa démonstration apparaît au fur et à mesure que l'émigrante s'approche du Haut-Canada, alors qu'elle constate que le pittoresque est de plus en plus présent : « *Every minute now seems to increase the beauty of the passage, far as the eye can reach you can see*[29]... »

Ce commentaire met de l'avant sa conviction que le peuple canadien-français n'a pas de morale et qu'il est incapable de développer le potentiel économique et pictural de ces terres. Elle précise qu'en Angleterre, même le plus simple paysan a un minimum de sens esthétique et d'initiative pour développer son lopin de terre et son *cottage* :

> *It was the little attention that was paid to the picturesque that displeased me. In Britain, even the peasant has taste enough to plant a few roses or honeysuckles about his door or his casement, and there is the little bit of garden enclosed and neatly kept; but here no such attempt is made to ornament the cottages. We saw no smiling orchard or grove to conceal the bare log walls; and as to the little farm-houses they are uglier still, and look so pert and ungraceful stuck upon the bank close to the water's edge*[30].

---

[29] *Ibid*, p. 23 (« Chaque minute semble maintenant accroître la beauté du passage, aussi loin que porte le regard on peut voir... » [je traduis]).

[30] *Ibid*, p. 33 (« C'était le peu d'attention qui était porté au pittoresque qui me déprimait. En Grande-Bretagne, même le paysan a suffisamment de goût pour planter quelques roses ou du chèvrefeuille près de la porte ou de son logis, et on y trouve le petit jardin clos bien tenu; mais ici il n'y a pas une seule tentative pour décorer les maisons. Jamais nous ne croisons de charmant vergers ou de futaies pour cacher ces mûrs de bois sans charme; et quant à ces petites fermes, elles sont toujours aussi laides, et ont l'air si maladroite et sans grâce plantées là sur la rive près du bord du fleuve. » [je traduis]).

Les lecteurs apprennent de ces représentations que le potentiel pittoresque du Bas-Canada est en bonne voie de développement, au fur et à mesure que la civilisation britannique avance en éradiquant la nationalité française.

Le discours colonial du sublime

Au tournant du siècle, Hannah More, auteure d'ouvrages sur les femmes et leur place dans la société patriarcale en Angleterre, rappelle que l'esprit féminin n'est pas fait pour hiérarchiser des informations et organiser des démonstrations, mais au contraire pour créer des images et récolter des idées[31]. L'esprit du début du XIXe siècle dans lequel évoluent Susanna Moodie et Catherine Parr Traill n'est pas différent, bien au contraire. Aussi, l'intérêt que trouvent les éditeurs à publier les récits de voyage ou d'émigration des femmes éduquées s'explique en partie par leur aptitude à transcrire et retranscrire des informations sans chercher à les

---

[31] « *In summing up the evidence... of the different capacities of the sexes, one may venture, perhaps to assert, that women have equal parts, but are inferior in wholeness of mind, in the integral understanding [...] that if women have in equal degree the faculty of fancy which creates images and the faculty of memory which collects and stores ideas, they seem not to possess in equal degree the faculty of comparing, combining, analysing and separating these ideas; that deep and patient thinking that goes to the bottom of a subject...* », Hannah More, *Strictures on the Modern System of Female Education*, 1799, citée par Linda H. Peterson, *Victorian Autobiography*, p. 127 (« En faisant la preuve... des capacités différentes des sexes, on peut s'aventurer, peut-être, jusqu'à affirmer que les femmes ont certaines capacités égales à celles des hommes, mais elles sont inférieures au niveau de l'esprit, et de la faculté à comprendre [...] si les femmes semblent posséder de façon équilibrée la faculté d'imaginer, de créer des images, et la faculté de mémoire, qui collectionne et organise les idées, elles ne semblent pas avoir la faculté de comparer, de combiner, d'analyser et de séparer ces idées; c'est-à-dire cette capacité de réfléchir profondément et patiemment qui amène au fond des choses. » [je traduis]).

interpréter. La sensibilité des femmes leur permet ainsi d'imaginer, de rêver et de collecter des idées. Les femmes sont « autorisées » à user de leur sensibilité féminine, mais nul n'est dupe du fait que celle-ci les amène plus facilement vers l'imaginaire que vers le réalisme.

C'est cette même sensibilité que les romantiques cultivent dans leur célébration du moi et son expression. C'est dans la réponse du moi à la nature que les poètes romantiques trouvent l'inspiration. Le sublime devient le premier mode de l'expression de leur sensibilité[32]. En 1851, lorsque Susanna Moodie rédige son ouvrage, le mode introspectif des romantiques est dépassé. L'émigrante y puise pourtant son mode d'expression, et l'utilise dans les descriptions des paysages. C'est aussi un prétexte, dans les premières pages de son autobiographie spirituelle, pour faire résonner son âme, communiquer avec le divin et exposer ses sentiments d'émigrante confrontée à l'exil. Susanna Moodie ne se prive pas d'exprimer ses sentiments – colère, angoisse, déception, crainte et espoir – en leur donnant largement la place au moment de décrire les premiers paysages canadiens. Susanna Moodie déclare ouvertement à son lecteur sa subjectivité. Elle montre que son regard est influencé par l'état d'esprit dans lequel elle se trouve. Sa perception est altérée par son ennui, sa gaieté ou sa tristesse : « *I hailed its appearance with rapture (the coast)* », « *So rapid are the*

---

[32] « *In the Romantic period, the rejection of the public stance of the writer in favour of private vision represented a major shift in emphasis in the dominant cultural ideology. Its most significant manifestation were of course, in poetry.* », Ruth Parkin-Gounelas, *Fictions of the Female Self*, London, Macmillan, 1991, p. 12 (« Lors de la période romantique, le rejet par l'écrivain du discours public en faveur de la vision privée a représenté un changement majeur dans la perception du sujet, dans l'idéologie culturelle dominante. Ces conséquences les plus manifestes purent se voir dans la poésie. » [je traduis]).

changes that take place in this fog-bank that perhaps the next time I raise my eyes *I behold the scene changed as if by magic.* »; « *I* amuse *myself with* examining *the villages*[33]. »

En réalité, Susanna Moodie franchit une autre étape dans la subjectivité. Son intérêt pour la poésie romantique lui apporte une approche esthétique du paysage qui outrepasse les codes relativement figés du pittoresque. Elle utilise un autre genre esthétique, pictural et littéraire que sa sœur pour saisir les paysages et *sa* réalité du Bas-Canada. C'est à travers le filtre du sublime, défini par Edmund Burke et Emmanuel Kant[34] à la fin du XVIIIe siècle, qu'elle cherche à saisir et à transcrire ces paysages. L'esthétique du sublime invite le peintre, le poète ou l'écrivain à lire au fond de son âme les émotions que provoque en lui un paysage, en ressentant la présence panthéiste du divin dans des forêts profondes et sombres, des montagnes enneigées, des torrents et des cataractes[35]. Le contexte canadien, le fleuve Saint-

---

[33] « J'accueillis sa vue avec grande délectation », « Les changements sont si rapides dans cette masse de brouillard, que peut-être que la prochaine fois que je lèverai les yeux, je verrai la scène comme changée par magie », « Je m'amuse à examiner les villages. » [je traduis]

[34] Edmund Burke, *A Philosophical Enquiry into the Origin of our Ideas of the Sublime and the Beautiful* (1757), p. 18 cité plus haut en note infra, ou Emmanuel Kant, *Critique du jugement* (1790).

[35] Susan Glickman explique que les premiers poèmes inspirés par le Canada – Susanna Moodie en écrit de nombreux, dont certains sont inclus dans *Roughing It* – correspondent à une période où la poésie romantique utilisait le mode du sublime et ses conventions : « *just as the exploration and occupation of this country by Europeans corresponded with the scientific revolution, so the writing of English poetry in Canada coincided with another revolution that saw Nature become the chief term of aesthetic and moral approval, and sublime experience become a new kind of religion.* », Susan Glickman, *The Picturesque and the Sublime, a Poetics of the Canadian Landscape*, Montreal and Kingston, McGill-Queen's University Press, 1998, p. ix (« De la même manière que l'exploration et la colonisation de ce pays par les Européens

Laurent, le promontoire de Québec, les chutes de Montmorency sont des éléments naturels grandioses qui invitent au sublime pour qui se laisse emporter.

Il s'agit donc moins d'une expérience collective comme l'est le pittoresque, et davantage d'une expérience personnelle. S'y ajoute la difficulté à décrire les émotions multiples ressenties devant un paysage dont la beauté naturelle est exceptionnelle. Il faut ensuite, pour le poète ou l'écrivain, rentrer en communion par l'esprit avec cette nature indomptée et sauvage, y communier avec le divin et saisir ce sentiment de dépassement qui mêle crainte et bonheur. Il s'agit de se laisser submerger par le paysage colonial pour transcrire des émotions spirituelles. En conséquence, le poète transforme le paysage en l'appréhendant et en l'allégorisant. L'écriture romantique, longtemps réservée aux hommes, est progressivement utilisée par les femmes, même si leur capacité se limite au ressentir plus qu'à l'allégorisation, comme l'a expliqué Hannah More.

Susanna Moodie choisit logiquement ce mode extrêmement subjectif pour mettre en scène et dramatiser ses sentiments d'émigrante : le rejet, l'exil, l'abandon par la mère-patrie, et ses sentiments de coloniale : elle offre une vision idyllique de ce nouveau monde qui l'a recueillie. Cette idéalisation participe du didactisme du discours de l'émigrante. Les sentiments sont exacerbés et les paysages sont sur-représentés. Susanna Moodie, qui met en scène le parcours de sa famille, utilise le paysage canadien comme arrière-plan grandiose, la terre promise, que ces pèlerins

---

correspondirent à une révolution scientifique l'écriture de la poésie en anglais au Canada a coïncidé avec une autre révolution qui vit la Nature devenir l'articulation essentielle du discours esthétique et moral, et l'expérience du sublime devenir une nouvelle sorte de religion. » [je traduis]).

découvrent après une traversée de quarante jours et quarante nuits.

Les descriptions sublimes du Canada concernent surtout la ville de Québec, son port d'entrée. La citadelle est utilisée comme une métaphore du Canada tout entier, quoiqu'elle soit dépossédée de sa canadienneté. Elle n'est plus la capitale du Bas-Canada, mais le symbole du Canada, nouvelle terre d'accueil pour les peuples déshérités et les émigrants venus d'Angleterre. Ici, dans ce passage en prose, la représentation de Québec est démesurée par l'extase religieuse dans laquelle semble se trouver l'autobiographe :

> *As the clouds rolled away from their grey, bald brows and cast into denser shadow the vast forest belt that girded them round, they loomed out like mighty giants – Titans of the earth, in all their rugged and awful beauty – a thrill of wonder and delight pervaded my mind. The spectacle floated dimly on my sight and my eyes were blinded with tears and blinded with the excess of beauty. I turned to the right and to the left, I looked up and down the glorious river, never had I beheld so many striking objects blended into one mighty whole! Nature had lavished all her noblest features in producing that enchanting scene*[36].

---

[36] Susanna Moodie, *Roughing It,* p. 25 (« Comme les nuages s'éloignaient en roulant de leurs bordures grises et vagues et assombrissaient de façon plus dense les vastes forêts qui les entouraient, ils surgissaient comme des géants effrayants – Titans de la terre, parés de leur beauté terrifiante et rude – un frisson de merveille et de plaisir emplit mon esprit. Ce spectacle flottait sombrement devant mon regard et mes yeux étaient aveuglés de larmes et aveuglés par cet excès de beauté. Je me tournai vers la droite et vers la gauche, je regardai vers le haut et le bas de ce fleuve magnifique, car je n'avais jamais vu tant de choses si frappantes mêlées en une seule! La Nature a déversé tous ses plus nobles traits en produisant cette scène enchanteresse. » [je traduis]).

Le sublime que lui inspire Québec trahit le discours colonial. Dans cette reconstruction vibrante du moi migrant, Moodie semble répondre passionnément à la beauté extraordinaire de ce site, et y trouver une réponse à son discours de chrétienne. Pour elle, Québec devient le symbole du Nouveau Monde, de l'Eden et elle cherche à promouvoir ce lieu comme un lieu de mémoire qui servirait de ralliement aux colons britanniques. Ce faisant, elle annexe la ville et sa région dans un discours nationaliste qui fait écho aux tentatives d'unification politique des deux provinces tentées depuis 1849. Susanna Moodie écrit après les rébellions de 1837-38, durant lesquelles elle s'est fait connaître par ses poèmes nationalistes et anti-français[37]. Elle soutenait qu'il fallait éradiquer le danger représenté par la nationalité française, l'autre race, comme l'avait présentée Durham.

Pour Susanna Moodie, la ville de Québec symbolise la présence de l'empire britannique qui, à travers les incantations sublimes de l'auteure, devient l'emblème de l'Amérique du Nord britannique. Québec, qu'elle s'approprie ici au nom des Canadiens anglais, apparaît comme doublement soumise. La citadelle symbolise le Canada, imprenable, dominant l'Empire et l'Amérique du Nord :

> *Canadians, rejoice in your beautiful city! Rejoice*
> *and be worthy of her, for few, very few, of the sons of*

---

[37] « *Canadians! Will you see the flag / Beneath whose folds your fathers bled / Supplanted by the vilest rag (tri-coloured flag) / That ever host to rapine led / Thou emblem of a tyrant's sway (Napoleon) / Thy triple hues are dyed in gore/ Like his, thy short-lived triumph over / [...] crush the traitors to the dust!* », (« Canadiens! Souffrez-vous de voir ce drapeau / Dans les plis duquel vos pères ont saigné / Supplanté par ce torchon infâme / Qui toujours nourrit la rapine/ Toi, l'emblème de la folie du tyran / Tes trois couleurs sont teintées de sang/ Comme le sien, ton triomphe sera de courte durée / [...] qui fera mordre la poussière aux traîtres. » [je traduis]).

> men can point to such a spot as Quebec – and exclaim "She is ours! God gave her to us, in her beauty and strength! We will live for her glory, we will die to defend her liberty and rights, to raise her majestic brow high above the nations!" Look at the situation of Québec!, the city founded on the rock that proudly holds the height of the hill. The Queen sitting enthroned above the waters, that curb their swiftness and their strength.
>
> Canadians! As long as you remain true to yourselves and her, what foreign invader could ever dare to plant a hostile flag upon that rock-defended height, or set his foot upon a fortress rendered impregnable by the hand of Nature? United, in friendship, loyalty and love, what wonders may you not achieve[38]?

À la suite de ces propos, Susanna Moodie sait qu'elle a outrepassé les limites des conventions du sublime et celles de la sphère publique. Elle se reprend très vite après ces deux paragraphes. Aussi, après son commentaire politique, elle revient à une description du paysage plus conventionnelle pour une femme[39]. Mais son discours est clairement

---

[38] *Ibid.*, p. 38 (« Canadiens, soyez fiers de votre belle cité! Réjouissez-vous et méritez-la, car peu, très peu des fils des hommes peuvent s'enorgueillir d'un tel lieu que Québec – et s'écrier "Elle est à nous! Dieu nous l'a donnée, parée de sa beauté et de sa puissance! Nous vivrons pour sa gloire, nous mourrons pour défendre sa liberté et ses droits, pour élever son front majestueux bien haut au-dessus des nations!" Regardez la situation de Québec, la ville fondée sur le rocher qui soutient si fièrement la hauteur de la colline. Cette reine trônant au-dessus des eaux, qui domine leurs cours et leurs puissances.
Canadiens! Aussi longtemps que vous resterez fidèles à vous-mêmes et à elle, quel envahisseur étranger osera planter son drapeau hostile sur cette hauteur défendue par le roc, ou poser le pied dans cette forteresse rendue imprenable grâce à la main de la Nature? Unis en amitié, en loyauté et en amour, quel miracle ne pourriez-vous pas accomplir? » [je traduis]).
[39] « *But I have wandered away from my subject into the regions of thought and must again descend to common work-a-day realities* »,

impérialiste envers les Canadiens français, alors qu'elle s'approprie la citadelle pour en faire le symbole de l'union canadienne sous le drapeau britannique. Elle n'oublie pas de rappeler que la ville a été conquise. Les deux émigrantes cherchent du regard la statue de Wolfe[40] sur les plaines d'Abraham. Lorsque Susanna Moodie repère le lieu de la bataille mythique, où le héros de l'Empire a trouvé une mort tragique pour sauver le Nouveau Monde britannique, elle se perd dans une rêverie nostalgique où se mêlent sentiments de fierté et impérialisme :

> *Day lingered on the horizon just long enough to enable me to examine, with deep interest, the rocky heights of Abraham, the scene of our immortal Wolfe's victory and death; and when the twilight faded into night, the moon arose in solemn beauty and cast mysterious gleams upon the strange landscape...Keenly for the first time, I felt that I was a stranger in a strange land; my heart yearned intensely for my absent home. Home*[41]*!*

Susanna Moodie, *op. cit.*, p. 39 (« Mais je me suis éloignée de mon sujet dans cette région de la pensée et je dois à nouveau descendre vers des réalités plus communes et terre-à-terre. » [je traduis]).
[40] Catherine Parr Traill, *op, cit.*, p. 29. Pour Mrs Traill : « *I am told that there is a monument erected in honour of Wolfe in the governor's garden, looking towards the St Lawrence... the inscription has not yet been decided upon.* » (« J'ai entendu dire qu'il existe un monument dressé en l'honneur de Wolfe dans le jardin du gouverneur, regardant vers le Saint-Laurent... l'inscription n'a pas encore été choisie. » [je traduis]).
[41] Susanna Moodie, *op. cit.*, p. 47 (« Le jour s'étirait suffisamment longtemps sur l'horizon pour me permettre d'examiner, avec le plus grand intérêt, les hauteurs rocheuses d'Abraham, la scène de la victoire et de la mort de notre immortel Wolfe; et lorsque le crépuscule s'évanouit dans la nuit, la lune se dressa dans sa beauté solennelle et déversa ses rayons mystérieux sur ce décor étrange... Péniblement, pour la première fois, je sentis que j'étais une étrangère sur une terre étrangère; mon cœur se mit à réclamer intensément mon pays. Ma maison! » [je traduis]).

Sur ce support géographique, grâce à la distance narrative qui la sépare du moment de la perception, l'écrivaine mesure toute la distance qui la sépare désormais de la mère-patrie. En vénérant ainsi le paysage canadien symbolisé par la citadelle de Québec, qui perd ici son attribut de capitale canadienne-française, elle y inscrit sa nouvelle conception de l'Empire. Le Canada n'est plus à la périphérie de celui-ci, mais il en devient un des centres.

Elle balise les repères d'un paysage proprement canadien, où le site de Québec sert de cadre métaphorique à un discours colonial. Les contraintes morales, culturelles ou esthétiques anglaises qui pèsent sur le récit de Catherine Parr Traill sont affaiblies par la distance avec la mère-patrie. Le discours de Susanna Moodie est certes impérialiste, mais il tend à représenter les paysages canadiens avec le souci de créer, de rassembler et d'homogénéiser ceux-ci. Les conventions esthétiques du sublime, qui donnent la part belle à la perception individuelle et au moi, permettent à l'émigrante d'inscrire sur les mêmes paysages que ceux décrit par Catherine Parr Traill, un discours colonial différent. Celui de Traill visait à coloniser le paysage en y imposant des conventions esthétiques anglaises pour le traduire et l'apprivoiser pour la communauté de lecteurs de la métropole. Moodie, elle, se permet une représentation individuelle de Québec pour y inscrire son autonomie et sa différence par rapport à la mère-patrie. Elle semble aussi tenir ce discours pour les Canadiens. Mais l'un et l'autre des discours ne tend pas moins à la même fin, soit de domestiquer et de coloniser le Bas-Canada pour en effacer toute son altérité.

Dans l'acte de représentation, qu'il soit modulé par les contraintes de l'autobiographie ou par des contraintes extérieures, esthétiques, coloniales, ou morales, nous constatons que l'ultime subjectivité provient de la narratrice elle-même. Traill utilise le pittoresque pour traduire son état d'esprit d'émigrante deux ans après son arrivée, confrontée à l'échec économique. Les deux colonies canadiennes sont en compétition et la situation coloniale s'en ressent. Le Haut-Canada n'a pas d'artère commerçante. Les émigrants sont mal accueillis et livrés à eux-mêmes. Peut-être qu'une annexion du Bas-Canada fournirait l'occasion de développer une colonie anglaise forte, stable et prospère, ayant accès au fleuve Saint-Laurent. C'est semble-t-il le discours que Catherine Parr Traill tient à ses lecteurs.

Quant à Susanna Moodie, elle allégorise la citadelle de Québec et les rives du Saint-Laurent pour se les approprier et les utiliser comme symbole d'un Canada unifié, dont l'autre nationalité dissidente, celle des Canadiens français, aurait été éradiquée. Cette désappropriation des Canadiens par la représentation revient à affirmer la présence britannique d'une autre manière. Elle transforme Québec en un point de ralliement de la population anglaise émigrée au Canada, et efface du même coup les traces de la colonisation française au Canada, en s'emparant de son principal lieu de mémoire.

Ultime acte de représentation et de discours colonial, l'une et l'autre des écrivaines semblent effacer la présence des Canadiens dans ce décor. Les longues pages consacrées à la description de Québec ou Montréal concernent surtout la beauté des villes ou des campagnes perçues à partir du fleuve. Mais dans l'ensemble le paysage est vide, les habitants sont maintenus au silence ou font partie du décor, au même titre que les autres autochtones. Ne pas évoquer l'autre, ne pas évoquer son altérité revient à l'ignorer ou à faire du paysage sublime un décor irréel, une peinture, un monde inaccessible et hors d'atteinte tout en niant la réalité de ses habitants. Les deux écrivaines ont effacé du décor tout ce qui pourrait troubler l'œil et les ramener à la réalité de l'étranger, de l'inconnu : « *...for some minutes, I could scarcely convinced myself that the white patches scattered so thickly over the opposite shore could be dwellings of a busy, lively population*[42]... »

En cela, les émigrantes répondent aux codes du pittoresque qui, selon Gilpin, ne prend en compte l'élément humain que lorsqu'il apporte un contre-point dans la scène étudiée. Gilpin perçoit les personnages comme des appendices, ou des fabriques. Ils sont alors dépourvus de parole, car leur seule mission est d'orner le tableau dans lequel ils figurent. Ces habitants, dans le cas du pittoresque colonial, sont avant tout des stéréotypes ou des figures typiques, des clichés. Toute figure incongrue attirerait le regard du lecteur ou du public sur cette « chose » et interfèrerait avec sa perception du paysage[43]. Les Canadiens français participent donc à l'exotisme du Nouveau Monde au même titre que les Autochtones.

Susanna Moodie est très souvent citée dans les récits subséquents de voyageuses. Dans les années 1850 et 1860, paraissent deux ouvrages importants et populaires faisant explicitement référence au récit de vie de Susanna Moodie. Isabella Lucy Bird en 1856 dans *The Englishwoman in*

---

[42] Susanna Moodie, *op. cit.*, p. 27 (« ...pendant quelques minutes, j'eus du mal à me convaincre que ces tâches blanches mouchetant de façon si serrée l'autre rive pouvaient être les lieux d'habitation d'une population nombreuse et dense. » [je traduis]).

[43] « *If by bringing the figure forward on the foreground, you give room for* character, *and* expression, *you put them out of place as* appendages *for which they were intended.* », William Gilpin, *Three Essays*, cité par Malcom Andrews, *The Search for the Picturesque*, p. 25 (« Si en plaçant la silhouette en avant-scène, vous donnez de l'importance au personnage et à l'expression, vous les sortez de leur rôle d'éléments annexes pour lequel ils sont faits. » [je traduis]).

America et Isabella Trotter en 1859 dans *First Impressions of the New World on Two Travellers from the Old in the Autumn of 1858*, publiés à Londres, nous laissent à penser que l'exaltation des descriptions données de Québec, Montréal et du Saint-Laurent par Moodie a visiblement convaincue les deux voyageuses, qui voient dans cette contrée le point d'orgue de leur voyage. Partant sur les traces de leur prédécesseure, les deux voyageuses sont déçues par la réalité des sites dont elles avaient rêvé à travers les récits. Les paysages sont beaux, mais moins glorieux que ceux que leur avait promis l'émigrante. Cependant, elles se sentent en terrain conquis, et considèrent inutile de consacrer quelques lignes supplémentaires à la description du Bas-Canada, qui est déjà si familier aux lecteurs britanniques. Aussi dans les ouvrages qui suivront le récit de Susanna Moodie, les voyageurs ignoreront le Canada français, qui disparaît ainsi des écrits anglais. Seule persiste l'image symbolique de Québec qui revient de façon récurrente pour représenter la conquête anglaise. L'écriture féminine a elle aussi participé à l'ouvrage de colonisation. La rhétorique utilisée par ces émigrantes est celle de l'appropriation du monde colonial, qui laisse des traces dans l'imaginaire de ceux qui les lisent.

L'exil chez Bianca Zagolin et Abla Farhoud. La recherche d'un espace habitable entre passé et présent

Elena Marchese
Université d'Ottawa (Canada)

> La voix d'outre-mer, Aurore le savait, cachait dans ses tons mielleux tous les déchirements à venir : l'abandon d'une patrie ensoleillée pour un pays de neiges et de glaces, d'une terre parfumée où la mort elle-même, dans ses plus éclatantes figures, vous attache à la vie; l'effritement des certitudes quotidiennes jamais remises en question, celles d'un mode de vie qui, tant bien que mal, a fait ses preuves, d'une langue qui offre ses ressources sans hésitation, même dans le silence des pensées les plus intimes; la fin de la possession tranquille de tout son espace vital, si restreint fût-il[1].
>
> Bianca Zagolin, *Une femme à la fenêtre*

Écrire l'exil, l'expérience du déracinement, ne signifie pas exclusivement raconter la rupture avec sa terre natale, le dépaysement vécu à la rencontre d'une culture et d'un espace géographique nouveaux. Cela signifie aussi explorer cet autre exil intérieur, le sentiment de perte de repères et de déroute qui conduit le migrant à un questionnement profond sur son identité et son être. L'exil physique entraîné par la migration peut parfois se doubler d'un exil intérieur encore plus douloureux dans la mesure où le migrant vit dans un équilibre fragile, partagé entre son passé et le présent, entre un ailleurs de plus en plus flou,

---

[1] Bianca Zagolin, *Une femme à la fenêtre*, Paris, Robert Laffont, 1988, p. 28.

éloigné, et un ici à connaître et à accepter non sans difficultés. Le migrant, dont le terme, comme l'a souligné Lucie Lequin, « participe du va-et-vient entre deux lieux, du concept de re(dé)territorialisation, d'une certaine dérive[2] », doit affronter un long et périlleux chemin au bout duquel il parvient à un renouvellement intérieur. Ce renouvellement lui permet de se forger une nouvelle identité englobant toutes les expériences vécues, car l'exil physique n'entraîne pas uniquement un questionnement par rapport au monde et à l'Autre mais aussi par rapport à soi-même. Ce dialogue avec soi permet au migrant de prendre conscience des changements vécus, de se redéfinir par rapport au nouveau, d'assumer la parole afin de raconter son expérience et donc de l'exorciser, de se libérer du poids parfois opprimant de son passé afin de ne plus être prisonnier de ce qui a été autrefois. La dimension personnelle, intérieure de l'exil, ce sentiment de dépossession, d'une appartenance impossible, peut se révéler ainsi féconde puisque le migrant – quelles que soient les causes qui l'ont poussé à s'exiler – s'engage dans un questionnement troublant et profond sur sa propre existence. D'où l'importance de la parole, acte libérateur aux possibilités infinies qui permet à l'exilé de dire son expérience tout en connaissant une autre réalité.

Dans cet article, j'aborderai la notion d'exil chez deux écrivaines migrantes du Québec afin de montrer que dans leurs romans, l'exil en tant que mouvance dans un espace géographique se double toujours d'une signification existentielle importante. L'exil n'est pas uniquement l'arrachement à un lieu, à une culture et à une langue, mais il se vit aussi au plus profond de l'être humain, dans son intimité. Comme le souligne Justin K. Bisanswa, « l'exil

---

[2] Lucie Lequin, « L'épreuve de l'exil et la traversée des frontières. Des voix de femmes », *Quebec Studies*, n° 14, 1992, p. 31.

n'est donc plus un problème de soi à la terre ou à la culture étrangère, mais de soi à soi[3] ». Le migrant est souvent conscient du malaise existentiel qu'il éprouve en se sentant étranger en terre étrangère et surtout en se percevant étranger à soi-même. Les personnages réagissent ainsi de manière différente à l'expérience de l'exil, à ce sentiment de perte et de dépossession qui a marqué leur vie. Certains, grâce à la parole et à leur force intérieure, parviennent à se créer une nouvelle appartenance, à faire le deuil du passé pour ne pas rester prisonniers des souvenirs, tandis que d'autres vivent un exil intérieur qui accentue leur perte de repères, qui les aliène de la réalité puisqu'ils n'ont pas pu opposer au passé un nouvel espace habitable.

Bianca Zagolin explore le thème de l'exil dans le roman *Une femme à la fenêtre*, où la protagoniste, Aurore, après l'espoir d'une nouvelle vie au Canada, comprend qu'il n'y a plus de recommencement possible pour elle. Elle se laisse donc pénétrer par le froid de l'hiver, symbole de son lent glissement vers l'ultime exil, la mort. Le malaise qu'Aurore ressent l'empêche de vivre le présent et la ramène constamment à son triste passé qui finit par l'aliéner à jamais. Le déchirement éprouvé par Aurore et sa mort sont l'objet, en partie, du deuxième roman de Bianca Zagolin, *Les nomades*[4]. Cette fois-ci, la protagoniste est Adalie, fille d'Aurore, qui s'oppose à la destinée tragique de la mère par sa volonté de vivre. Malgré une histoire d'amour intense mais déchirante, Adalie décide de ne pas sombrer dans le ressentiment de ce qui a été mais de continuer sa vie, la vie que sa mère lui a léguée, avec une énergie jusqu'alors insoupçonnée.

---

[3] Justin K. Bisanswa, « Dire et lire l'exil dans la littérature africaine », *Tangence*, n° 71, hiver 2003, p. 30.
[4] Bianca Zagolin, *Les nomades*, Montréal, L'Hexagone, 2001, 207 p.

Dans *Le bonheur a la queue glissante*[5], Abla Farhoud dresse un touchant portrait d'une femme qui a vécu presque toute son existence dans l'ombre, invisible et inconnue des autres et parfois d'elle-même. Le déracinement vécu par la protagoniste et sa famille est d'autant plus douloureux et insupportable que Dounia vit un exil intérieur. Aliénée dans son passé, elle continue de l'être jusqu'à sa mort. Le questionnement personnel de Dounia revient aussi dans *Splendide solitude*[6], dernier roman de l'auteure qui parle de la condition féminine, de l'amour, de la liberté de s'exprimer, du vieillissement, de la peur de la mort; bref, de questionnements aux tons plus universels. Ces préoccupations montrent que les romans migrants, loin d'exploiter les seuls thèmes de l'exil et de l'identité, offrent de nouvelles visions du monde et de l'individu, et proposent des points de vue et des questionnements différents sur la question identitaire.

Or, l'expérience vécue par l'exilé, par celui qui doit quitter son pays par choix personnel ou parce que obligé, constitue souvent une rupture déchirante dans son existence. L'expérience du déracinement, même si elle suppose l'enracinement dans un autre espace physique, demeure une épreuve difficile et douloureuse en vertu d'un passé dont le poids ne quitte jamais l'exilé et qui revient tout au long de sa vie. Michael Seidel affirme que « *an exile is someone who inhabits one place and remembers or projects the reality of another*[7] », en ce sens que le migrant est continuellement tiraillé entre le passé et le présent, l'ailleurs, sa terre natale et ses traditions, et le nouveau pays d'accueil.

---

[5] Abla Farhoud, *Le bonheur a la queue glissante*, Montréal, L'Hexagone, 1998, 175 p.
[6] *Id.*, *Splendide solitude*, Montréal, L'Hexagone, 2001, 195 p.
[7] Michael Seidel, *Exile and the Narrative imagination*, New Haven et London, Yale University Press, 1986, p. ix.

Le migrant cherche donc à faire le deuil, à intégrer son passé à la réalité de sa nouvelle vie, mais parfois l'impossibilité d'accomplir cet acte signe à jamais son existence en le vouant à vivre dans l'entre-deux, pour reprendre l'expression de Régine Robin, à vivre dans un espace-temps qui ne peut pas exclure le passé. Selon Robin, l'écrivain, « par son écriture [fait] le deuil de l'origine, c'est-à-dire le deuil de la langue maternelle[8] », et il entreprend d'écrire son déracinement au moyen d'une langue d'emprunt. Cette différence que l'écrivain inscrit dans le texte est une écriture du manque et de l'absence, de quelque chose qui s'est perdue à jamais et qu'on ne peut que continuer d'écrire.

Cela me permet d'affirmer que, dans les romans de Bianca Zagolin et d'Abla Farhoud, il est question d'une perte, d'une dépossession tant de la parole que de l'amour, d'un vide que les protagonistes essayent farouchement de combler sans pourtant y parvenir, puisque c'est de cet équilibre si fragile entre le passé et le présent que naît toute la particularité et la richesse de leur expérience. L'impossibilité du « travail de deuil » fait naître chez les personnages la conscience de leur statut particulier, d'une impossibilité d'être, de vivre un sentiment d'étrangeté qui ne découle pas uniquement de leur statut d'exilé. En effet, lorsque le passé des personnages refait surface, c'est pour les hanter, pour ne pas leur permettre de s'affranchir, en les vouant ainsi à l'échec, comme c'est le cas d'Aurore dans *Une femme à la fenêtre* et de Philippe dans *Les nomades*. Ce sentiment d'« inquiétante étrangeté[9] » que les personnages éprouvent au moment où ils évoquent leur passé, signifie donc que l'être est constitué aussi d'une *altérité*, partie intégrante du *même* ;

---

[8] Régine Robin, *Le deuil de l'origine. Une langue en trop, la langue en moins*, Paris, Presses universitaires de Vincennes, 1993, p. 13.
[9] Sigmund Freud, « *L'inquiétante étrangeté* » *et autres essais*, Paris, Gallimard, 1985, p. 211-263.

que nous sommes, comme le dit Julia Kristeva, « nos propres étrangers – nous sommes divisés[10] ». Le sentiment d'être étranger à soi-même revient dans les romans de Bianca Zagolin et d'Abla Farhoud pour signifier la dérive de l'inconscient, la perte de tout repère. Ainsi, les protagonistes féminines partagent ce sentiment d'étrangeté tant en vertu de leur origine que parce que l'étranger, le sentiment de désorientation, les habite au plus profond d'elles-mêmes. La réactualisation du passé ne fait qu'accentuer cette impression de déroute, car ce qui autrefois était familier et donnait un sens de sécurité, revient à présent pour hanter les personnages. Ces femmes, dépaysées dans leur nouveau pays d'accueil, le sont aussi à l'intérieur de leur famille. Celle-ci ne représente plus l'endroit sécuritaire où il est possible de se réfugier et trouver confort, mais plutôt le lieu où d'anciennes blessures se ravivent et intensifient la dérive de l'inconscient. En reprenant Kristeva, nous pouvons affirmer que « dans l'entre-deux de la nostalgie, imbibé de parfums et de sons auxquels il n'appartient plus et qui, à cause de cela, le blessent moins que ceux d'ici et de maintenant, l'étranger est un rêveur qui fait l'amour avec l'absence, un déprimé exquis[11] ». De même, Simon Harel affirme

> qu'on peut s'exiler intérieurement, se mettre à l'écart, en somme, devenir étranger à soi. De ce point de vue l'étranger est toujours un individu hanté par la mélancolie pour qui prévaut l'expérience fantasmée de la perte ainsi que son incorporation douloureuse comme objet à la fois mort et vivant. Car le mélancolique se nourrit paradoxalement d'absence[12].

---

[10] Julia Kristeva, *Étrangers à nous-mêmes*, Paris, Gallimard, 1988, p. 268.
[11] *Ibid.*, p. 20-21.
[12] Simon Harel, « L'exil dans la langue maternelle: l'expérience du bannissement », *Quebec Studies*, n° 14, 1992, p. 25.

Le thème de l'exil est ainsi central dans les romans que nous étudions, car à partir d'une rupture avec la mère patrie, sa culture et sa langue, les protagonistes féminines se voient continuellement confrontées à leur passé personnel, qui les ramène à leur condition doublement aliénante en tant que migrantes – dans un nouveau pays – et en tant que femmes – au sein de la société et de leur propre famille. Les protagonistes, à travers l'expérience de l'exil, constatent leur différence, leur obligation à se conformer aux règles sociétales, d'autant plus que la remémoration du passé leur rappelle incessamment le conformisme sclérosant de leur existence. En même temps, cette rupture coïncide avec un processus de relecture du passé à la lumière d'une prise de conscience qui fait que les protagonistes peuvent se libérer du poids accablant de la réalité ancienne où la parole leur était niée.

Le poids du passé dans l'œuvre romanesque de Bianca Zagolin

Une femme à la fenêtre raconte l'histoire d'Aurore, une jeune veuve qui quitte un jour l'Italie avec ses trois filles pour s'installer au Canada et commencer ainsi une nouvelle vie. La protagoniste, dont le nom symbolise l'espoir d'une nouvelle aube, est toutefois destinée à une fin tragique pour ne pas avoir pu se distancier de son passé. Aurore, veuve sage dont l'existence semble se dérouler au rythme de saisons, mène une « vie sans importance[13] », paisible et plutôt effacée. Envahie par un lourd sentiment de solitude, elle « s'asseyait près de la fenêtre pour observer, un peu en retrait, la vie qui passait[14] ». Ainsi, « [i]l lui semblait parfois que toute sa vie s'était écoulée derrière une vitre givrée,

---

[13] Bianca Zagolin, *Les nomades*, p. 15.
[14] *Ibid.*, p. 23.

attendant qu'on vînt la délivrer, elle ne savait plus trop de qui ou de quoi[15] ». Ce sentiment de dépossession, de perte de soi caractérise le premier chapitre du roman, dont le titre – « L'exil » – annonce, d'un côté, le départ de la famille au Canada, et de l'autre, l'aliénation qu'Aurore vit depuis sa jeunesse et qui est décrite, tout au long du roman, comme un « ennemi » qui la guette. Cette aliénation naît, en partie, de l'obligation de se conformer aux règles sociales sans avoir la liberté de s'exprimer et de faire ses propres choix. Ainsi, lorsqu'elle se retrouve veuve à l'âge de trente-deux ans, « elle n'[a] qu'à accepter son rôle de femme éplorée et à le jouer jusqu'au bout avec la dignité voilée du sacrifice[16] » sans avoir la possibilité de découvrir une autre réalité et d'envisager un devenir. Aurore cultive l'illusion de vivre. En observant la vie se dérouler en dehors de sa fenêtre, elle se contente d'être une spectatrice sans pouvoir agir. Elle semble subir les événements et la vie tout en refusant d'y participer activement. Cette léthargie a des racines profondes, il s'agit d'une angoisse qui la guette depuis toujours et qui la fait vivre dans la solitude, en retrait du monde. Du reste, les visites hebdomadaires au cimetière, présentées comme une « descente au pays des morts[17] », symbolisent le lien qu'elle entretient avec son passé, en plus d'annoncer son destin tragique.

L'élément qui tire Aurore de sa solitude et d'une vie faite d'attentes est la nouvelle d'un oncle bienfaiteur qui lui propose d'envoyer ses filles au Canada pour qu'elles puissent étudier et réussir. Un an plus tard, Aurore décide de quitter son pays natal, animée par l'espoir de pouvoir tout recommencer. La traversée de l'océan lui procure le

---

[15] *Ibid.*, p. 10.
[16] *Ibid.*, p. 12.
[17] *Ibid.*, p. 23.

sentiment d'être « suspendue entre deux mondes, sans identité ou rôle préétabli[18] », et la rend anxieuse de connaître ce pays « où l'on ne craignait point l'excès[19] » ainsi que les lettres de ses filles le lui avaient raconté. Mais ce voyage, qu'elle espérait être porteur d'un bonheur inconnu jusqu'alors, l'amène « derrière une autre vitre, à reprendre son attente[20] » sans pourtant changer son existence.

L'enracinement dans un pays nouveau n'est pas facile pour Aurore qui apprend ainsi à connaître une autre langue, lien entre le monde extérieur et celui de la maison. Cependant, l'arrivée du printemps coïncide avec une renaissance, un réveil des sens qu'elle expérimente grâce à l'amour. La rencontre hasardeuse avec Sébastien tire Aurore de sa solitude pour lui faire vivre un amour, « promesse de plénitude mais encore volonté de vivre pour soi, une cellule génératrice de vie, rébellion ultime contre les sentiments organisés[21] ». Selon Julia Kristeva, « [l]a *rencontre* équilibre l'errance. Croisement de deux altérités, elle accueille l'étranger sans le fixer, ouvrant l'hôte à son visiteur sans l'engager[22] ». En effet, grâce à Sébastien, Aurore se sent finalement épanouie et peut éprouver à nouveau la joie de vivre. Le contact avec l'Autre lui rend sa liberté et cet amour, « qui la précipita au cœur de la vie, si prudemment tenue à l'écart pendant des années[23] », la transfigure; il lui rend sa parole et le désir de vivre, mais, paradoxalement, lui restitue aussi son passé. Comme le souligne Kristeva, la rencontre qui, au premier moment, paraît être porteuse d'un bonheur éternel, se révèle bientôt de courte durée :

---

[18] *Ibid.*, p. 44.
[19] *Ibid.*, p. 47.
[20] *Ibid.*, p. 55.
[21] *Ibid.*, p. 72.
[22] Julia Kristeva, *op. cit.*, p. 21-22.
[23] Bianca Zagolin, *Les nomades*, p. 132.

> Miracle de la chair et de la pensée, le banquet de l'hospitalité est l'utopie des étrangers : cosmopolitisme d'un moment, fraternité de convives qui apaisent et oublient les différences, le banquet est hors temps. Il s'imagine éternel dans l'ivresse de ceux qui n'ignorent pourtant pas sa fragilité provisoire[24].

La possibilité d'exprimer librement ses sentiments jette Aurore au cœur de son passé, lui rappelant que les hommes de sa vie lui ont toujours imposé le silence : « elle avait renoncé à sa force, à sa voix; pour se faire aimer, elle avait accepté de s'isoler et d'avoir peur dans un monde où personne ne s'attendait qu'elle fit quelque chose d'important[25] ». Replongée au cœur de ses souvenirs, Aurore revit le triste cycle de sa vie au moment où elle devient veuve une deuxième fois, à la suite de la mort de Sébastien. Cet amour intense et éphémère, qui lui avait permis de trouver la joie de vivre, la ramène brutalement à sa solitude et au désespoir. Au cours d'un voyage en Italie, espace autrefois familier, Aurore se sent désormais étrangère : « Aurore n'aurait plus sa place nulle part; elle redevenait étrangère, et sa vie, terre d'exil[26] ». Elle comprend que son exil est né d'une blessure secrète, d'une rupture profonde : « n'appartenir à aucun lieu, aucun temps, aucun amour. L'origine perdue, l'enracinement impossible, la mémoire plongeante, le présent en suspens[27] ». Aurore vit l'inquiétante étrangeté au moment où elle revient sur les lieux de son passé. Ce qui aurait dû la conforter, être symbole de protection et de familiarité, ne fait qu'accroître son dépaysement et l'aliéner définitivement de son existence étouffée précédant l'exil. Prise dans le piège de ce qui a été,

---

[24] Julia Kristeva, *op. cit.*, p. 22-23.
[25] Bianca Zagolin, *Une femme à la fenêtre*, p. 90.
[26] *Ibid.*, p .154.
[27] Julia Kristeva, *op. cit.*, p. 17-18.

elle n'arrive plus à concilier sa vie présente avec les souvenirs qui font surface et la hantent. En vivant cet attachement à une époque révolue, Aurore « se consume dans l'écartèlement entre ce qui n'est plus et ce qui ne sera jamais[28] ». Dans l'impossibilité de déjouer le passé ou de vivre le présent, elle constate son inaptitude à s'opposer à la mort. Il ne lui reste plus alors qu'à se laisser pénétrer par le froid de l'hiver : « Elle avait alors lentement dérivé vers un autre pays, un autre exil, définitif celui-là. Elle s'était abîmée en elle-même, puis elle avait disparu[29] ».

Aurore, malgré sa mort, poursuit son existence romanesque dans l'œuvre de Bianca Zagolin, notamment dans la figure de sa fille Adalie qui parvient, dans *Les nomades*, à déjouer le destin de sa mère. Ce roman raconte les migrations d'une famille de l'ancienne aristocratie européenne qui, dans les années 1960, s'installe finalement à Vancouver après être passée par la France, l'Angleterre et l'Italie. Le titre du roman est évocateur dans la mesure où les personnages refusent de se fixer dans un endroit particulier : « Un désir latent de conquête s'exprimait dans leur errance, mais aussi l'angoisse du nomade, sans toit et sans durée; il sait, lorsque tombe la nuit, qu'à l'aube il repartira[30] ». Dans leur mouvance et leurs déplacements continuels, ils espèrent préserver leur passé, le perpétuer et accentuer ainsi leur refus de la modernité. Philippe, le protagoniste auquel « sa famille léguait un destin d'errance dont il était déjà fier[31] », est un jeune garçon partagé entre le passé, dont la mort du père représente l'épisode le plus douloureux, et un présent dans lequel il cherche son chemin. Ayant vécu sous l'emprise des illusions et des rôles à jouer dans une société fausse et

---

[28] *Ibid.*, p. 21.
[29] Bianca Zagolin, *Les nomades*, p. 94.
[30] *Ibid.*, p. 30.
[31] *Ibid.*, p. 29.

hypocrite, qui lui a appris à déguiser ses sentiments pour ne pas éprouver la douleur[32], Philippe quitte Vancouver et sa famille pour s'installer à Montréal et vivre librement. La prophétie d'une cartomancienne lui annonce l'heureuse rencontre de la femme aimée tout en le prévenant de ne pas « joue[r] avec le destin. Personne ne le fait impunément. Vous êtes l'élu, Philippe, mais vous risquez de tout perdre. Prenez garde[33] ». En effet, à Montréal, Philippe rencontre Adalie et ensemble ils cherchent à réécrire leurs destins. Toutefois, leur amour ne peut survivre au poids du passé de Philippe, prisonnier d'une époque révolue :

> C'est à cela qu'aboutissait cette quête merveilleuse qu'il avait jadis entreprise en héros fondateur, à ce vide parfumé, à une existence de son invention. Le poids de l'héritage aurait eu raison de lui aussi; il s'accomplissait en sa personne, non pour l'enrichir, mais pour l'effacer, l'abîmer à son tour dans le secret ou l'oubli. Il n'y aurait pas de suite. Philippe ne laisserait derrière lui ni semence, ni souvenirs, ni tendresse meurtries. Seulement le silence, la mémoire étouffée à jamais[34].

Adalie finit par quitter Philippe, parce qu'elle refuse d'être victime du passé, des souvenirs. Elle accomplit ainsi l'ancienne promesse de sa mère, celle d'une vie où elle peut s'appartenir, décider de son existence sans plus partager aucun sentiment d'étrangeté :

> Adalie partirait demain, sa lucidité intacte. Elle en ferait sa compagne et son maître d'œuvre. […] Par voie détournée, il [Philippe] l'avait ramenée à sa solitude, qui s'avérait donc essentielle. Adalie ne tenterait pas une reconquête; on ne manque pas le rendez-vous une

---

[32] Voir *Ibid.*, p. 52.
[33] *Ibid.*, p. 14.
[34] *Ibid.*, p. 208.

deuxième fois. Le temps n'est plus aux stratagèmes de l'amour et le théâtre pour elle cédait le pas à la vie[35].

Étrange solitude : l'œuvre romanesque d'Abla Farhoud

Dans *Le bonheur a la queue glissante*[36], la protagoniste, Dounia, une femme de soixante-quinze ans, se raconte et partage ses souvenirs d'exilée, son passé difficile et sa condition de femme. Elle, qui ne possède pas la parole du lieu – elle ne sait ni lire ni écrire et ne parle que l'arabe – parvient à faire le deuil de son passé grâce à une remémoration difficile qu'elle entreprend lorsque sa fille Myriam lui annonce vouloir écrire un livre sur elle[37]. Dounia, dont le nom signifie en arabe « le monde », raconte son monde à elle, un univers fait de solitude et de silence. Son premier exil remonte à l'époque de son mariage, lorsqu'elle a quitté son village natal pour suivre son mari. Elle a alors éprouvé la douleur du déracinement et l'expérience de la différence : « les gens étaient différents, et, pour eux, j'étais différente. Pour eux, j'étais l'étrangère[38] ». Une fois arrivée à Montréal, son deuxième déracinement est plus difficile à tolérer étant donné qu'elle ne peut pas s'exprimer en français. D'ailleurs, lorsque la famille décide de rentrer au Liban, après quinze ans passés au Canada, Dounia constate qu'elle n'a plus d'appartenance possible, son pays natal lui étant devenu étranger. Elle partage le même destin qu'Aurore, soit de se sentir désormais étrangère même dans les lieux qui autrefois lui étaient familiers : « Au Liban, on nous appelait

---

[35] *Ibid.*, p. 203-204.
[36] Abla Farhoud, *op. cit.*
[37] Il est intéressant de noter que la mère de l'auteure a fortement inspiré le roman entier et le personnage de Dounia. Voir Marie-Andrée Chouinard, « Ce que l'œil n'a pas vu, l'intelligence peut l'imaginer », *Le Devoir*, 28 mars 1998, p. D-1.
[38] Abla Farhoud, *Le bonheur a la queue glissante*, p. 45.

'les Américains'; au Canada, les premières années, on nous appelait 'les Syriens'; au village de mon mari, on m'appelait par le nom de mon village. Quand j'y pense, je n'ai été appelée Dounia que dans mon village natal[39]... » Comme le souligne Sylvie Bernier, ce sentiment de perte de soi illustre « la découverte de l'étranger au plus près de soi. Le territoire de l'intime n'est plus cette zone connue, familière, il devient le siège d'identités étranges, parfois même ennemies[40] ».

L'aspect le plus troublant, dans le roman, est représenté par le thème de l'invisibilité de Dounia qui découle de son silence. Ce silence devient, paradoxalement, très éloquent dans la mesure où il dénonce l'effacement de Dounia, la soumission à laquelle elle est vouée par la volonté de son mari. La protagoniste, en effet, ne fait pas entendre sa voix ni au sein de la famille – « moi, je ne parlais pas, j'écoutais[41] » – ni à l'extérieur. Dounia même se rend compte d'avoir « passé de longues périodes de sa vie avec la certitude que personne ne la voyait[42] ». Cependant, si Dounia ne communique presque pas avec les autres membres de la famille (et surtout avec ses petits-enfants) car elle ne peut pas s'exprimer en français, elle est quand même en mesure de leur témoigner son immense amour à travers les mets qu'elle prépare avec tant d'attention : « Mes mains nues et propres touchent la nourriture que mes enfants vont manger. C'est ma façon de leur faire du bien, je ne peux pas grand-chose, mais ça, je le peux[43] ». La nourriture devient ainsi un substitut à la parole, un moyen de dire ce que les mots ne peuvent pas : « Je ne suis pas très bonne en mots. Je ne sais pas parler. Je laisse la

---

[39] *Ibid.*, p. 115.
[40] Sylvie Bernier, *Les héritiers d'Ulysse*, Québec, Lanctôt Éditeur, 2002, p. 174.
[41] Abla Farhoud, *Le bonheur a la queue glissante*, p. 12.
[42] *Ibid.*, p. 40.
[43] *Ibid.*, p. 15.

parole à Salim. Moi je donne à manger⁴⁴ ». Dounia est consciente de cette perte de la parole, qui remonte à une époque lointaine. À ce propos, elle se demande :

> Qu'est-ce qui est arrivé pour que mes mots se transforment en grains de blé, de riz, en feuilles de vigne et en feuilles de chou ? Pour que mes pensées se changent en huile d'olive et en jus de citron ? Qu'est-ce qui est arrivé ? Quand cela a-t-il commencé ? Ce n'est quand même pas Salim qui a provoqué cela ? Si je lui ai cédé ma place, ma langue, si rapidement, c'est que j'avais commencé à le faire avant. Mais quand⁴⁵ ?

La blessure que la protagoniste ne peut pas avouer, celle qui l'a rendue muette et silencieuse toute sa vie, c'est l'humiliation de ne pas avoir su protester lorsque les hommes de sa vie (son mari et son père) l'ont offensée. Le monologue de Dounia est ainsi « un dialogue avec celle qu'elle a déjà été et qui lui est devenue presque étrangère⁴⁶ ». Toutes les protagonistes des œuvres d'Abla Farhoud « entrent en scène pour s'intenter un procès personnel qui les reconnaît finalement coupables de trahison à soi, à cette part de l'être la plus essentielle, l'âme pour certains, et qu'Abla Farhoud choisit d'appeler 'le nom secret'⁴⁷ ». Selon Sigmund Freud,

> dans le moi se spécifie peu à peu une instance particulière qui peut s'opposer au reste du moi, qui sert à l'observation de soi et à l'autocritique, qui accomplit le travail de la censure psychique et se fait connaître à notre conscience psychologique comme « conscience morale »⁴⁸.

---

⁴⁴ *Ibid.*, p. 14.
⁴⁵ *Ibid.*, p. 16.
⁴⁶ Sylvie Bernier, *op. cit.*, p. 163.
⁴⁷ *Ibid.*, p. 163.
⁴⁸ Sigmund Freud, *op. cit.*, p. 237.

Ainsi, le long monologue de Dounia lui permet de réactualiser son passé, de l'analyser, même si cela signifie revivre un épisode douloureux et impossible à oublier. Le secret qu'elle arrive à admettre à la fin de sa vie ne peut pas encore être confessé aux autres. C'est pour ce motif que, lorsqu'elle est interpellée par ses enfants au sujet de son passé, elle recourt aux proverbes arabes qui représentent une protection, une manière d'éviter la vérité : « Quand mes enfants me posent une question sur mon passé, c'est plus facile que d'avoir à chercher la vérité, à la dire, à la revivre[49] ». Symboles d'une culture orale, les dictons de Dounia expriment la sagesse populaire dont le titre du roman est un exemple. Qui mieux que Dounia peut connaître la précarité du bonheur? Ces dictons, qui représentent un « savoir ancestral[50] », permettent à Dounia de voiler la réalité aux yeux des autres, mais pas aux siens. Consciente de ce qui a été, Dounia parvient, à la suite d'un long cheminement intérieur, à l'aveu final, et accepte un événement révolu qui était resté enfoui si longtemps sous les plis de sa mémoire. Son monologue a donc une fonction thérapeutique puisque la protagoniste, malgré la douleur suscitée par la remémoration du passé, peut finalement s'affranchir de ce poids, faire le deuil et donc parvenir à intégrer son passé au présent en ne subissant pas, comme Aurore, un échec. Dounia, par le pouvoir de son imagination et du monde illimité que les proverbes arabes lui ouvrent, parvient à éviter le ressentiment et l'impuissance face à son passé qui l'aurait condamnée à jamais. Dans les dernières pages, la mort ramène Dounia au silence, mais sa vie, loin d'être un échec, constitue une réussite dans la mesure où elle a légué à ses filles (Kaokab est professeure de langues et Myriam est écrivaine) la possibilité de choisir leur voie, tout comme Aurore l'a fait pour Adalie.

---

[49] Abla Farhoud, *Le bonheur a la queue glissante*, p. 30.
[50] Sigmund Freud, *op. cit.*, p. 154.

Dans le roman *Splendide solitude*[51], paru en 2001, il est encore question d'exil intérieur, cette fois-ci celui d'une femme qui arrive à la cinquantaine et qui se trouve dans un face-à-face avec elle-même, dans la solitude de sa maison[52]. Délaissée par son mari et ses enfants, cette femme qui a dédié sa vie aux autres en fait le bilan, pense au vieillissement et aux changements que celui-ci entraîne sur son corps, à la mort et à sa solitude. Impossible, pour elle, de tout oublier : « De départ en départ, de perte en perte, de deuil en deuil? [affirme-t-elle] Je comble le vide, mon vide. Je sais maintenant que le vide ne se comble pas. Le vide est et sera. Je l'ai appelé Splendide. Splendide Solitude[53] ». L'impossibilité de faire le deuil du passé constitue un obstacle qui ne permet pas à la protagoniste de vivre le présent et d'affronter les risques de l'inconnu. À ce propos, elle affirme :

> Toute ma vie je suis restée en retrait de moi-même, je ne me suis pas battue pour exister, je ne me suis pas mise au monde. J'ai aidé les autres à s'accomplir, c'était facile pour moi de le faire. Je les ai aidés non pas par grandeur d'âme, mais par manque d'intérêt envers moi-même. Pour remplir le vide, le vide de moi[54].

Cette protagoniste sans nom devient « non seulement étrangère à [elle]-même, mais à tout ce qui s'appelle vie[55] » en accusant l'emprise de ce sentiment de perte, de non

---

[51] Abla Farhoud, *op. cit.*
[52] L'auteure affirme que son roman est né d'une « boule de douleur » bien personnelle, car elle aussi « a vu partir son mari et ses enfants musiciens, qui ont emporté avec eux les mélodies qui emplissaient sa maison ». Sophie Doucet, « Douloureuse solitude », *La Presse*, 8 janvier 2002, p. C-5.
[53] Abla Farhoud, *Splendide solitude*, p. 180
[54] *Ibid.*, p. 188-189.
[55] *Ibid.*, p. 195.

appartenance. Comme le dit fort bien Julia Kristeva, l'étranger est « un amoureux mélancolique d'un espace perdu, il ne se console pas, en fait, d'avoir abandonné un temps. Le paradis perdu est un mirage du passé qu'il ne saura jamais retrouver[56] ». De cette impuissance à revivre le passé et à le raconter naît le silence, « refus de dire, sommeil strié collé à une angoisse qui veut rester muette[57] ».

Dans ces romans, on remarque que le sentiment qu'éprouvent les protagonistes naît d'une blessure profonde dont elles n'arrivent à faire le deuil qu'en partie. Et si la parole est parfois difficile, elle devient une planche de salut, comme en témoigne le long monologue de Dounia, qui lui permet de s'opposer à la solitude destructrice dont Aurore est victime. Bien que Dounia revive son passé et y pense continuellement, elle réussit à en faire le deuil, car elle est consciente que désormais, on ne peut pas changer ce qui a été. Aurore, par contre, ne parvient pas à s'en détacher et la mort de Sébastien ne fait que la replonger dans le déjà vu, le déjà vécu, rendant ainsi insupportable le présent.

Les romans de Bianca Zagolin et d'Abla Farhoud abordent plusieurs thèmes importants dont l'identité, la langue, le passé et la mémoire, et font entendre la voix des femmes migrantes qui questionnent l'exil et les expériences que celui-ci entraîne dans la vie des personnes qui y sont confrontées. À la dimension spatiale de l'exil, s'ajoute ainsi une autre signification, celle d'un exil du dedans, intérieur, qui conduit les personnages à se questionner sur leur identité constamment modifiée par le rapport avec l'Autre et à soi-même. Souvent, les personnages ressentent un malaise qui naît de leur conscience d'être étrangers en terre d'accueil,

---

[56] Julia Kristeva, *op. cit.*, p. 20.
[57] *Ibid.*, p. 28.

mais aussi à eux-mêmes, puisque leur passé les empêche de vivre librement le présent. Ce double exil, spatial et existentiel, qui façonne continuellement l'être, montre toute la complexité de la condition du migrant. Toujours partagé entre deux ou plusieurs espaces, langues, cultures, mondes, le migrant doit réussir à faire le deuil de son passé en vue d'un enracinement possible.

Les lieux-dits de l'écrivain public. Dispositifs écotopiques et migration dans l'œuvre d'Émile Ollivier

Simon Harel
Université du Québec à Montréal

On peut affirmer sans se tromper que la réflexion à propos des lieux habités ne retient pas la plus grande attention. Un constat s'impose lorsque nous abordons la littérature migrante : la notion de lieu habité ne paraît pas occuper toute la place qu'elle mériterait. Ainsi, dans la critique contemporaine, les pensées de la postmodernité déclassent souvent le lieu pour valoriser, sur le plan esthétique, les notions à la mode de passage et de déplacement. La critique postmoderne a ainsi valorisé, à la suite notamment des travaux de Gilles Deleuze et Félix Guattari, la déterritorialisation et l'agencement rhizomatique. En fait, la notion d'émigration semble avoir été abandonnée pour laisser place à des travaux qui envisagent les formes de la condition post-exilique dans son rapport aux métissages interculturels. De cette nomenclature découle le fait que la notion de lieu semble de plus en plus associée à une lecture instrumentale, normative et répressive de l'espace social. Qui plus est, elle justifie dans bien des cas une définition restreinte de l'identité. Cette dévalorisation du lieu est accentuée, dans le domaine des études post-coloniales, par un renversement de perspectives : l'idée d'une autonomie du sujet est mise en question, car ce dernier est destitué de toute autorité rhétorique et énonciative, de telle sorte que le narrateur n'a plus d'autorité sur le lieu qu'il occupe de force. Quant au sujet subalterne, il est condamné à habiter avec difficulté son propre lieu et à manipuler maladroitement son autorité narrative.

Lieu et raison pratique

Face à ces remarques, il convient de situer notre réflexion sur le terrain de l'expérience pratique. Pour cette raison, nous ferons appel à quelques textes d'Émile Ollivier qui témoignent de l'expérience de l'exil. Chez cet écrivain, les considérations politiques sont actuelles et déterminantes. Il ne peut être question d'une métaphysique de l'exil qui laisse croire que le sujet se déplace sans contraintes. D'origine haïtienne, Émile Ollivier écrit qu'il est arrivé au Québec par erreur, par une prédestination étrange qui l'amena à vivre à Montréal. À lire les textes de ce romancier et essayiste, le lecteur constate que la question du passage est à l'œuvre et que la certitude du lieu n'est plus à l'ordre du jour.

De façon tout à fait singulière, l'écriture d'Émile Ollivier (je pense notamment à la réflexion menée dans *Repérages*[1]) renoue avec la figure de l'écrivain public. Ce dernier fait place et donne lieu à l'éclosion de multiples voix qui appartiennent à l'espace de la quotidienneté. L'écrivain public est un médiateur, un truchement qui permet de traduire la parole errante d'un sujet qui n'a, dans la plupart des cas, pas droit de cité. L'écrivain public n'est pas simplement un rapporteur : il ne se contente pas de dire et de transmettre une parole abandonnée et solitaire, mais plus encore, il accepte de prêter sa voix à la multiplicité des paroles discordantes qui forment la trame du sujet collectif. À la manière d'un Jacques Ferron qui donnait sa voix aux pulsations de l'arrière-pays québécois, et qui prétendait de cette manière offrir un accès à

---

[1] Émile Ollivier, *Repérages*, Montréal, Leméac, coll. « L'écritoire », 2001, 129 p.

l'universalité de la culture, l'écrivain public est un truchement. À travers ses diverses postures narratives, Émile Ollivier ne procède pas autrement.

À l'exception notable de *Passages*[2] qui recourt au paysage montréalais, le monde d'Émile Ollivier est un lieu insulaire voué à la description d'Haïti. Pourtant, dans cette scénographie de l'imaginaire des Caraïbes, les dépossédés, les sans-logis et les exclus font entendre leur misère. L'écrivain public est un sujet qui se situe à la croisée des chemins. Il est un sujet qui a migré et qui connaît la démesure de son destin. Il lui est alors nécessaire de composer une maison de papier afin que les mots renouent avec la source d'un grand dérangement. En fait, il revient à l'écrivain public de donner voix à une oralité première qui n'a rien à voir avec une origine mythique. La voix des damnés de la terre est plutôt un rappel anxieux qui ravive la douleur de la pérégrination. Mais ce rappel est aussi une exigence qui justifie de tendre l'oreille afin que la démesure de l'exploitation trouve une borne, un point d'arrêt. Lisons Émile Ollivier :

> L'heure n'est-elle pas venue pour l'écrivain de reprendre son bâton de pèlerin? Sur la route, il ne lui suffit pas de défiler sous la bannière des droits inaliénables de l'imaginaire et de célébrer avec le public des noces d'amour comme de raison. Il doit abandonner sa vision en surplomb sur l'univers aérien de la mondialisation pour renouer avec le territoire, non pas celui quadrillé par le découpage des frontières, souvent artificielles qui amènent à l'enfermement des individus, des peuples et des cultures, mais le vrai territoire, celui de l'attachement

---

[2] *Id.*, *Passages*, Montréal, L'Hexagone, coll. « Fictions », 1991, 173 p.

à un coin de pays, tout en étant une manière d'habiter la planète[3].

Propos sensible que celui d'Émile Ollivier. L'attachement n'est pas rejeté. Il est au contraire la forme vive d'une affection revendiquée qui donne toute sa place au natal. Émile Ollivier poursuit en disant :

> Mais comment parvenir à repérer de nouvelles balises, dans un monde où les repères se sont évanouis, où les certitudes sont devenues obsolètes et où les lieux de dialogue se sont transformés en prises d'otage? Ne serait-ce pas en retouchant terre et en renouant le dialogue avec le corps dans ses multiples relations avec le monde[4]?

Le propos est judicieux : la subjectivité psychique – ou sa forme négative, le trauma – suppose la mise en scène d'une psychosomatique du lieu. C'est du moins l'une des ambitions de l'écriture d'Émile Ollivier. Le corps crée l'espace imaginaire d'une prise de parole qui a pour fonction d'exprimer (et de colmater) les blancs et le silence qui entourent habituellement la mémoire des pauvres et des laissés-pour-compte. Le corps pulsionnel du narrateur a pour rôle de transmettre de manière claire et cohérente la parole des exclus et mal-logés. La parole de l'écrivain public tente de respecter cette oralité diasporique qui accueille le souvenir des lieux de l'exil. L'écrivain public se doit donc d'être fidèle à cette mémoire. Mais ce faisant, il se retrouve dans une situation difficile, sinon contradictoire : il doit négocier avec les multiples facettes du réel diasporique qu'il habite.

---

[3] *Id.*, *Repérages*, p. 91.
[4] *Ibid.*, p. 92.

L'urgence de cette réflexion critique sur le lieu s'impose pour plusieurs raisons. Une pensée du *dis-* caractérise notre imaginaire contemporain. Cette réflexion met en valeur la disjonction, le disparate : formes diverses qui traduisent la délocalisation du sens, sa dissémination, sinon sa disparition. Cette pensée du *dis-* est à l'avant-plan de nos discours critiques depuis au moins trente ans. La critique poststructuraliste, puis le postmodernisme ont voulu en finir avec un inventaire des lieux de pensée, de mémoire. L'enjeu était clair : rompre avec une typologie des formes, mettre un terme à une classification ordonnée du réel. Cette action allait permettre de redéfinir la notion même de sujet.

Ce travail critique était nécessaire : il voulait nuancer toute valorisation de la culture reposant sur les images du fondement, du natal, de l'origine. On voulait, par l'exercice, rejeter une pensée de l'immobilisme, de la sédentarité. Les conséquences de ce rejet d'une pensée incarnée du lieu furent nombreuses. Le sujet (concept phare de l'histoire des idées) devenait un agent dans un processus langagier, culturel, dont la forme structurante pouvait faire l'objet d'une analyse topologique. Enfin, le discours acceptait d'intégrer, au nombre de ses balises d'interprétation, le déséquilibre, l'indéterminé. Comme si nous avions quitté soudainement le monde de l'espace morphologique, puis classificatoire, pour adopter un point de vue critique. Ainsi, à la suite des découvertes scientifiques qui jalonnent l'histoire de notre modernité, nous avons compris que tout système, quelles qu'en soient les règles organisatrices, est en soi porteur d'indéfinition. La cohérence d'un système provient précisément du maintien d'un principe de déséquilibre (rappelons-nous Popper[5]) qui met un terme aux illusions

---

[5] L'impact épistémologique de Popper aura permis, entre autres choses, de remettre en cause cette méthode (inductive) parfois répandue en

d'auto-définition, d'origine, ou encore d'équilibre systémique. C'est dans cette même perspective qu'Augustin Berque propose une réflexion stimulante en faisant appel à la notion de *trajection* :

> Ainsi, dans l'espace-temps de l'écoumène, c'est à double titre que vaut la trajectivité des choses. De même que, spatialement, leur *topos* et leur *chôra* se renvoient l'un à l'autre, de même, temporellement, leur présent *comporte* un passé non moins qu'un avenir. À chaque instant c'est une histoire que chaque chose incarne, et ce sont des lendemains qu'elle engage, dans la mouvance de son milieu. Si le mot de trajectivité conceptualise un état ou une propriété, il s'agit donc aussi d'un processus : la *trajection*. Ce terme exprime la conjonction dynamique, dans l'espace-temps, de transferts matériels et immatériels : des transports (par la technique), comme des métaphores (par le symbole); et c'est la convergence de tout cela vers un même foyer qui fait la réalité de la chose. Sa concrétude[6].

---

science qui consiste à tirer des conclusions générales à partir de cas particuliers. Pour illustrer cette idée, le philosophe a recours au célèbre exemple où il est dit que « ce n'est pas parce que l'on a toujours rencontré des cygnes blancs que l'on est fondé à conclure que tous les cygnes sont blancs ». Ce constat mène Popper à rejeter toute logique inductive, voyant plutôt dans la formation des hypothèses scientifiques un exercice foncièrement actif et créateur et non un enregistrement passif de certaines régularités. À partir de ce constat, Popper en vient à discréditer toute théorie scientifique qui n'admet pas la possibilité d'être réfutée. Ces théories doivent nécessairement être soumises à une batterie de tests capables de réfuter leur viabilité. C'est par cette propension à l'auto-réfutation, et en vertu de ce « critère de démarcation », que Popper introduit cette idée d'un principe de déséquilibre potentiel qui serait au cœur de tous les grands systèmes scientifiques. Voir Karl R. Popper, *The Logic of Scientific Discovery*, London, Hutchinson, 1959.
[6] Augustin Berque, *Écoumène. Introduction à l'étude des milieux humains*, Paris, Belin, coll. « Mappemonde », 2000, p. 94.

Il faut retenir du propos d'Augustin Berque cette mise en valeur de l'écoumène qui ne correspond pas seulement aux formes plus connues dans les domaines de l'écologie et de la géographie culturelle. L'écoumène tel que l'entend Augustin Berque est cette sphère humaine qui met en relation métaphores, symboles, transferts matériels et immatériels. Par cette relativité (pas si éloignée de la « sphérologie » chère à Peter Sloterdijk[7]), le sujet est en mesure de donner toute sa place à une trajection qui caractérise le déplacement du sujet dans l'imaginaire des lieux-dits de la culture. Nous revendiquons la place singulière de l'habitabilité au cœur de nos discours et pratiques. Cette habitabilité ne correspond pas à la revendication confuse d'un « lieu d'être » qui coïncide avec l'idée d'un refuge, d'une niche, ou encore d'un reposoir où le sujet pourrait enfin séjourner. Nous voulons au contraire mettre en relief cette illimitation de l'espace que l'habitabilité a pour tâche de situer. L'habitabilité n'est pas la revendication désuète du « *home* ». Elle n'est pas une panacée commode (l'idée d'un « lieu » qui échapperait aux turbulences du monde) que l'on convoque en situation de désarroi.

Entre une pensée de la déterritorialisation qui refuse la notion de lieu et une pensée de l'appartenance qui rejette l'idée d'un patrimoine culturel entrecroisé, il est nécessaire de mettre de l'avant une théorie pratique de la médiation. Cette théorie peut être définie, de manière certes paradoxale, à l'aide de certains termes et concepts utilisés par Pierre Bourdieu dans quelques-uns de ses ouvrages canoniques comme *Le sens pratique*[8]. Avant d'en faire une pièce maîtresse de son œuvre sociologique, Bourdieu précise le

---

[7] Peter Sloterdijk, *Sphères*, tome I : *Bulles*, Paris, Jean-Jacques Pauvert, 2002, 690 p.
[8] Paris, Éditions de Minuit, 1980.

rôle de l'*habitus* dans le domaine ethnologique. L'*habitus* est, pour lui, indissociable d'une exigence pratique qui pourra, à son tour, contribuer à définir un espace éthique. Cet espace n'appartient pas à la raison pure de l'espace géométrique. Il est investi par la sphère d'action des sujets, par leur capacité, toujours renouvelée, à faire des choix. En ce sens, l'exigence pratique est tout le contraire du déterminisme.

Trajectivité et migration

On fait souvent valoir que la revendication du « lieu » est désuète, qu'elle relève des pensées de l'appartenance. La critique est rapide, sommaire. Nous devons interroger l'imaginaire des lieux qui caractérise notre monde. Nous devons prendre au sérieux les *habitus* du déplacement : cette trajectivité qui informe le sens de nos parcours. La migration ne se fait pas hors de soi, dans un futur conditionnel qui tient lieu d'utopie bienséante et fade. Le sujet migratoire n'est pas à l'abri des turbulences de l'histoire, mannequin ou fétiche qui se contenterait de répéter la superficialité d'un déplacement continu. Pour les mêmes raisons, l'habitabilité ou la « demeurance » (Shmuel Trigano) ne représentent pas des assignations à résidence. Elles n'incarnent pas l'obligation d'habiter un lieu, une certification qui prend l'aspect d'un passeport ou d'une carte d'identité.

Voilà pourquoi la notion « d'habitabilité » nous semble conjoncturellement nécessaire si l'on souhaite penser l'état des lieux actuel. Cette habitabilité a une longue histoire. De Peter Sloterdijk en passant par Augustin Berque, nombreuses sont les réflexions qui proposent un discours pertinent sur cette intériorité de l'habitat sans pour autant recourir aux poncifs habituels de la concrétude de l'expérience, ou de la matérialité du sentiment d'appartenance. Chez Peter Sloterdijk, la « sphérologie », qui est à sa manière une science humaine de l'habitabilité, revendique certes avec force l'héritage platonicien. De façon complémentaire, Augustin Berque recourt au concept de *chôra* afin de mieux identifier les contours du lieu habité. On pourrait donc reprocher à ces deux auteurs un parti pris philosophique qui les amène à poser une essence de l'habitabilité. L'objection est valable : il faut la retenir. N'y a-t-il pas dans les propos de Berque et Sloterdijk cette valorisation assez gênante d'une préconception de la forme comme si celle-ci pouvait exister et se manifester en dehors de nos parcours, dans un espace transcendantal ? Peter Sloterdijk n'hésite pas à revendiquer cette filiation platonicienne dans la mesure où il fait d'un espace construit, déjà schématisé, une forme vitale qui détermine notre appartenance au lieu. Augustin Berque propose de son côté une relecture de la *chôra* platonicienne en mettant de l'avant l'aspect pluriel et ambigu des définitions de ce terme.

Cette ambiguïté pousse d'ailleurs Berque à soumettre cette idée audacieuse selon laquelle la *chôra* ne serait pas vraiment un lieu-substance, mais « plutôt la structure emboîtée par laquelle le monde environnant peut être le lieu (la *chôra*) de la subjectité humaine[9] ». Cette notion platonicienne ne serait donc pas tant une essence qu'une structure. Et Berque cite, à juste titre, Derrida qui, dans son élan déconstructiviste, va jusqu'à dire que cette notion « n'est pas quelque chose et [...] elle n'est comme rien[10] », elle « n'est pas un sujet. Ce n'est pas le sujet ». Tentant de décortiquer ce concept, Derrida préfère ne pas traduire le terme, ni lui accoler d'article, ce qui le définirait, et juge donc que l'on ne peut, en fin de parcours, dire plus que « il y a

---

[9] Augustin Berque, *op. cit.*, p. 127.
[10] Jacques Derrida, *Khôra*, Paris, Galilée, 1993, cité par Augustin Berque, *Écoumène*, *op. cit.*, p. 26.

khôra [...] mais ce qu'il y a là n'est pas[11] » dans la mesure où cette notion de « Khôra reçoit, pour leur donner lieu, toutes les déterminations, mais n'en possède aucune en propre[12] ». Dans une structure en abîme, *Khôra*, c'est peut-être quelque chose comme une « situation du site ».

Le commentaire de Derrida est ici de la plus haute importance au sens où il nous indique que le lieu chorésique n'est pas une forme pleine. Ce lieu ne correspond pas à l'idée d'une matrice, ou d'une forme contenante. À moins de prendre au mot la complexité sémantique de cette contenance matricielle : lieu de toutes les déterminations, matière informe déjà formée, extériorité toujours nourrie d'une intériorité. À ce sujet, Berque ajoute :

> Ce qui nous intéresse ici est plutôt la structure emboîtée par laquelle le monde environnant peut être le lieu (la *chôra*) de la subjectité humaine. Implique-t-elle une hiérarchie de l'être entre le lieu intérieur et le lieu extérieur de cette subjectité? Y a-t-il un centre et une périphérie dans cette structure, impliquant une décroissance du degré d'être vers la périphérie? Ou bien, à l'inverse, comporte-t-elle une valorisation croissante de l'être à mesure qu'il s'agit des enveloppes plus extérieures, donc plus englobantes[13]?

On mesure donc toute la complexité de la *chôra*, qui est la situation du site. Diagnostiquant ce phénomène, Jacques Derrida suggère que la situalité traduit la mise en échec du lieu. Pour ces raisons, il fait référence à une définition du lieu qui ne possède pas les propriétés du lieu-substance. Le lieu, à différencier du *topos*, est la structure de ce qui n'est pas. Pour

---

[11] *Ibid.*, p. 30.
[12] *Ibid.*, p. 27.
[13] Augustin Berque, *Écoumène, op. cit.*, p. 127.

clarifier ce propos, il importe de reprendre ici la pensée d'Augustin Berque :

> *Chôra*, en grec, c'est un lieu où il y a quelque chose, à diverses échelles : endroit, place, sol, champ, campagne, pays... Mais Platon compare aussi la *chôra* à un tamis. Le tamis a un fond, sans en avoir vraiment un : quelque chose y reste, mais quelque chose passe à travers. La *chôra*, ce n'est pas un lieu substantiel [...] un fond définitif où l'être s'accumulerait : car il y a aussi de l'être qui passe à travers et se situe donc dans une *chôra* plus profonde[14].

La *chôra* n'est pas une forme structurée, elle n'est pas schématique, organisatrice. Elle ne se réduit pas à la forme spatiale du lieu. Il faut prendre en compte sa capillarité, sa forme multidimensionnelle. Julia Kristeva a bien raison d'évoquer dans *La révolution du langage poétique*[15] la relation féconde entre la *chôra,* la sémiotique et le processus primaire freudien. Ce dernier, à la manière de la *chôra* dont Platon propose la description dans le *Timée*[16], est un lieu « [...] à diverses échelles[17] », à la fois empreinte et matrice. Le *topos*, de son côté, a une fonction différentielle : une mise

---

[14] *Ibid.*, p. 126.
[15] Julia Kristeva, *La révolution du langage poétique. L'avant-garde à la fin du XIXe siècle, Lautréamont et Mallarmé*, Paris, Seuil, coll. « Tel quel », 645 p.
[16] En ce qui concerne l'exégèse de la notion de *chôra* au sein du *Timée* de Platon, on se reportera entre autres textes à Jean-Claude Mattéi, « Chaos : le mythe de la Chôra », *Platon et le miroir du mythe. De l'âge d'or à l'Atlantide*, Paris, Presses universitaires de France, 1996; Jean-François Pradeau, « Être quelque part, occuper une place. *Topos* et *chôra* dans le *Timée* », *Les études philosophiques*, n° 3, 1995, p. 375-400; Luc Brisson, *Le Même et l'autre dans la structure ontologique du* Timée *de Platon. Un commentaire systématique du* Timée *de Platon*, Sankt Augustin, Akademia Verlag, 1994.
[17] Augustin Berque, *op. cit.*, p. 126.

en espace ne vaut que pour d'autres configurations spatiales qui sont situées et localisées. Le *topos* est un lieu segmenté. Il n'est pas l'indivision, mais la délimitation de l'espace qui prend forme grâce à une mise en situation référentielle. N'existe comme *topos* que ce qui peut en être narré : le lieu-topique est la forme d'un espace segmenté.

La *chôra* n'est pas différentielle : elle ne désigne pas un lieu pour un autre (et c'est pour ces raisons qu'elle n'est pas simplement contextuelle et référentielle). Parler de la « situalité » du lieu, comme le fait Derrida, c'est indiquer que la *chôra* n'est pas soumise à la loi de la comparaison (avec un autre espace), de l'identification (à un lieu-substance). Quand Berque souligne que la *chôra* chez Platon est un lieu où « il y a quelque chose », il indique cette plasticité de la *chôra*.

Si la notion de lieu a fait l'objet d'une mise à l'écart, il est nécessaire de penser « autrement » les formes du lieu habité. L'entreprise, encore une fois, n'est pas régressive, mais profondément actuelle. Si le sujet post-exilique nous offre un monde où la migration n'est plus un fardeau, un itinéraire imposé, il faut accepter que ce cas de figure ne représente encore qu'une situation exceptionnelle. Rushdie ou Naipaul nous offrent ce parcours post-exilique. Mais leurs écrits sont enracinés dans des pratiques territoriales, géographiques avec lesquelles ils composent des trajectivités singulières. Il faut, dans cette perspective, éviter de restreindre la notion de lieu à l'artifice rhétorique – un « lieu commun » – qui valorise l'immobilisme. Une réflexion actuelle sur l'imaginaire des lieux habités est profondément solidaire et ouverte à la présence d'autrui. L'expression n'a rien du poncif politique. Cette solidarité mise de l'avant par les activistes de l'écologie radicale (je pense tout particulièrement aux travaux de Serge Moscovici[18]), nous souhaitons la reprendre à notre compte aujourd'hui en situant notre propos sur le territoire imaginaire de la littérature. L'éloge du lieu ne correspond pas à des pratiques sociales désuètes qui camouflent un repli du collectif sur une sédentarité nourrie de ressentiment et de méfiance à l'égard des formes de l'altérité.

Médiance et culture

Le territoire imaginaire de la culture (pour reprendre le titre du célèbre ouvrage de Morin et Bertrand[19]) est d'une certaine manière notre espace géographique. Mais le texte littéraire n'est évidemment pas un biotope, sorte de lieu qui serait en prise directe sur la nature. Il ne correspond pas à un environnement géophysique, même s'il est fabriqué et matérialisé par l'acte de création. Le texte littéraire ne peut être un biotope, à moins de souscrire au point de vue original mis en valeur par Augustin Berque. Chez cet auteur, la géographie prête son attention à l'écoumène : ce dernier forme une configuration symbolique, hautement organisée. De plus, cet écoumène met en jeu une médiance dont Berque souligne l'importance. À sa manière, le propos de Berque rejoint la réflexion de chercheurs qui étudient, notamment dans le domaine des arts visuels et cinématographiques, la singularité de la médialité. Moins qu'une réflexion sur la constitution générique des discours, la médialité aborde, de manière systématique, cet entre-deux qui caractérise de

---

[18] Pensons notamment aux textes de Moscovici écrits vers la fin des années 1960 et début 1970 et dont l'influence sur la génération 1968 (tant écologiste que féministe) fut prégnante et durable. Voir Serge Moscovici, *La société contre nature*, Paris, Union générale d'éditions, coll. « 10/18 », 1972, 444 p.

[19] Michel Morin et Claude Bertrand, *Le territoire imaginaire de la culture*, LaSalle, Hurtubise HMH, coll. « Brèches », 1979.

nombreux milieux culturels contemporains. De ce point de vue, les écrits d'Augustin Berque veulent provoquer un dialogue entre la géographie et le monde des signes. La médialité (ou encore la médiance) – que Berque nomme aussi la *mésologie* – met à jour la mobilité sémiotique des systèmes organisés. Trait dominant de ces systèmes hautement structurés, la mésologie revendique un principe interprétatif qui engendre, comme conséquence, la prise en compte d'une exigence éthique. Pour le dire autrement, le géographe est partie prenante du territoire qu'il étudie. Cela nous le savons depuis déjà plusieurs années. De même que nous savons les dommages qui sont causés à l'écoumène par l'activité prédatrice des humains. Le propos de Berque est différent. Il ne se résume pas à dire que le sujet habite le territoire qu'il dénature éventuellement. Berque affirme de plus qu'on ne peut étudier le territoire en recourant aux seules synthèses morphologiques, cartographiques, classificatoires, habituellement fonctions de nos institutions de savoirs. Il conteste ici la pertinence de cette classification (de source aristotélicienne) pour mieux privilégier la forme sémiotique de la *chôra* qui appartient (selon l'expression de Julia Kristeva) à un monde pré-réflexif.

Bien sûr, dans le texte littéraire, la spatialité n'est pas une configuration perceptive immédiate. Dire l'espace, c'est comprendre de quelle manière le récit (temporel) aménage des architectures sensibles qui sont des représentations sémantiques inscrites dans la durée. Le récit nous permet de donner consistance au réel. Grâce au truchement du récit, le réel acquiert densité et prend forme en tant que représentation. Le récit, sous la forme de l'énoncé géographique minimal, n'est jamais autre chose qu'une liste, un répertoire, l'accumulation de lieux qui sont nommés et classifiés. La géographie, hors de son milieu humain (écoumène selon Berque), s'assèche, perd de sa pertinence.

Et le propos de Berque, encore une fois, consiste à quitter ce monde restreint à la cartographie (quelle qu'en soit la complexité) pour aborder l'imprévisibilité des lieux imaginaires.

Par l'aménagement de leurs paysages sensibles, les humains façonnent en quelque sorte ces espaces potentiels, ces *chôras* où la création est à l'œuvre. La littérature traite elle aussi de lieux imaginaires. À vrai dire, elle traite de lieux souvent impossibles. Le monde géophysique que décrit la littérature est souvent démesuré, parfois invraisemblable. Nous ne savons pas ce qu'est un lieu en littérature. Celui-là peut d'abord correspondre à la description fiable, détaillée d'un univers géophysique. Par cette description, le lieu acquiert une permanence. Mais la littérature n'est pas vraiment un espace topique, un lieu-substance. Elle s'apparente bien plus à cette *chôra* décrite par Augustin Berque à la suite du commentaire de Platon. La littérature n'est pas un lieu prescrit; elle est un lieu de simulation. Dans la description qu'en propose Berque, la *chôra* est une forme souple, plastique, sémiotique. À l'encontre d'une pensée du déterminisme qui plonge le sujet dans un répertoire abstrait de lieux, obsession de la pensée typologique, la littérature nous permet d'habiter le monde.

L'œuvre d'Émile Ollivier propose un regard sensible sur les territoires habités par les réfugiés et migrants de la diaspora haïtienne. Dans cette perspective, l'écrivain public a pour fonction de leur (re)donner droit de cité par l'écriture. C'est que l'écriture permet d'accueillir et de faire jaillir la parole des morts et des laissés-pour-compte en les faisant revenir à la vie dans une maison de papier, et d'instaurer de cette manière un domicile psychique qui offre un hébergement durable.

Ah! Quel bel exemple de dialogue muet avec une morte qui réclame son dû. Mais, Noémie Morelli, te rends-tu compte? Tu exiges l'échange de la vie même, au plus vivant d'entre nous deux. Te rends-tu compte? Aucun doute maintenant ne peut subsister. Cette quête a débouché sur une métaphore de moi-même, me donnant à voir ce que ta mémoire, paradoxalement et par on ne sait quelle pirouette, me prophétise[20].

L'œuvre d'Émile Ollivier valorise ces micro-mémoires, ces repérages qui permettent d'accueillir la parole des exclus et des mal-logés. À sa manière, l'œuvre insulaire d'un Émile Ollivier nous dit ce qu'il en est du Québec. Plus précisément, l'écrivain nous dit ce qu'il en est des contiguïtés imaginaires (et transculturelles) du Québec contemporain.

La forme du lieu habité se nourrit, chez Émile Ollivier, d'une interrogation qui fait référence au lieu. C'est la constitution subjective de l'expérience corporelle du lieu qui nous permet, comme le suggère François Vigouroux dans *L'âme des maisons*[21], de parler de maison-mère. Cette dernière correspond aux figures de l'abri et du refuge. Elle correspond aussi à la revendication d'un amour fusionnel qui permet au sujet de faire l'expérience du premier lien d'amour.

Pour Vigouroux, la maison-mère est le prototype de la première relation d'objet. Dans le sillage de la pensée psychanalytique, l'auteur fait référence, en parlant du lieu, à la constitution d'une relation primordiale à l'objet maternel. Par cette association, Vigouroux met en relief la persistance

---

[20] Émile Ollivier, *Mère-solitude*, Paris, Le Serpent à plumes, 1994 [1983], p. 172.
[21] François Vigouroux, *L'âme des maisons*, Paris, Presses universitaires de France, coll. « Perspectives critiques », 1996, 180 p.

d'un lien émotionnel en prise directe avec l'habitat et qui serait doté de la fonction quasi éthologique de l'imprégnation du lien maternel. Et toute perturbation dans la qualité de ce lien se manifesterait de manière nette par la contestation de la primauté de l'acte d'habiter. Pour cette raison, le refuge, ou encore l'abri, seraient des formes enveloppantes qui témoignent du lien à la mère. L'acte de devenir sujet, de se constituer pour soi et pour autrui comme sujet, proviendrait de la qualité de cette résilience émotionnelle. Le propos de Vigouroux n'est pas nouveau. Il associe de manière formelle l'habitat à la constitution d'une *gestalt* où le lieu symbolise la qualité d'une appartenance. C'est ailleurs que réside l'originalité de sa pensée :

> La maison est un lieu de transformation. Même quand elle nous emprisonne, elle nous oblige à grandir! À dépasser ce que nous sommes, à aller vers une autre qualité d'être. Paradoxalement, les demeures ne sont que des lieux de passage, des lieux où l'on affronte les anciennes stases. Comme si, malgré leur apparente fixité, elles étaient chargées de nous faire découvrir les mouvements dans lesquels nous sommes entraînés. Elles disent l'espoir, le mouvement, le changement accompli, frôlé ou possible, et même quand elles semblent se refermer sur elles-mêmes, elles disent la vie[22].

Le propos de Vigouroux est ici résolument optimiste. La maison nous est offerte à lire comme symbole de la permanence de l'être dans ses manifestations. À ce titre, elle est un témoignage matériel qui permet au sujet de configurer à la fois pour lui et pour les autres un imaginaire topique. Mais n'oublions pas par ailleurs que ces demeures sont aussi des passages, en somme que la trajectivité décrite par Augustin Berque rejoint cette quête de la demeure. Il faudrait

---

[22] *Ibid.*, p. 177.

alors imaginer que la trajectivité inaugure un passage dont la finalité serait la permanence de l'habitat.

Cependant, la permanence de l'habitat reste un mythe culturel. Certes, on peut faire valoir le caractère enveloppant du lieu, sa qualité matricielle et son éco-symbolicité comme fonctions mêmes de l'habitat. Il s'agit là d'une dimension anthropologique forte que l'on ne peut ignorer. Mais il en va autrement lorsque nous faisons référence à la nécessité de cet habitat, à la constitution de ce dernier comme finalité narrative, déterminante et nécessaire. Depuis toujours, nous avons fait de l'habitat la figure emblématique de notre relation au monde. Du moins, nous croyons que cette relation au monde est directement éclairée par l'adéquation du corps et de l'intimité territoriale. Encore une fois, l'anthropologie nous montre bien la permanence de cette trame symbolique.

La maison protège, elle offre un abri : dans sa permanence, elle offre un toit qui protège des intempéries et qui met en relation le sujet avec la cosmicité. Ce faisant, la maison nous offre peut-être un abri psychique, une certaine forme de sécurité narcissique contre les intempéries du monde, contre les transformations non souhaitées de notre monde intime. La permanence de l'habitat peut être aussi, ne l'oublions pas, le songe réactionnaire d'une pensée qui refuse le mouvement, qui craint les entraves créées par le déplacement, qui craint surtout que ces entraves cèdent et plongent le sujet dans le monde anonyme de la désubjectivation. Il est possible que nous ne fassions pas autre chose que de projeter narcissiquement l'insuffisance plénière de notre condition de sujet humain prématuré sur les formes de l'habitat. Et que ce processus ait pour fonction d'agrandir démesurément notre relation au monde de manière à nous protéger de la petitesse de la condition humaine. La maison serait alors une fenêtre endopsychique ouverte sur le monde ; à sa manière, elle serait une surface réfléchissante qui donne prise – et déprise – sur l'immatérialité de notre ego. Elle permettrait au sujet d'offrir une mainmise sur ce monde qui fuit. En somme, elle serait l'occasion d'une restauration psychique, processus avec lequel les psychanalystes – mais aussi les décorateurs, les experts en restauration – sont familiers dans la mesure où il suppose la correction, par l'application d'une surface étrangère, d'une œuvre originale qui a été altérée.

Si la maison est une fenêtre endopsychique qui est ouverte sur le monde, c'est qu'elle nous permet d'aménager les formes diverses de notre finitude, d'agrandir – sinon de magnifier – notre résidence première : le corps humain, plus encore le corps-psyché seraient alors des formes vives de cette résidence sur la terre qu'est la maison maternelle. Et le souci de restauration, de correction aurait alors pour fonction de pallier les attaques destructrices contre cette maison-mère. François Vigouroux l'écrit de belle manière :

> Ce serait donc pour se protéger de la peur, pour se séparer du magma des origines, que l'homme s'invente des techniques et se construit des maisons. Il s'y abrite sans doute. Mais elles lui servent aussi à fixer les limites symboliques de l'espace où il vit. Elles lui permettent de nommer l'étendue, de donner un nom à ce que l'on appelle justement les êtres – les aîtres – de la maison. [...] Au moment même où, avec un souci exaspéré de tout gérer, de tout prévoir et de tout organiser, nous tentons de masquer notre angoisse et de conserver l'illusion de notre toute-puissance, c'est toute l'histoire passée – la nôtre, celle de l'espèce et celle de la planète –, c'est tout notre passé enfoui et refoulé qui tente de voir le

jour et fait surgir dans notre vie quotidienne, comme des lapsus, ses taupinières incongrues[23].

Il faut tenir compte, dans la lecture de l'œuvre d'Émile Ollivier, de cette mise en scène particulière de l'espace qui semble, chez lui, toujours trop réel, trop puissant, capable, somme toute, de tuer par son intensité. Il y a dans cette œuvre un aveu réaliste : le trauma, ou encore ce paysage traumatique du mémoriel, bute sur un point de fuite qui est celui de la détresse de l'enfant face à la mère qui le quitte, et de son prolongement logique, soit celui incarné par la figure de l'amant qui se sait abandonné :

> Qui disait que le voyage est illusoire? On a beau se déplacer d'un endroit à l'autre, se livrer à une agitation sans relâche, en réalité, on ne fait que marquer le pas, tant les lieux restent inchangés. Dans leur soif de départ, les voyageurs ignorent souvent qu'ils ne feront qu'emprunter de vieilles traces. Mus par une pulsion, quand ils ont mal ici, ils veulent aller ailleurs. Ils oublient que le mieux être est inaccessible puisqu'ils portent en eux leur étrangeté. Leur trajet, à la limite, ne dessinera qu'une boucle, tant les événements sont jetés là, orphelins, les attendant, pareils à des quais de gares. Ils erreront sans fin, animés du même désir fou que celui qui hante le destin implacable des saumons : ils tâtent des fleuves, des océans, pour retrouver à la fin l'eau, même impure, où ils sont nés et y pondre en une seule et brusque poussée, une réplique d'eux-mêmes et mourir.
>
> Il est dans l'existence des éclipses où il nous semble avoir tout perdu, des temps de silence où l'on se trouve plongé dans un brouillard, une nuit en deuil d'étoiles. Nul reflet n'éclaire la route. De l'enfermement de l'île à la prison de Krome, de l'inventaire des ratés au catalogue des renoncements, le même délicat problème de la

---

[23] *Ibid.*, p. 60.

migrance, un long détour sur le chemin de la souffrance. Passagers clandestins dans le ventre d'un navire, nous visitons non des lieux, mais le temps[24].

Le roman mémoriel de l'écrivain public

L'œuvre d'Émile Ollivier est émouvante dans la mesure où le *pathos* s'y fait discret, à la fois résolu et prudent. Cet écrivain ne se contente pas de mettre en relief la figure importante de « l'écrivain public ». Il recourt aussi à un imaginaire de la spectralité qui fait intervenir les figures de l'envoûtement (de la possession) et de la malédiction. Pour tout sujet interdit de parole (c'est la diaspora haïtienne qui est mise en scène), il faut imaginer un théâtre d'ombres dont les acteurs tiennent lieu de forme fugitive. Les « sujets de l'exclusion » sont des survivants ayant appris à composer avec ces ombres qui sont autant de fantômes du passé. De façon prosaïque, les romans d'Émile Ollivier nous indiquent que nous sommes possédés par le souvenir de notre terre natale, et que le souvenir de ce déracinement est une expérience brutale, difficile. Plus encore, on peut aisément avancer que les formes fugitives de ce théâtre d'ombres sont autant de cauchemars qui rendent possible – ou impossible – notre droit à la survie.

L'écriture d'Émile Ollivier nous rappelle que l'imaginaire des lieux est animé par une pulsion décisive dans la mesure où toute écriture est d'abord retour à l'enfance et au souvenir de la mère. Toute écriture est l'impossible reconquête du lieu perdu de l'enfance. Et la psychosomatique à l'œuvre dans cette écriture tente de nommer les jalons de l'exil. Elle tente de prévenir l'écrivain contre le danger d'une désorganisation du corps et de la psyché, cette détresse que ressent bien le migrant lorsqu'il ne connaît plus de lieu

---

[24] Émile Ollivier, *Passages*, p. 129-130.

d'attache, qu'il est au contraire insensibilisé par la violence du déplacement. Exprimant cette dépossession du migrant, Émile Ollivier écrit :

> D'où vient ma voix ? Est-elle une ultime expression de l'atérité qui me hante ? Vient-elle de mes ancêtres, de mes dieux morts, d'une quelconque place vide ? Ici, injonction m'est faite d'aborder de front les problèmes de l'errance, de l'ancrage et de l'identité et, plus précisément, la question du rapport conflictuel ou consensuel entre ma conscience d'écrivain et ma foi en l'avenir de l'humain. Injonction m'est faite de savoir de quel lieu j'écris[25].

Cette injonction est à vrai dire un rappel à l'ordre. À la croisée des chemins, l'écrivain public ne sait plus où se situer dans ce monde multiple qui est à la fois promesse du métissage et dissolution de l'identité. En ce domaine, les choses ne sont pas simples. Et l'écrivain public tente de nommer un lieu de parole dont il revendique la singularité même si cette dernière traduit une expérience éphémère. Ce lieu de parole n'a rien à voir avec la rhétorique restreinte, usée du lieu commun qui est un espace partagé par la foule des semblables. Il ne correspond pas à l'expérience esthétique du hors-lieu, ou de la migrance. Émile Ollivier privilégie sur ces questions la transitionnalité de l'expérience culturelle, qui amène le sujet à habiter l'espace pour mieux en faire résonner le sens pratique. Relisons encore une fois Émile Ollivier : « J'ai toujours été embarrassé par le mot lieu. Il ne signifie pas assez, parce que le lieu renvoie toujours à une portion d'espace, impliquant une inscription, un enracinement, une lourdeur. Pas assez parce que le terme a oublié la marque de son origine, le *topos* qui a accouché du beau mot utopie[26]. »

---

[25] Émile Ollivier, *Repérages*, p. 124.
[26] *Ibid.*, p. 125.

Émile Ollivier poursuit sa réflexion en mettant en relief l'inertie sémantique du lieu qui cadastre, enferme, délimite. Quoi de plus angoissant que cette plongée dans un espace contraint qui impose la présence sévère de frontières. Quoi de plus angoissant qu'un corps qui impose ses limites, qui fait entendre sa fatigue et, avec elle, l'impossibilité d'aller plus loin. Ce n'est pas sans raison qu'Émile Ollivier fait intervenir, au cœur même de sa réflexion, une expérience toute personnelle : une dialyse menée de longues années jusqu'à sa mort. Un des personnages de *Passages* reprend, de façon discrète, le spectre de cette maladie qui condamne à l'attachement, qui donne tout son sens à la dépendance et à l'accompagnement. En lisant ce roman, on est profondément touché par la forme de cet attachement corporel qui fait de l'écriture un sanctuaire pour un corps mis à mal. Il faut en effet imaginer, tel que nous le laisse entendre le personnage de *Passages*, la place de l'exil au cœur de la trajectoire quotidienne du migrant. Crapahuter, bouger, se déplacer peuvent paraître choses ordinaires, faciles. Mais ici, l'œuvre d'Émile Ollivier nous montre un tout autre portrait de la migration. En effet, pour lui, crapahuter c'est d'abord le fait de se déplacer dans l'obligation première de bouger et de venir au monde. Nulle transcendance dans le propos d'Émile Ollivier. Nulle métaphysique de la migrance. Au contraire, le propos est amplifié par la constitution pratique du sujet dans l'espace. La relation au lieu prend tout son sens grâce à la composition d'un chant choral que l'écrivain public accueille dans le matériau de son écriture. Peut-on avancer que l'écrivain public a pour tâche d'être à la fois l'auteur et le porte-parole de cette composition de voix singulières? À ce sujet, Ollivier écrit :

> Nostalgie, dites-vous? J'affirme que non, ou plutôt, si nostalgie il y a, ce n'est pas celle de la terre qui manque, puisque je prends mes aises en tous lieux, même au

royaume de la banalité qu'est devenu le monde d'aujourd'hui. Si nostalgie il y a, c'est celle de nous-mêmes, celle de notre grandeur déchue. Si nostalgie il y a, c'est celle d'un lieu que je n'arrive pas à localiser. Je marche sur une route où Levant et Ponant s'entrecroisent, s'imbriquent[27].

Rappelons-nous la remarque d'Émile Ollivier à propos de la mise en relation de l'utopie et du *topos*, façon pour l'auteur de redonner au lieu ses lettres de noblesse. Entre l'utopie et le lieu-topique, l'écriture d'Émile Ollivier invente un parcours pluriel, une trajectoire partagée, un imaginaire de la quotidienneté diasporique. Pour cet auteur qui fait référence de manière discrète à Montréal et qui consacre à vrai dire son œuvre romanesque à Haïti, la logique du hors-lieu ne saurait tenir. Avec beaucoup de tendresse, Émile Ollivier rappelle que la posture de l'écrivain public se déclame de manière singulière dans l'espace montréalais.

On peut tirer une première conséquence de cette mise en relief de l'écrivain public. Parce que le relief traumatique est au cœur de toute migration, le lieu montréalais favorise l'inscription d'une écriture-refuge. Chez Émile Ollivier, nul ressentiment à l'égard du Québec, encore moins d'indifférence. Le chant choral de l'écrivain public interroge les formes narratives actuelles. Émile Ollivier écrit :

> Dans notre monde en proie au chaos, à l'incertitude, il faudrait s'interroger sur nombre de points concernant nos manières fictionnelles. Quel peut être le statut du narrateur? Doit-il être encore une voix individuelle, un collectif ou une collectivité? Ne faudrait-il pas mettre de nouveau en avant, à l'instar des tragiques grecs, des formes de narration chorale? Les répercussions du temps mondial sur nos territoires et sur nos sociétés de plus en

---

[27] *Ibid.*, p. 130-131.

plus fragmentées n'invitent-elles pas à réexaminer l'espace et le temps fictionnel[28]?

Chez Émile Ollivier, la narration chorale est fort différente des registres de l'hybride, ou du métissage. La narration chorale permet la création d'une architecture sonore. Pour l'écrivain, l'écriture doit permettre de faire entendre la fracture du monde. C'est toujours Ollivier qui mentionne que

> [...] le temps mondial joue comme un puissant révélateur de la localité. Mais les forces et les conséquences de cet indicateur du local n'ont aucun caractère prévisible ou linéaire. Et c'est en cela que le temps mondial est topologique. Paradoxalement, la mondialisation joue comme « révélateur » de fragilité et de particularité[29].

On peut avancer que la localité décrite par Émile Ollivier s'oppose à l'étendue sans relief et sans aspérités de la connectivité médiatique. On peut aussi imaginer que l'utopie topologique rejette les formes dites archaïques de l'enracinement. Mais ne faut-il pas remettre en question la création d'une mémoire sociale sans enracinement, sans quête de localité? Cette dernière n'est pas la forme d'une humanité sédentaire. Il nous faut alors imaginer un enracinement qui n'est pas fermeture à la différence. Plus que la contemplation distante de l'altérité, ce qui inquiète, c'est l'altérité faite sienne et la composition d'un imaginaire du trépas où l'écrivain public a pour tâche de dire la parole des morts. Que ce soit la maison Monsanto dans *Les urnes scellées*[30], ou la maison Morelli dans *Mère-solitude*, l'œuvre d'Émile Ollivier met en scène une maison vide qui fait

---

[28] *Ibid.*, p. 115.
[29] *Ibid.*, p. 115.
[30] Émile Ollivier, *Les urnes scellées*, Paris, Albin Michel, 1995, 294 p.

référence au deuil impossible des ancêtres. La maison est un lieu de mort. Elle entasse, enfouit les souvenirs d'une généalogie mystérieuse. Qu'on lise :

> La race des Morelli, métèques de souche douteuse, a fait pendant longtemps la loi dans ce pays. Ils ont, au long des années, au fil des générations, vécu tantôt repliés sur eux-mêmes, tantôt ouverts au monde extérieur... Quatre siècles d'histoire ont vu naître, grandir et mourir les Morelli dans cette demeure restaurée sous les deux Empires et réaménagée sous l'occupation américaine pour répondre aux besoins et commodités de la vie contemporaine. L'œil avisé, aujourd'hui, peut avoir du mal à démêler les influences européennes des apports indigènes car architectes et artistes, à travers les ans, n'ont pas hésité à superposer et à mêler mosaïques, volutes et torsades[31]...

Plus loin, le narrateur fait savoir que cette demeure est associée à un interdit violent : « Il est vrai que cette maison nous a toujours paru comme un corps étranger en notre sein, un enclave dans notre territoire. De grands mystères l'ont toujours entourée; mystère de la vie quotidienne de cette famille; mystère, leur mode de subsistance et de reproduction; mystère, leur mort et leur sépulture[32] ».

La narration chorale des disparus

De quoi est-il question dans le passage de *Mère-solitude* que nous venons de citer? Sylvain Morelli a été assassiné sur une place publique de Trou Bordet. S'ensuit une narration chorale où les témoins de cette mort font alterner prises de parole, silences et déclamations. La raison en est simple : cette maison possède un pouvoir maléfique. Elle plonge la

---

[31] Émile Ollivier, *Mère-solitude*, p. 37.
[32] *Ibid.*, p. 59.

communauté de Trou Bordet dans une inquiétude folle. La maison Morelli est à la fois localisée et étrangère. Elle frappe l'œil par sa démesure baroque et incarne aussi un lieu secret. Elle est le lieu de la démesure puisqu'elle condense en son sein une soif de richesse dont l'origine est inconnue. On ne sait qui sont les Morelli, la raison de leur installation à Trou Bordet. L'argumentation de la narration chorale est nette, tranchante : qui ira porter à son domicile le cadavre de Sylvain Morelli; qui ira le reconduire à sa dernière demeure? L'écrivain public possède un don qui lui permet de dire, ainsi la mort de Sylvain Morelli, la narration chorale des disparus.

À sa manière, l'écrivain public fait coïncider des préoccupations éthiques et pratiques. Il permet la libre avancée de la parole, tout comme il peut en retarder, si ce n'est interdire, la transmission. Ne l'oublions jamais : prendre la parole au nom d'autrui, c'est exercer de manière absolue un droit de regard. L'autre – celui qui vit la sujétion, qui ne peut avoir recours à l'écriture – est un sujet fragile. L'écrivain public adopte à son corps défendant une position qui n'est pas éloignée de la place de l'oppresseur. Ce dernier, dans la trame des identifications coloniales, est un maître qui impose les *habitus*, les règles et coutumes exogènes qui créent une acculturation vécue dans la violence. Le point de vue adopté par Émile Ollivier est intéressant dans la mesure où il complexifie cette figure de l'identification à l'oppresseur.

À sa manière, l'écrivain public reprend à son compte cette captation aliénante. Il s'en fait le truchement. L'acte de l'écrivain public n'est pas éloigné du rapport de place colonial. Mais la souffrance psychique qu'il porte offre les conditions d'une véritable transmission de sa parole. Sur ces questions, l'écriture d'Émile Ollivier fait valoir une complexité qu'il faut interroger. À lire *Passages*, *La discorde aux cent voix*[33], *Mère-solitude*, on note une parole solitaire tant le narrateur essaie de rapporter les voix narratives multiples dont il est le témoin. Dans cette perspective, le sujet-narrateur « éprouve » une parole publique qui a comme qualité première sa fugacité. Parlant des autres, le narrateur oublie peu à peu qui il est. Il fait l'expérience d'un discours retardé, d'une non-synchronie entre la force vive de l'événement et sa transcription par un sujet qui tente d'en composer la mémoire collective. Le narrateur, dans les divers romans d'Émile Ollivier, met en jeu une narration diasporique. Le sujet, de retour dans son Haïti natal, fait l'expérience d'une plongée mémorielle troublante qui le ramène à l'enfance, au temps révolu d'une enfance utopique. Et l'exactitude de ce retour au temps natal est le signe d'une désillusion essentielle.

Sur ces questions, l'écriture d'Émile Ollivier n'est pas différente de l'œuvre de jeunesse d'un Naipaul. Qu'on pense à *Une maison pour Monsieur Biswas*, par exemple. Chez Ollivier et Naipaul, la création d'un « habitat » est vitale. Si la maison résiste aux intempéries, permet la mise en valeur d'un espace domestique, c'est qu'elle fonde d'abord un monde familier où il est possible d'être connu et reconnu. À lire Émile Ollivier, la maison permet d'échapper à l'angoisse de la perte de sens.

Écriture et trauma

Relisant l'œuvre d'Émile Ollivier, il faut noter que le lieu n'est pas l'indice d'une familiarité rassurante. La maison est bien sûr la mise en œuvre d'un discours insulaire : en témoigne l'incessante tentative de clôturer l'espace, de le configurer de manière à ce qu'il devienne un refuge. Sous

---

[33] Émile Ollivier, *La discorde aux cent voix*, Paris, Albin Michel, 1986, 266 p.

cette présence rassurante, il faut aussi noter la portée d'une désubjectivation qui n'est pas un simple décorum. Il faudrait alors parler, à propos de l'œuvre d'Émile Ollivier, d'une compulsion narrative qui tente de nommer la source implacable et violente du trauma. Les divers romans de cet écrivain d'origine haïtienne entretiennent des correspondances étroites avec *La chute de la maison Usher* de Poe. La maison insulaire, forme privilégiée des romans d'Ollivier, est un espace contraint, porteur des secrets de familles : cryptes ou bulles de sens traumatiques qui accueillent les actions des personnages. La figure de l'envoûtement est ici déterminante puisque la quête romanesque est dictée par les refoulements premiers dont l'espace généalogique est porteur. Sur cette question, le propos de l'écrivain n'est pas foncièrement original. Il a néanmoins le mérite d'indiquer que les dispositifs écotopiques peuvent aussi devenir des lieux d'effroi. Nous retrouvons alors une des formes mineures du trauma : l'effroi est bien sûr une effraction pulsionnelle. Et dans les romans d'Émile Ollivier, la violence de ce trauma peut surgir à tout instant de l'espace urbain.

La trame sociale de Trou Bordet ou des Cailles expose d'abord la démesure coloniale : personnages fantoches qui font valoir une préciosité de pacotille qui masque à peine l'intolérable violence des relations interpersonnelles. Mais l'écrivain public est davantage intéressé par les personnages sans voix dont il propose la chronique. Cette dernière est l'histoire d'une dévastation : le légendaire familial n'est pas la narration de faits héroïques. À sa manière, l'errance du narrateur-rapporteur a pour fonction de mettre en relief la démesure de ces voix entendues à la cantonade.

Il me semble, sur cette question, qu'il faut reprendre le propos très juste d'Émile Ollivier dans *Repérages*. Si l'on s'en tient à son discours, repérer permet de créer du sens. Par cet exercice, le sujet se donne les moyens d'explorer une surface (un texte, un territoire) de manière à ce qu'il apparaisse dans sa discontinuité. Repérer, ce n'est pas pérégriner. C'est au contraire devenir un sujet qui est habité par l'espace qu'il parcourt. Contrairement à une opinion courante qui décrète que le sujet est déjà altéré et clivé, j'avance qu'une pensée de « l'habitabilité psychique » est nécessaire si l'on désire comprendre notre « place » dans le monde actuel. L'habitabilité psychique est pour moi la forme vitale d'une relation singulière avec le monde sensible. Et ce dernier tient lieu de matrice à partir de laquelle le sujet développe une expérience émotionnelle significative.

Revenons à la forme singulière des repérages que propose Émile Ollivier. Cette localisation fait référence de manière nette à une mise en situation du sujet dans le monde. La localisation est un coup joué. Plutôt que de valoriser des centralités dominantes (de culture sédentaire) ou des délocalisations périphériques (de culture nomade), ne vaut-il pas mieux envisager l'existence de paysages mémoriels fluides? Les réflexions actuelles sur les flux migratoires et les brassages culturels ont selon moi le défaut d'être inutilement abstraites. Il est urgent, il me semble, de réhabiliter l'existence de situations concrètes qui offrent aux sujets de l'exclusion la capacité de composer leurs paysages mémoriels. La littérature migrante, comme j'ai voulu en témoigner par la lecture de certains textes d'Émile Ollivier, balise ce paysage mémoriel. De façon très nette, les écrits d'Ollivier sont à la fois lyriques et précis. Ils font du migrant un sujet libre et entravé, toujours porté par le discours d'autrui. De manière décisive, ces écrits privilégient la création de sites d'appartenance où l'écrivain public est la forme actuelle d'un récit de soi qui refuse la complaisance. Revenant à la belle réflexion d'Émile Ollivier sur les lieux-dits de l'écriture, je voudrais dire enfin que l'écriture migrante se situe à la croisée des chemins. Elle inaugure un site (un lieu) qui permet à l'écrivain public de tenir sa place (l'écriture est à sa manière un espace propre, nous ne pouvons le nier) et de devenir un autre, sans qu'un tel vertige prenne la forme extrême du trauma. Il faut comprendre que l'écriture migrante, malgré ses formes polynarratives et aterritoriales, trace la voie d'un compromis honorable qui permet de trouver pour soi et pour les autres un lieu habité, dont l'écriture représente l'espace partagé.

L'EXIL ET LES QUESTIONNEMENTS IDENTITAIRES
Langue mitchif, Roy, Laferrière

Exils et « désécritures ». Le cas de la langue *mitchif*

Pamela V. Sing
Faculté Saint-Jean, Université de l'Alberta

Un paradigme commun aux écritures de l'exil est le sentiment d'une perte, dont le corollaire est le besoin plutôt urgent de textualiser une certaine réappropriation de ce qu'on a laissé derrière soi : certaine, certes, car dans un espace mémoriel inévitablement imaginaire, mais qui n'en est pas moins signifiant pour le projet identitaire. L'Ici s'en trouve traversé par un Ailleurs aux marqueurs variés, d'ordre temporel, spatial, culturel, idiolectique, sociolectique, etc. Tout converge pour que l'expérience de déterritorisalisation dise celle d'une identité à définir en fonction de deux espaces, mais qui est à la fois l'un et l'autre sans être ni l'un ni l'autre. L'entre-deux est sans conteste un *no man's land*. Par exemple, dans un roman qui a fait couler beaucoup d'encre, *Cantique des plaines* de Nancy Huston, le « je » écrivant, censé être situé à Montréal lorsqu'il écrit son retour en Alberta, effectue le voyage contre son gré, car la province natale est le site d'un trauma primordial. Cependant, l'auteure n'est pas Montréalaise. Elle n'est pas non plus Française, même si elle vit et pratique son écriture à Paris depuis plus de vingt ans, alors que de Paris, l'ouvrage ne fait aucune référence. Il en résulte une écriture des plus singulières : d'un côté, Montréal s'écrit dans une langue de toute évidence « étrangère[1] » et, de l'autre côté, l'Alberta s'écrit de manière

---

[1] Plus Montréal est écrite, c'est-à-dire plus elle s'intègre à la diégèse, plus il ressort que c'est une non-Montréalaise qui parle d'elle. De là « les voix françaises » que la narratrice dit entendre en se promenant dans son quartier ou, dans le passage omis de la première édition de la version

à affirmer que tous les chemins éloignent l'auteure de sa province d'origine. Force est de conclure à la nature foncièrement contradictoire, ambivalente du projet consistant à écrire un espace mémoriel tout en le « désécrivant », afin de communiquer son caractère interstitiel.

Si la tentative de textualiser un espace ainsi problématique est intéressante chez les néo-Canadiens et néo-Québécois (ou, dans le cas de Huston, chez une néo-Française à la plume pseudo-québécoise) émigrés d'ailleurs, elle l'est particulièrement chez ceux qui, nés sur le sol canadien mais issus du contact entre le Canadien français ou l'Européen et l'Autochtone, ont subi des déterritorialisations dont on peut dire sans hyperbole qu'elles ont frôlé l'anéantissement. Chez les Métis d'ascendance française, en effet, l'écriture voudrait affirmer une présence au monde que les suites de la Rébellion du Nord-Ouest de 1885 avaient obligé à renier. Car rappelons que, non seulement les troubles du Manitoba et de la Saskatchewan avaient été motivés par le mécontentement d'un peuple dépossédé par le processus adopté par le gouvernement canadien dans le but d'allouer des terres aux colons[2], mais

---

française du roman et, par conséquent, réservé jusqu'ici à la version en anglais, « the sophisticated French subway » que Paula prend pour se rendre non pas à « l'Expo », comme dit tout le monde au Québec et au Canada anglais, mais au « Centennial Exposition and World's Fair » (*Plainsong*, Toronto, Harper/Collins, 1993, p. 198). La non-référence à Paris trouble la représentation de l'espace de l'énonciation et, par voie de conséquence, celle du sujet. Cette question est étudiée en rapport à la « phase » d'exil dans laquelle se trouve l'auteure lors de l'écriture de ce roman, dans Pamela V. Sing, « Stratégies de spatialisation et effets d'identification ou de distanciation dans *Cantique des plaines* », Marta Dvorak et Jane Koustas [éd.], *Nancy Huston : Vision/Division*, Presses de l'Univeristé d'Ottawa, à paraître.

[2] La Compagnie de la Baie d'Hudson ayant accepté en 1869 de céder au Canada la Terre de Rupert, il incombe dès lors au gouvernement canadien

aussi, la défaite des Métis à la bataille de Batoche en 1885 a résulté en la « disparition » de nombreux Métis qui, mus par la crainte ou par la honte, ont senti que, pour survivre, il leur fallait renier leur identité. Plusieurs se sont assimilés aux cultures blanches anglophone ou francophone, tandis que d'autres se sont éparpillés ailleurs sur la prairie ou aux États-Unis. S'ils s'isolaient à la périphérie de réserves autochtones ou s'installaient dans des bidonvilles en marge de communautés blanches, ils se destinaient à l'acculturation. Aussi est-il devenu tant impossible qu'indésirable d'assurer la préservation et la transmission de l'héritage culturel proprement métis, à moins de se déplacer dans des « communautés » majoritairement métisses – tel le village de Saint-Laurent au Manitoba, où se trouve encore aujourd'hui le regroupement le plus nombreux de locuteurs franco-métis

---

de s'établir comme le propriétaire légal de la région. Aussi fait-il des démarches auprès des résidents indigènes du territoire. Or, si les Autochtones cèdent leurs droits de propriété en échange de traités collectifs, c'est-à-dire d'accords d'allocation des terres destinées à devenir des réserves, les Métis, eux, sont censés « céder leur statut d'Autochtone » en échange de *demandes* de certificats de Métis (dits *scrips* en anglais). Ces certificats attribuent au porteur des terres ou bien de l'argent devant s'employer à acheter des terres. Cependant, tandis que les terres pouvant s'acquérir devaient avoir été déjà arpentées et cadastrées par un arpenteur fédéral, celles qu'occupaient les Métis ou bien qui pouvaient les intéresser, ne l'avaient pas été. Par conséquent, parmi les Métis qui savaient l'existence des certificats et de la possibilité d'en faire la demande – car un grand nombre d'entre eux l'ignoraient –, plusieurs en ont profité, mais pour aussitôt les vendre – à un prix certes inférieur à leur valeur – à des spéculateurs qui par la suite les ont revendus, directement ou autrement, à de futurs *homesteaders* non-Métis. Qui voudrait en savoir plus consulterait à profit les travaux de Frank A. Tough, dont les recherches suggèrent que ces « certificats de Métis » ont occasionné des pratiques frauduleuses. Pour notre propos, il importe de souligner que, au bout du compte, plutôt que de favoriser les Métis, ces documents entraînent leur expulsion des terres qu'ils croyaient les leurs.

au Canada[3] – ou bien dans des parcelles de terre situées « au bord de la route », entre une route et un champ, voire dans un carrefour. Or, si encore aujourd'hui, ces communautés renferment des locuteurs de la langue métisse, ceux-ci sont le plus souvent âgés de soixante-quinze ans et plus. Les plus jeunes, eux, tendent à s'assimiler à la langue anglaise. En raison de la domination de la culture et de la langue anglaises dans l'Ouest canadien, cela ne paraît guère étonnant, mais il y a aussi que les relations entre les Franco-Métis et les Franco-Canadiens non métis n'ont pas toujours été des plus harmonieuses. Pour le Métis d'ascendance française, il en résulte donc un rapport on ne peut plus problématique, ambivalent avec une partie de lui-même. Aux plans de l'écriture et de l'identité, il s'agit là d'un cas fascinant : la tâche de l'écrivain consiste à inscrire un entre-deux dont un des repères a des connotations dysphoriques.

Différents exils, différentes écritures

Les différents types d'exils évoqués plus haut ont produit principalement trois écritures différentes de l'Ouest en tant que cadre spatio-temporel habité par la mémoire originelle métisse. La première à avoir paru sous forme écrite est dans un français standard traversé d'une hétéroglossie où dominent des éléments lexicaux métis ou *mitchifs*; la deuxième, dans un anglais standard et, chez certains écrivains, peut compter quelques références à la langue française; et la troisième, dans un anglais non normalisé, car transcrit du *mitchif* VERS l'anglais. La préposition est d'une importance capitale, puisqu'elle suggère l'inscription d'un espace linguistique aussi spécifique que flottant, imprécis et,

---

[3] Robert Papen, « Marginalité vs spécificité du français des Métis de l'Ouest canadien », communication présentée lors du colloque CEFCO, « La francophonie sur les marges », tenu à l'Université de Winnipeg les 18 et 19 octobre 1996.

en outre, marque la tentative de décoloniser le *mitchif* tout en le rendant accessible à la majorité qui, assimilée à la langue anglaise, n'en est pas moins désireuse de conserver son patrimoine linguistico-culturel. C'est cette troisième manière qui va surtout nous intéresser ici, et ce, particulièrement au point de vue des références à l'aspect francophone de l'héritage. Afin d'apprécier l'évolution dans le traitement littéraire des rapports entre la culture des Métis d'ascendance française et celle des Franco-Canadiens, nous donnerons un aperçu des deux autres manières, mais en commençant par celle qui est produite dans un anglais standard. Cet ordre permettra de mieux faire ressortir les caractéristiques de deux textualisations différentes du *mitchif*, chacune étant révélatrice d'une attitude distincte envers la langue et la culture franco-canadiennes.

Avant de procéder, toutefois, ouvrons ici une parenthèse pour apporter trois précisions à l'égard du terme *mitchif,* transcription de la prononciation métisse du mot « métis ». En premier lieu, Robert Papen précise que, pour les linguistes, le *mitchif* signifie la langue mixte dont certains éléments proviennent de la langue française, et d'autres, de la langue crie. Généralement, les auteurs de notre corpus s'en servent pour désigner leurs propres variétés dialectales du français[4]. En second lieu, ces variétés ont été jugées

---

[4] Depuis que le ministère du Patrimoine du Canada a octroyé des fonds pour le programme « Initiative des langues aborigènes » en 1998, dont 10 % sont alloués à la communauté métisse, celle-ci déploie des efforts pour revitaliser et développer la langue *mitchif.* Le Conseil national métis reconnaît l'acception scientifique du terme, mais précise sa pratique diversifiée, puisque chaque communauté a développé un parler qui intègre certains éléments des langues dominantes de la région. Aussi, l'un des défis majeurs auxquels fait face le programme de revitalisation de la langue consiste-t-il dans son uniformisation. Le processus entamé, cependant, le programme a accompli jusqu'ici un certain nombre d'objectifs. Nommons l'organisation de colloques internationaux autour

inférieures au français parlé des Européens, Québécois et Franco-Canadiens blancs, et ses locuteurs ont été moqués[5], voire punis[6]. En dernier lieu, langue exclusivement orale, le *mitchif* ne saurait s'écrire sans révolutionner le concept de littérarité, car comme nous l'avons affirmé ailleurs[7], il s'agit d'une littérarité dont l'efficacité tient de sa possibilité de connoter l'oralité.

---

de la question de la langue *mitchif*, le premier ayant eu lieu en 2002 à Winnipeg, le second en 2003 à Saskatoon, et le troisième, en 2004 à Vancouver, ainsi que le développement d'un certain nombre d'outils pédagogiques dont un cédérom à paraître dans un proche avenir, a-t-on révélé à Saskatoon en avril 2003, un petit dictionnaire dont le deuxième volume est apparemment sous presse au moment de l'écriture du présent article (la première de couverture du premier volume porte les mots suivants : « *La Lawng Michif Peekishkwewin* » : *The Canadian Michif Language Dictionary [Introductory Level]*), la mise en texte d'un certain nombre d'histoires devant intéresser de jeunes élèves et la conception d'un calendrier 2002 sous forme d'affiches où les jours de la semaine, les mois de l'année et les chiffres allant de « 1 » à « 31 » sont écrits en se servant d'une orthographe phonétique; ainsi, par exemple, le « tawnt » (trente) « awvree » (avril) tombe un « Marjee » (mardi).

[5] Au plan anecdotique, citons le cas d'une Franco-Métisse de la Saskatchewan qui, lors du colloque 2003 (intitulé « Nutr Lawng ~ Michif Pohr Dimaen »), nous a raconté, avec beaucoup d'émotion, le souvenir dysphorique qu'évoque pour elle le mot « métis », à jamais associé aux propos racistes de ceux qui, à l'école, la traitaient de « Métissssss ». À ses oreilles, le mot *mitchif*, en revanche, se dote d'une valeur identitaire on ne peut plus réconfortante. Une autre femme métisse, du nord albertain, ayant assisté, elle aussi, à l'école française, nous a raconté lors d'une conversation tenue à Plamondon (en Alberta) en 2001 que, toujours traitée de « squaw » pendant sa jeunesse, elle refuse actuellement de parler français. Pour elle, c'est l'anglais, la langue neutre... Est-il besoin de souligner l'aspect problématique de la question identitaire pour un peuple dont de nombreux individus de langue française ont appris à « oublier » leurs liens avec la langue et la culture?

[6] Robert Papen, *op. cit.*

[7] Pamela V. Sing, « Production 'littéraire' franco-métisse. Parlers ancestraux et avatars », *Francophonies d'Amérique*, n° 15, 2003, p. 119-140.

Écritures métisses produites dans un anglais standard

Les écrivains métis qui pratiquent leur art dans un anglais standard constituent la majorité, car si leurs patronymes indiquent la part francophone de leur héritage[8], cette partie s'en trouve actuellement refoulée, délibérément oubliée ou carrément perdue. Cependant, il importe de souligner que l'anglais standard s'emploie souvent à stigmatiser la culture et la langue majoritaires. Prenons par exemple le cas de Marilyn Dumont, récipiendaire du prix Gerald Lampert Memorial en 1997 pour son premier recueil de poésie, *A really good brown girl*[9], et de l'Alberta Book Award en 2001 pour son deuxième recueil, *green girl dreams Mountains*[10]. Si Dumont écrit dans un anglais normalisé où ne figure jamais un mot de français, cela ne signifie pas pour autant un rapport non problématique à la langue. Ainsi, dans le texte « Memoirs of a Really Good Brown Girl », la poétesse se souvient que si, entre la première année à l'école élémentaire et la cinquième, elle a si bien appris « the Great White Way[11] » d'écrire l'anglais qu'on lui attribue un prix pour l'élève ayant fait le plus de progrès, c'est pour se rebeller des années plus tard quand, à l'université, son professeur d'anglais reprend son parler devant les autres étudiants : « Je dis, 'très bon.' Il dit, 'Vous voulez dire, très bien, n'est-ce pas?' Je lui lance un regard furieux et dis catégoriquement, 'Non, je veux dire très bon.'»[12] Le passage

---

[8] En témoignent les noms d'écrivains suivants : Marilyn Dumont, Joanne Arnott, Warren Cariou, Sky Blue Mary Morin, Beatrice Mosionier et Sharron Proulx-Turner.
[9] London (Ontario), Brick Books, 1996.
[10] Lantzville (Colombie-Britanique), Oolichan Books, 2001.
[11] Marilyn Dumont, *A really good brown girl*, p. 54.
[12] Notre traduction. L'original se lit ainsi : « *I say, 'really good.' He says, 'You mean, really well, don't you?'. I glare at him and say emphatically, 'No, I mean really good.'* » (*Ibid.*, p. 15).

laisse aisément voir que la préférence de l'expression agrammaticale est motivée par le désir de défier l'autorité, mais il s'agit en outre du désir de souligner le sens sous-tendu du mot *good* lorsqu'il s'applique à une personne à la peau brune, obligée d'adopter un comportement sage, obéissant. Ainsi, en plus de refuser le bon usage, le « je » s'approprie l'expression fautive mais « plus vraie », en en explicitant la référence à la condition du colonisé. Du coup, la langue se transforme en arme guerrière : l'agrammaticalité devient une source subversive de pouvoir identitaire.

Un procédé similaire est au travail dans un autre poème de Dumont, dans lequel le « je » constate chez sa mère une pratique graphique aux connotations foncièrement pathétiques, car révélatrice de sa condition de dominée. Le sujet écrivant compte néanmoins s'en servir en en conservant la valeur identitaire :

> L'écriture de ma mère ne lui a jamais permis les longs
> tracés courants d'une distinguée grâce. Ses lettres étaient
> estropiées, se terminaient brusquement dans des
> poings qu'elle laissait suspendus dans la marge d'un
> fragment de phrase
> comme son registre de langue, dans une salle de classe
> universitaire
> Ses « c » étaient crispés comme des doigts formés autour
> de quelque chose depuis trop longtemps
>
> Ses phrases quittaient la page comme une ivrogne
> Zigzaguant le long de la ligne médiane; ses « o »
> s'effondraient, pliés sur eux-mêmes
> épuisés; ses « m » essayaient de s'en sortir avec leurs
> griffes
> tandis que ses « l » et « t » étaient abandonnés
> des brindilles cassées sur la page
> autant de bois d'allumage

pour moi[13]

Chez d'autres écrivains métis écrivant dans un anglais standard, une pratique identitaire langagière consiste à se référer au *mitchif* ou à textualiser quelques éléments lexicaux censés provenir de la langue française, tandis qu'en réalité, ils ignorent presque totalement la langue ancestrale. L'écrivaine Lee Maracle, que différents résumés bio-bibliographiques disent tantôt métisse, tantôt métisse/*salish* ou *salish Coast*, parfois aborigène ou indienne et, récemment, presque exclusivement *Sto : Loh*, se réfère souvent à la perte de l'ancienne langue chez les Aborigènes de sa génération, mais sans pour autant expliciter la langue dont il s'agit[14]. Nous postulons qu'en faisant cela, elle se pose comme la porte-parole des Autochtones en général. Toutefois, dans son roman *Sundogs*[15], qui a pour contexte le Canada à l'époque de

---

[13] Notre traduction. L'original se lit ainsi :
« *kindling*
my mother's handwriting never afforded her the long loping
lines of educated grace. Her letters were crippled, blunt-
fisted and left hanging at the edge of a sentence-fragment
like her language register, in a university classroom
her "c's" were cramped like fingers holding onto
something too long
Her sentences veered off the page like a drunk
weaving the center of the line; her "o's" collapsesin on themselves
exhausted; her "m's" tried to claw their way out
while her "l's" and "t's" were left
broken twigs on the page
as kindling
for me » (Marilyn Dumont, *green girl dreams moutains*, p. 21).

[14] Dans *I am a woman*, par exemple, elle écrit que « Parmi les gens plus jeunes [que les aînés], on est peu nombreux à connaître notre ancienne langue. L'abîme langagier qui sépare les générations ne sera pas facile à combler » (Lee Maracle, *I am a woman*, Vancouver, Press Gang Publishers, 1996, p. 40. Notre traduction).

[15] Lee Maracle, *Sojourners and Sundogs*, Vancouver, Press Gang Publishers, 1999 [1992].

la crise d'Oka de 1990, la quête identitaire de la narratrice l'entraîne à reconnaître sa spécificité culturelle.

Au début de l'ouvrage, la narratrice est une jeune fille innocente de vingt ans – son surnom est « Bébé » – qui se considère comme une Aborigène générique. Étudiante en sociologie, elle voit la culture autochtone de l'extérieur et de façon théorique, mais s'éveille aux plans sexuel et identitaire. Les étapes de son évolution sont lucidement narrées par le « je », mais en ce qui concerne notre propos, l'intérêt du récit réside dans la manière oblique dont se font les références à l'héritage métis, lesquelles culminent par la valorisation d'un espace au nom français mais rappelé, ou du moins textualisé, sur le mode de l'appropriation.

Initialement, donc, Marianne souligne la distance qui la sépare des siens et décrit sa mère comme « une Indienne[16] » âgée de soixante ans, brune, dont les cheveux gris argent deviennent de plus en plus nombreux et « dont la peau est plus claire que les autres de la famille[17] ». Vers le tiers du livre, en regardant un reportage télévisé sur Elijah Harper, membre de l'Assemblée législative de Red Sucker Creek au Manitoba, la jeune fille commente le débit de celui-ci en disant : « À vrai dire, il parle si lentement que, dans l'espace séparant deux de ses paroles, n'importe quel Métis du village de maman aurait le temps d'exécuter une gigue[18] ». Or, en écoutant ce « petit bonhomme », elle se rend compte que son anglais est traversé par une autre langue, par un autre rythme, celui dont sa mère regrette la perte. Marianne prend alors conscience de sa haine de la langue anglaise, disant qu'elle s'en sent la prisonnière. Car, parlée par Elijah Harper, la langue perd quelque peu sa froideur indifférente, emportée

---

[16] *Ibid.*, p. 49.
[17] *Ibid.*, p. 32.
[18] *Ibid.*, p. 80.

par une douceur qui rejoint une partie de Marianne qu'elle ne connaissait pas. Du coup sensibilisée au sens de la lutte pour la survie psychique, physique et culturelle que livrent tous les jours « maman et toutes nos vieilles[19] » et comprenant que les codes et traditions des siens méritent de survivre, elle admet ce que sa mère nomme « notre manière de faire les choses ».

Vers les deux tiers du roman surgit la question de la langue : si les frères et les sœurs de Marianne, ainsi que leurs épouses et époux respectifs, connaissent les traditions et la langue paternelles – le *salish* –, Marianne, unilingue anglophone, les ignore. Elle ignore également la langue maternelle, que sa mère ne peut parler qu'en communiquant avec une seule autre personne, sa sœur aînée, puisque le reste de sa famille, voire son village natal entier, a été décimé par la dernière grande épidémie de grippe. Tout cela, le « je » le raconte en s'en distanciant, comme Marianne le fait en décidant de participer à une course à pied pour la paix, acte de solidarité pour appuyer les Mohawks d'Oka et organisé par la nation Okanagan, désireuse de souveraineté politique. Marianne ignorait l'existence de ce groupe. Elle remet en question la qualité magique de la cérémonie indigène préparatoire de la course à pied, et ne croit pas au symbolisme de la plume que les coureurs sont censés apporter avec eux : c'est la course à pied à travers le Canada et vers Kanesatake qui l'intéresse.

Pendant le trajet, toutefois, Marianne apprend à connaître les gens avec qui elle traverse le pays et leurs points de vue sur différentes questions touchant à la complexe réalité autochtone. En Ontario, le jour où des passants hostiles à la cause des Mohawks ont lapidé les coureurs, Marianne se rappelle que la sœur aînée de sa mère s'appelle Marie et sa

---

[19] *Ibid.*, p. 81.

mère, Anne[20]. Ce souvenir la fait immédiatement entrer en communion avec la nuit et les étoiles pour, le lendemain, lui donner le sentiment d'appartenir à un pays où Aborigènes et Canadiens blancs travaillent ensemble pour la paix. Du coup, la jeune femme vit une expérience spirituelle, moment clé dans son évolution vers ses origines et vers la certitude de sa valeur. Cela arrive dans un endroit nommé « Paise Platte » à trois heures du matin : courant solitaire sur la route, elle entend des pas, d'abord derrière elle, ensuite à ses côtés, et finit par inventer le récit de sa propre renaissance :

> Naturel que quelqu'un de Paise Platte, mort depuis longtemps, me rejoigne ici. Probablement un jeune voyageur quelconque de Montréal, un transporteur de fourrures, moitié français, moitié autochtone, qui ne veut rien d'autre que de sentir sous ses pieds la piste, que de vivre l'expérience fantastique de la jeunesse vigoureuse en train de traverser à la course un territoire familier. Oka n'est pas loin de Montréal. Je décide que les pas appartiennent à un jeune homme merveilleusement beau qui a péri en rentrant des Territoires du Nord-Ouest, peut-être de Portage des Rats. Il a péri ici même à Paise Platte. Peut-être qu'il avait quitté Portage des Rats trop tard pour réussir la rentrée jusqu'à Montréal. Il est tombé amoureux d'une Autochtone en route pour la maison. Peut-être qu'il a essayé de la persuader de voyager avec lui. Elle ne pouvait quitter son village, sa famille, ses ancêtres et ses descendants, et il s'est égaré, pour aussitôt passer outre la zone sûre. La mort par la neige l'a accablé à Paise Platte.
>
> Il me trouve ici en train d'accomplir son trajet de retour à lui. Ma jeunesse, le cuivre de mon agilité dans la noire nuit rappelle son solitaire voyage vers l'autre monde [...].

---

[20] *Ibid.*, p. 191.

> Sur Paise Platte, dans les pas et la douceur du contact avec le jeune homme depuis longtemps mort, j'ai trouvé ma dignité [...]. J'ai trouvé le moi en qui il faut avoir confiance [...].
>
> Je n'ai plus le sentiment qu'on a volé ma langue. Il est question de bien plus que de la seule langue [...]. Paise Platte, noircie par la nuit et le brouillard, m'entraîne à m'ouvrir à une tout autre manière de voir. Une autre sorte de vision naît; cette vision, cette façon de me voir, c'est qui je suis [...]. C'est un savoir tactile, un univers intime de sensations, et il nous sépare du monde extérieur et tisse des toiles d'araignée soyeuses entre notre univers personnel et ceux qui nous nourrissent[21].

Se réinventant à la fois comme un avatar d'un coureur de bois métis et comme la femme aimée de ce bel ancêtre, Marianne conjugue responsabilité pour son peuple avec amour et patrimoine, pour devenir consciente, au dénouement, du fait que la langue « de [s]a maman », langue dont elle reconnaît avoir un besoin viscéral, est celle qui, s'exprimant dans toutes les petites choses constitutives de l'univers, dit le besoin de l'amour : il en va du bien-être de la collectivité. Ayant proclamé au commencement de son récit que les Premières nations formaient un peuple sans terre, Marianne affirme à la toute fin : « Ce pays appartient à maman et elle peut y faire exactement ce qu'elle voudrait faire[22] ». Ainsi, au contact du corps métis qui ré-approprie le pays, la terre se peuple du spectre et du savoir d'un ancêtre et cela mène à un nouveau rapport à l'espace et aux origines et, par conséquent, à la découverte d'un soi jusque-là ignoré ou refoulé. Marianne se sent dès lors en communion avec sa mère et avec toutes les femmes en train de traverser le pays à

---

[21] *Ibid.*, p. 198-200. Notre traduction.
[22] *Ibid.*, p. 218. Notre traduction.

la course. Du coup, pour elle, le Canada se transforme en espace maternel où les siens peuvent vivre une vie pleine.

Écriture métisse produite dans un français standard

En 1976, Guillaume Charrette a publié un récit historico-biographique aux Éditions des Bois-Brûlés, organisme franco-manitobain soucieux de conserver la mémoire, la culture et, dans la mesure du possible, la verve du parler franco-métis. *L'espace de Louis Goulet*[23], écrit dans un français standard, est traversé d'éléments lexicaux de différentes langues autochtones, mais surtout, du *mitchif*.

Le narrateur, Louis Goulet, rappelle certaines pratiques culturelles associées aux années qu'il qualifie des « plus enivrantes de toute notre histoire à nous Métis, avec l'accent, Métifs[24] ». Les références, essentiellement didactiques, établissent autant de liens affectifs avec un passé révolu dont l'image est encore vive dans l'imaginaire du narrateur. De plus, lorsqu'il s'agit de souvenirs d'ordre linguistico-toponymique, le *mitchif* reconfigure la carte contemporaine en redonnant au terrain son caractère originel, axé sur la nature du territoire. En témoigne le début du récit qui, par ailleurs, affirme de nombreuses recolonisations subséquentes :

> J'ai vu le jour le 6 octobre 1859 à la rivière Gratias. Ce minuscule tributaire de la rivière Rouge [...] doit son nom à l'abondance d'une variété de bardane qui croissait sur ses côtes tout au long de son parcours. Les anciens Métis appelaient cette bardane gratchias [...] Le nom de

---

[23] Guillaume Charrette, *L'espace de Louis Goulet*, Winnipeg, Éditions des Bois-Brûlés, 1976.
[24] *Ibid.*, p. 60.

rivière Gratias a été changé plus d'une fois depuis les derniers cinquante ans[25].

En faisant coexister le français métis et le français standard sans cantonner, mettre en relief ou hiérarchiser l'un ou l'autre au moyen de marques typographiques, *L'espace de Louis Goulet* remet en question le *statu quo* tant esthético-linguistique que politico-éthique. Et ce, sans idéaliser le passé dans ce que Nicole Lapierre nomme le « fétichisme de la différence[26] ». Même si le narrateur tente d'établir la supériorité des siens tantôt par rapport aux Sioux, tantôt aux cowboys, les désavantages d'être Métis sont traités plus d'une fois sur le mode ironique. En témoigne le passage suivant où le narrateur parle du danger des Indiens au cœur « plein de haine du Blanc » : « Ce n'était pas si mal si vous parliez le français car alors vous pouviez passer pour Métis, et, pour une fois c'était bien commode, même utile d'en être un![27] ». Concluons cette partie en précisant que, tout en valorisant la voix, les pratiques et le parler métis, Goulet ne fait entendre une réplique entièrement textualisée en *mitchif* qu'à trois reprises, chaque fois pour souligner le caractère proprement métis d'un acte ou d'une réaction. Dans le passage suivant, par exemple, il s'agit de la réaction d'un compère lorsque le narrateur ose exprimer sa colère contre l'avocat de la poursuite, lors du procès de Régina en 1885 : « Charles Nolin me dit avec l'accent métis : 'Wah! Wah! Boy, té devras pas parler dé mame!' [28] »

---

[25] *Ibid.*, p. 15.
[26] Nicole Lapierre, *Le silence de la mémoire. À la recherche des Juifs de Plock*, Paris, Plon, 1989, p. 275.
[27] Guillaume Charrette, *op. cit.*, p. 126.
[28] *Ibid.*, p. 181.

Le mitchif transcrit vers l'anglais

Trois ans avant la publication de l'ouvrage de Guillaume Charrette, Maria Campbell, Métisse de la Saskatchewan, avait fait paraître en 1973 *Halfbreed*[29], le livre dont se réclament tous les écrivains métis contemporains. Écrit en anglais, l'ouvrage se réfère explicitement aux Franco-Métis, parmi lesquels la narratrice a grandi :

> J'ai grandi parmi des gens réellement drôles, formidables, fantastiques, et ils me paraissent aussi vivants aujourd'hui qu'à cette époque-là. Qu'est-ce que je les aime et qu'ils me manquent! Les Arcand [...] moitié français, moitié cri [...] virulents, bruyants, qu'est-ce qu'on s'amusait avec eux. Ils parlaient un français où se mêlait un peu de cri. Les Saint-Denys, Villeneuve, Morrisette et Cadieux [...] parlaient plus le français que l'anglais et le cri [...] Les Isbister, Campbell et Vandal, de notre famille, étaient un vrai mélange d'écossais, de français, de cri, d'anglais et d'irlandais. Nous parlions une langue tout à fait distincte[30].

En plus de l'affinité entre trois clans métis, ce passage fait ressortir la variété des parlers métis, la spécificité de chacun d'eux et le trait commun qui les rapproche : l'importance du français. Aujourd'hui, toutefois, quand on lui demande si elle parle français, Maria Campbell dit carrément

---

[29] Maria Campbell, *Halfbreed*, Toronto, McClelland and Stewart, 1973.

[30] Notre traduction. L'original se lit ainsi : « *I grew up with some really funny, wonderful, fantastic people and they are as real to me today as they were then. How I love them and miss them! The Arcands [...] half French, half Cree [...] loud, noisy, and lots of fun. They spoke French mixed with a little Cree. The St. Denys, Villeneuves, Morrisettes and Cadieux [...] spoke more French than English or Cree [...] The Isbisters, Campbells, and Vandals were our family and were a real mixture of Scottish, French, Cree, English and Irish. We spoke a language completely different from the others.* » (*Ibid.*, p. 25.)

« non » : tout au plus, elle « le comprend un peu »[31]. Et l'auteure de continuer à approfondir ses connaissances des parlers *mitchifs*, entreprise dont le premier résultat d'ordre littéraire est la parution, en 1995, des *Stories of the Road Allowance People*[32], un recueil de vieux contes « racontés dans l'idiome et selon le rythme de son village et de la génération de son père[33] », mais transcrits dans un « mauvais » anglais qualifié de « villageois[34] ». Or, le titre du recueil dit la prise de parole et l'espace d'un peuple exclu et non seulement marginalisé, car oublié et réduit au mutisme complet. Il évoque également le désir d'être fidèle à la mémoire des aînés, et ce, sans leur approprier le dire : l'appartenance des contes, « OF THE », est littéralement soulignée. Cherchant à « décoloniser[35] » le *mitchif* atrocement moqué par les francophones et à réinfuser les textes d'un réel pouvoir politique consistant à nommer des réalités ignorées, censurées, déformées ou raillées, Campbell a inventé une nouvelle langue, un *mitchif* anglicisé et écrit. La thématique identitaire, quant à elle, axée sur la spécificité de la culture, passe par la textualisation de contacts avec des cultures pure laine, contacts qui sont autant de références à des appartenances qui n'en sont pas.

Soulignons tout d'abord qu'il est presque impossible de ne pas lire cet ouvrage à haute voix. Que le lecteur en témoigne lui-même en voyant ici le titre de quatre contes qui le composent : « Dah Song of Dah Crow », « Dah Teef », « Rou Garous » et « La Beau Sha Shoo ». En outre, le texte,

---

[31] Lors d'une conversation que nous avons eu ensemble le 16 février 2001 sur la réserve Louis Bull à Hobbema en Alberta.
[32] Maria Campbell, *Stories of the Road Allowance People*, Penticton, Theytus Books, 1995.
[33] Ron Marken, « Préface », *Ibid.*, p. 3.
[34] *Ibid.*, p. 5.
[35] *Ibid.*, p. 2.

caractérisé par l'agrammaticalité, l'orthographe phonétique d'une prononciation non normative et le voisinage d'éléments lexicaux en anglais, en cri et en français, est disposé sur la page en vers et en strophes, soulignant qu'au point de vue formel, il s'agit du genre considéré comme le plus littéraire : la poésie. Aussi assiste-t-on à la transformation d'une culture populaire, illettrée selon les codes de la culture savante. Ainsi, qui lit à haute voix accepte d'actualiser une oralité impure, poétisée, chargée de donner vie à l'accent *mitchif* et, ce faisant, participe au succès d'une pratique identitaire on ne peut plus réussie.

Prenons le conte « La Beau Sha Shoo », qui présente l'histoire de Ole Arcand, un violoneux extraordinaire, beau moustachu narquois aux cheveux longs et soucieux de conserver les vieilles traditions. Ce dernier trait se traduit sur les plans vestimentaire, récréatif et créatif : le Métis aime s'amuser comme il aime le vin et la musique :

> *He use to wear dem ole fashion clothes*
> *even after we could afford dah new kine.*
> *He wear dem baggy pants [...]*
> *He wear dem moosehide leggins too*
> *dey come up to dah knees*
> *an dem shirts wit dah big sleeves.*
> *He have a beaded velvet vest*
> *an he always wear a Red River sash an a flat crown hat*[36].

Remarquons que la ceinture fléchée est valorisée, voire revendiquée en tant que symbole métis, sans que soit évoqué son (ap)port par les voyageurs canadiens-français. Du reste, il est significatif que la culture et la langue canadiennes-françaises sont entièrement absentes du volume, hormis l'emploi de deux mots en français : « Angleterre », écrit deux

---

[36] Maria Campbell, *Stories of the Road Allowance People*, p. 50-51.

fois, et « Anglais », employé onze fois comme adjectif ou substantif, et toujours afin de respecter la syntaxe de la langue anglaise. Le narrateur de « La Beau Sha Shoo » en fait un usage paradigmatique :

> *I member he use to hold up dat sash*
> *an tell me an Frank [...]*
> *dat dis was our culture.*
> *We don speak Anglais very good in dem days*
> *jus kind of Halfbreed mixture*
> *so we never understan dat word culture*
> *But boy!*
> *He shore sounds good dat word real important*[37].

L'emploi du mot français pour se référer à l'anglais constitue un rabaissement de la langue dominante et un rehaussement de la langue française, mais aussitôt, cette valorisation s'évapore avec la suggestion que le mot « culture » appartient à la lexie anglophone, non pas francophone. En ce qui concerne les Blancs, il pourrait paraître normal que les Métis se distancient davantage des Anglais que des francophones. Aux plans politique et militaire comme au plan culturel, ce sont les premiers, les puissants oppresseurs. Ainsi, au début du conte « Joseph's Justice », le narrateur dit ceci :

> *You know dah big fight at Batoche?*
> *Dah one where we fight dah Anglais?*
> *Well dat one.*
> *[...] lots of mans*
> *[...] Dey wasen scare of dah Anglais*
> *[...] dey jus wasen interest in fighting for land*
> *or edjication*
> *cause dey don believe dat Anglais government*[38].

---

[37] *Ibid.*, p. 51.
[38] *Ibid.*, p. 105.

Tout négatif que cela paraisse, les narrateurs chez Campbell ne vont pas aussi loin que Louis Goulet qui, en racontant une bataille, dit ceci : « Je trouvais ça de valeur, tuer du monde, mais [...] je dus le faire [...] Heureusement que ce n'était rien que... des Anglais[39]! ». Moins cruels que Goulet à l'égard des Anglais, les conteurs du bord de la route n'en valorisent pas pour autant le moindre représentant de la culture française : dans tout le recueil les seuls personnages canadiens-français sont « dah Prees », c'est-à-dire le prêtre associé aux écoles résidentielles, et un « Français » – le narrateur dit « a Frenchman » – qui lui, est l'associé d'un voleur professionnel. Toujours est-il, cependant, que le narrateur de « La Beau Sha Shoo », termine la séquence entourant la ceinture fléchée en révélant l'impossibilité d'acheter un échantillon de cet objet doté d'une valeur culturelle inestimable : la grande bataille à Batoche s'était terminée avec la prise non seulement de Louis Riel, des fusils et des balles, mais aussi, inexplicablement, par celle des ceintures.

Cet exemple d'un acte de dépossession insensé, d'un autre trauma, est suivi d'un silence on ne peut plus éloquent, et lorsque le récit se poursuit, le narrateur raconte l'histoire de la manière dont Ole Arcand trouve l'inspiration pour ses chansons. C'est que le vieux Métis, mort de nombreuses fois, revient chaque fois du ciel (écrit avec une minuscule) avec une nouvelle création musicale. Nul besoin d'insister sur la signification qui s'évoque là eu égard à la nécessité pour la communauté métisse de toujours se réinventer après chaque échec... Or, la fois où il est revenu sur terre avec sa meilleure chanson, il était arrivé au ciel en se sentant chez lui. Ne s'étant même pas arrêté aux portes, il s'était tout de suite lié d'amitié avec « dah Jesus Chrise » qui, assis sur le bord de la

---

[39] Guillaume Charrette, *op. cit.*, p. 169.

route, avait invité le violoneux à prendre un verre avec lui. Dès lors, Ole Arcand se charge de son propre récit. Voilà donc qu'il répond en cri, « Tapwe anima! » (« bien sûr ») et son hôte d'exprimer le plaisir qu'il éprouve en trouvant enfin quelqu'un avec qui trinquer – la plupart des gens s'y refusent, car ils ont peur du « Vieux Bonhomme » : « *[N]ot many peoples aroun here dey'll drink wit me. / Dere all scare of my ole man.* » Croyant que le violoneux est là pour rester, Jésus s'excite au point de renverser son verre de vin puis, en apprenant que l'invité est seulement de passage, il dit, « ah, Dieu merci » – « oh tank God » – et fait le signe de la croix[40]. Et nos buveurs de se mettre à vider le pichet de vin. « Le Jésus » avoue alors qu'il a toujours voulu apprendre le violon, mais n'en a jamais eu l'occasion : lorsqu'on a mis à la porte Lucifer, celui-ci a pris tous les violons avec lui, ce qui fait que, maintenant, « y reste rinque dé harpes ». Mais dans sa tête, il a une chanson pas mal sauvage, vive et féroce, parfaite pour faire danser « les genss ». Il la montre à Ole Arcand en faisant littéralement de la « musique de bouche », et dit au Métis de l'intituler « la beau sha shoo » et de la jouer pour « toutes les genss » quand il sera de retour chez lui[41].

À la fin du récit, les images du ciel et du village métis, de Jésus Christ et d'Ole Arcand, des harpes et des violons s'en trouvent renouvelées, les unes revêtant un caractère plus populaire, les autres, un caractère plus digne d'estime. Les formes de divertissement métisses auréolées, la culture se voit sous un nouveau jour, maintenant dotée de quelque chose de paradisiaque. Cela n'a duré que le temps d'une chanson, d'une gigue ou d'un conte, mais tout s'est passé de la manière de chez les *Mitchifs*.

---

[40] « 'Oh tank God' dah Jesus say / An he make dah sign of dah cross. » (Maria Campbell, *Stories of the Road Allowance People*, p. 62)
[41] *Ibid.*, p. 64-65.

Écritures et désécritures

Affirmant leur appartenance à un peuple tour à tour moqué, escroqué, déterritorialisé, oublié, assimilé, rejeté, les écrivains métis d'ascendance française de l'Ouest canadien ne sauraient réinventer une littérature propre à leurs réalités socio-culturelle, historique et linguistique sans reconfigurer le paysage littéraire tel qu'il se présente actuellement. Ce faisant, ils ne peuvent faire autrement que de remettre en question certaines pratiques et attitudes adoptées à leur égard pour en récuser amèrement d'autres. De la voix nostalgique du narrateur chez Guillaume Charrette à celle des narrateurs qui se montrent aussi critiques de différents actes colonisateurs qu'affirmatives à propos des pratiques culturelles métisses chez Maria Campbell, en passant par les « je » rebelles chez Marilyn Dumont et Lee Maracle, on nous fait entendre des sujets parlants dont la parole déferle au service d'un urgent projet identitaire. Si, à un moment précis de leur histoire, les Métis eux-mêmes considéraient que leur identité, leur langue et leur culture avaient quelque chose de canadien-français, aujourd'hui, une telle affirmation provoquerait chez la plupart d'entre eux le souvenir humiliant de leur rejet par la culture canadienne-française. Et pourtant, celle-ci n'en est pas moins une des cultures formatrices de leur réalité d'entre-deux. L'étude des écritures métisses actuelles révèle la tendance à rejeter la culture franco-canadienne, mais les mots aux sonorités françaises continueront d'évoquer le souvenir des grand-mères franco-métisses. Ainsi, il nous semble possible de prévoir une certaine conservation de la partie francophone de l'héritage métis. Même si le *mitchif* ne réussit pas à redevenir une langue pleinement vivante, l'attitude de la communauté à son égard paraît suffisamment affirmée pour que certains écrivains de la génération à venir ne puissent éviter d'en intégrer des éléments à leur écriture. La parution en 1999 d'un premier recueil[42] de textes poétiques d'une jeune Franco-Métisse, Rita Bouvier, permet notamment de penser ainsi. Pour se référer à une culture qui les a exilés, mais qui ne cesse de comporter une certaine valeur pour la question identitaire, les littéraires trouveront certainement des manières de la « désécrire ».

---

[42] Rita Bouvier, *Blueberry Clouds*, Saskatoon, Thistledown, 1999.

La voix de l'exil. Lyrisme et élégie dans l'œuvre de Gabrielle Roy

Antoine P. Boisclair
Université McGill (Québec)

> C'est de ces soirées se déroulant comme des concours de chants et d'histoires que date sans doute le désir, qui ne m'a jamais quittée depuis, d'apprendre à bien raconter, tant je pense avoir saisi dès alors le poignant et miraculeux pouvoir de ce don[1].
>
> Gabrielle Roy, *La route d'Altamont*

Les motifs de l'exil et de l'immigration dans l'œuvre de Gabrielle Roy ont fait l'objet de plusieurs études, et de nombreux lecteurs, particulièrement depuis l'apparition du concept d'« écritures migrantes » au cours des années 1980, ont analysé le thème du déracinement tel qu'il se présente dans *Rue Deschambault* (1955), *Un jardin au bout du monde* (1975) et *Ces enfants de ma vie* (1977)[2]. Si l'on se rapporte à un essai de François Ricard intitulé « Notes d'un praticien », l'univers romanesque de Gabrielle Roy serait d'ailleurs régi

---

[1] Gabrielle Roy, *La route d'Altamont*, Montréal, Boréal, coll. « Boréal compact », 1993 [1966], p. 132.

[2] Parmi les articles importants concernant l'exil et l'immigration dans l'œuvre de Gabrielle Roy, notons ceux d'Estelle Dansereau (« Le mutisme ethnique ou l'enjeu de la parole dans *Un jardin au bout du monde* », *Actes du 9ᵉ colloque du Centre d'études franco-canadiennes de l'Ouest tenu au Collège Universitaire de Saint-Boniface les 12, 13 et 14 octobre 1989*, Saint-Boniface, Centre d'études franco-canadiennes de l'Ouest, 1989, p. 89-102), de Carol J. Harvey (« Gabrielle Roy : l'exil et le retour », *Actes du Colloque international de la Francophonie*, Angers, Presses de l'Université d'Angers, 1994, p. 181-186) et de Ook Chung (« La thématique de l'exil et de l'immigration dans l'œuvre de Gabrielle Roy », *Littératures*, n° 13, 1995, p. 41-54).

par une « loi de l'exil », laquelle constituerait « l'une des données thématiques les plus importantes de son œuvre, l'un des schèmes existentiels sur lesquels cette œuvre ne cesse pratiquement jamais de se pencher[3] ». De *Bonheur d'occasion* à *La détresse et l'enchantement*, l'auteure d'origine manitobaine n'a cessé en effet d'évoquer la nécessité du départ, l'obligation de quitter les siens afin d'accomplir une destinée particulière ou d'« arriver à ce que l'on doit devenir[4] ». Paradoxalement, plusieurs personnages de ses récits qui ont fait l'expérience de l'ailleurs parlent avec nostalgie du pays perdu et cherchent à recréer, de manière réelle ou symbolique, leur patrie abandonnée. La « loi de l'exil » dont parle François Ricard témoignerait ainsi d'un mouvement en deux temps : d'abord répudier toute forme d'attache, « partir », puis, au contraire, reconstituer la mémoire d'un lieu perdu, « refaire ce qui a été quitté[5] ».

Bien que cette « loi de l'exil » ait été souvent étudiée, aucun lecteur ne s'est penché sur ce qu'elle implique du point de vue de la voix narrative et du mode d'énonciation. Peut-on identifier une tonalité ou une voix particulière qui rendrait compte de cette récurrence thématique? Existe-il une posture énonciative qui serait le propre du déracinement? Dans un texte intitulé « Avantages de l'exil », Émile Cioran soutient que l'écrivain contraint de quitter son pays natal a souvent

---

[3] François Ricard, « Notes d'un praticien », manuscrit inédit (première version publiée à l'origine sous le titre « Un biographe et son personnage », *L'atelier du roman*, Paris, Les Belles Lettres, n° 10, printemps 1997, p. 119-134.
[4] Gabrielle Roy, *La détresse et l'enchantement*, Montréal, Boréal, coll. « Boréal compact », 1996 [1984], p. 229.
[5] Cette expression de Gabrielle Roy a fait l'objet d'un commentaire de François Ricard (« Refaire ce qui a été quitté », *La littérature contre elle-même*, Montréal, Boréal, coll. « Boréal compact », 2002 [1975], p. 127-137.)

recours, devant la précarité de sa situation, à la poésie comme mode d'expression :

> Sous quelque forme qu'il se présente, et quelle qu'en soit la cause, l'exil, à ses débuts, est une école de vertige. Et le vertige, à tous n'est pas donné la chance d'y accéder. C'est une situation limite et comme l'extrémité de l'état poétique[6].

Contrairement à Cioran, Gabrielle Roy n'a jamais été confrontée à un régime totalitaire dans son pays d'origine, et la question du déracinement se pose évidemment de manière fort différente chez elle. De « L'Italienne » dans *Rue Deschambault* aux Doukhobors de « La vallée Houdou », ses protagonistes sont néanmoins souvent confrontés à des « situation[s] limite[s] » comparables à celle évoquée par l'écrivain d'origine roumaine. Dans les prochaines pages, j'analyserai la façon dont la thématique de l'exil, chez Gabrielle Roy, est soutenue par une écriture qui relève à plusieurs égards de l'expression poétique, et plus précisément de l'élégie, entendue comme une des manifestations traditionnelles de l'énonciation lyrique.

La voix élégiaque. Esquisse d'une définition

Dans le troisième chapitre de *Ces enfants de ma vie*, Gabrielle Roy raconte l'histoire de Nil, un garçon d'origine ukrainienne dont la voix « claire, frémissante [et] étonnamment juste[7] » provoque des phénomènes peu communs. Lorsqu'il entonne les airs de son ancien pays – des litanies et des complaintes apprises grâce à sa mère –,

---

[6] Émile Cioran, « Avantages de l'exil », *Œuvres*, Paris, Gallimard, coll. « Quarto », 1995, p. 855.
[7] Gabrielle Roy, *Ces enfants de ma vie*, Montréal, Boréal, coll. « Boréal compact », 1993 [1977], p. 37.

l'enfant prodige exerce sur les personnages une « action bienfaisante[8] » : il guérit une vieille femme (la mère de la narratrice) confinée à sa « marchette », tranquillise les écoliers turbulents et, surtout, console les immigrants qui ont la nostalgie de leur ancienne patrie. Lors d'une visite dans un hôpital psychiatrique, où les chants de Nil susciteront un « entrain irrésistible[9] », la narratrice décrit la voix de l'enfant en ces termes :

> Nil passait d'un chant à l'autre, un triste, un gai. Il chantait sans voir les fous plus qu'il n'avait vu les vieux, la maladie, le chagrin, les tourments du corps et de l'âme. Il chantait le doux pays perdu de sa mère qu'elle lui avait donné à garder, sa prairie, ses arbres, un cavalier seul s'avançant au loin dans la plaine. Il termina par ce geste de la main dont je ne pouvais me lasser, qui indiquait toujours comme une route heureuse au bout de ce monde, cependant que du talon il frappait le plancher[10].

Les litanies de Nil dans *Ces enfants de ma vie* illustrent non seulement l'importance du thème de l'exil, mais ils évoquent aussi l'un des motifs les plus importants chez Gabrielle Roy : celui du chant, et plus particulièrement du chant élégiaque. Dans plusieurs récits de la romancière, le chant occupe une place fondamentale et constitue l'expression d'une nostalgie renvoyant à un espace réel (l'Ukraine dans *Ces enfants de ma vie*) ou imaginaire dans la mesure où le « doux pays perdu » est parfois fortement idéalisé. Mais quels liens peut-on établir entre l'élégie et cette tendance qu'ont les personnages de Gabrielle Roy à quitter leur lieu d'origine? Quels rapprochements peut-on établir entre les chants de Nil et le thème du déracinement? Si

---

[8] *Ibid.*, p. 46.
[9] *Ibid.*, p. 49.
[10] *Ibid.*, p. 49.

l'élégie, selon l'étymologie grecque, est intimement liée à la plainte funèbre (*elegeia*, chant de deuil), il est important de rappeler que plusieurs poètes élégiaques se sont employés à chanter l'exil. Depuis Ovide, expatrié de Rome et composant *Les Tristes*, jusqu'à Hölderlin, qui cherchait un « retournement natal » durant son séjour à Bordeaux, l'élégie témoigne du déracinement, d'un exil souvent réel mais parfois strictement symbolique, voire identitaire (exil de l'homme qui ne peut coïncider avec lui-même) ou même ontologique, si l'on pense aux *Élégies de Duino*, de Rilke. Mais la définition canonique de l'élégie provient en grande partie de l'après-romantisme d'Iéna, et plus précisément de Friedrich Schiller, dont l'essai intitulé *De la poésie naïve et sentimentale*[11] constitue encore aujourd'hui une des réflexions les plus approfondies sur le sujet. Dans cet ouvrage publié avant l'*Esthétique* de Hegel, qui s'est intéressé également aux genres poétiques, Schiller associe l'élégie à la littérature dite « sentimentale », c'est-à-dire à la poésie qui, en opposition à la littérature « naïve », évoque une « lutte entre idées et sentiments, entre la réalité comme limite et son idée comme infinité et le sentiment mixte que cela suscite[12] ». À la différence de l'idylle, qui tend à représenter « l'homme au stade de l'innocence[13] », ou de la satire, qui évoque au contraire le désaccord entre la réalité et l'idéal, l'élégie, comprise comme une « manière de sentir[14] », témoigne d'une alternance entre la lutte et l'harmonie avec la nature. Cette définition, à laquelle je reviendrai un peu plus loin, évoque d'emblée un des paradoxes fondamentaux chez Gabrielle Roy, à savoir cette « alternance », justement, entre le désir

---

[11] Friedrich Schiller, *De la poésie naïve et sentimentale*, Paris, L'Arche, 2002.
[12] *Ibid.*, p. 41.
[13] *Ibid.*, p. 71.
[14] *Ibid.*, p. 69.

d'un lieu idéal (ou idyllique[15]) et l'absence de ce même lieu, entre la « détresse » de la perte et « l'enchantement » de la réalisation de soi.

Plus récemment, le poète et essayiste Jean-Michel Maulpoix s'est intéressé à l'élégie en l'opposant à l'ode : tandis que la première forme poétique « exprime la perte et la dépossession [...] l'autre célèbre et se réjouit[16] ». L'élégie, propose Maulpoix, a ses thèmes et ses formules clés : le fameux *ubi sunt* (« où sont les neiges d'antan? », se demandait Villon), la réflexion sur le destin individuel et collectif, le bilan mélancolique et, surtout, le motif de l'exil. Tous ces éléments, comme nous pourrons le constater, se retrouvent à divers degrés dans l'œuvre de Gabrielle Roy, surtout dans *Un jardin au bout du monde* (1975) et *Ces enfants de ma vie* (1977), récits dont la plupart des protagonistes transportent le souvenir d'un pays perdu.

L'exemple d'*Un jardin au bout du monde*

Dans *Ces enfants de ma vie*, le chant possède des vertus thérapeutiques plus ou moins miraculeuses, mais sa fonction principale consiste à préserver la mémoire des lieux : la mère de Nil, parce qu'elle a appris à son fils les airs de son pays d'origine, peut espérer que des images et des souvenirs précis de l'Ukraine se transmettront de génération en génération. Comme si la distance et la mélancolie des personnages embellissaient le pays d'origine, plusieurs récits de Gabrielle Roy dans lesquels le thème du chant occupe une place

---

[15] Certains lecteurs ont en effet souligné l'importance de l'idylle dans certains récits de Gabrielle Roy. Lire à ce sujet l'article de Yannick Roy (« L'écriture d'Alexandre Chenevert : ironie et idylle », *Voix et images*, n° 74, hiver 2002, p. 349-374.)
[16] Jean-Michel Maulpoix, *Du lyrisme*, Paris, José Corti, coll. « En lisant en écrivant », 2000, p. 189.

importante évoquent un lieu que l'on pourrait qualifier d'utopique au sens étymologique du terme (*u-topos*, « lieu qui n'existe pas »). Le texte intitulé « La vallée Houdou », publié dans *Un jardin au bout du monde*, illustre bien cette croyance en un « ailleurs » idéal et permet de mieux circonscrire la notion d'élégie.

Dans ce récit, des immigrés doukhobors cherchent un endroit adéquat pour fonder un village. Un agent de colonisation dénommé McPherson aimerait les voir s'installer définitivement sur un lopin de terre inhabité, mais rien ne semble leur convenir : « Nulle part encore [...] ils n'avaient trouvé de concession qui réunît à leurs yeux ce qu'ils cherchaient obscurément[17] ». Désirant obstinément trouver un coin de pays susceptible de reproduire l'image de leur terre d'origine (les montagnes verdoyantes du Caucase), intraitables à ce sujet, les Doukhobors, après chaque recherche infructueuse, se consolent en chantant d'« incessantes complaintes », si bien que McPherson et les autres groupes d'immigrants finissent par s'en irriter :

> Les gens du hameau, quelques voisins, eux-mêmes immigrés, mais qui s'étaient donnés de bon cœur au nouveau pays, commençaient à s'impatienter après ces Doukhobors à la mine longue dont les incessantes complaintes n'en finissaient plus le soir de les atteindre dans leurs shacks dispersés. Ce n'était pas à chanter qu'ils changeraient la plaine! Elle en avait entendu d'autres soupirs, vu d'autres regrets, la plaine des exils et des nostalgies, mais elle finissait toujours par mettre les gens à la raison[18].

---

[17] Gabrielle Roy, *Un jardin au bout du monde*, Montréal, Boréal, coll. « Boréal compact », 1994 [1975], p. 104.
[18] *Ibid.*, p. 104.

À travers cette « plaine des exils et des nostalgies », les Doukhobors cherchent un lieu pratiquement introuvable, lequel peut être interprété comme « l'idéal » dont parle Schiller à propos de l'élégie, dans la mesure où il est décrit comme un espace plus ou moins édénique. À cet égard, l'un des personnages rappelle que le père Verigin (le chef des Doukhobors qui a incité ces derniers à choisir le Canada comme terre d'accueil) « a promis que nous trouverions la paix au bout du monde, et la concorde, et que là où nous irions nous nous y trouverions d'un même cœur[19] ». Les « complaintes » et les « litanies », dans « La vallée Houdou », sont l'expression d'une tension entre cet « idéal » introuvable et la « réalité » de l'Ouest canadien; les Doukhobors, précise la narratrice, « ne savaient pas comment exprimer autrement leur désillusion. […] En fin de compte, ils se remettaient à chanter leurs lamentations[20] ».

Chose étonnante, certains exilés finiront par trouver leur terre promise, et « La vallée Houdou » fait partie des rares récits de Gabrielle Roy dans lesquels l'idylle semble sur le point de se concrétiser. Ayant trouvé, vers la fin de l'histoire, « un lieu où devaient régner la certitude et le bonheur[21] », les Doukhobors entonneront alors des chants non plus pour se plaindre, mais pour se réjouir de leur destin :

> Inaccessibles maintenant à tout appel de la raison, exilés dans leur exaltation, assurés d'être les seuls à comprendre le mystère du monde, ils restaient, leur chapeau à la main, s'imaginant peut-être avoir perçu un signe infaillible du destin. Ils avancèrent d'un pas encore et entonnèrent un chant de reconnaissance. Le chant s'écoulait dans la vallée, deux fois, trois fois rapporté par

---

[19] *Ibid.*, p. 107-108.
[20] *Ibid.*, p. 106.
[21] *Ibid.*, p. 110.

l'écho. Les grands oiseaux farouches et le petit claquement des herbes sèches à leur passage semblaient frappés de surprise d'entendre rouler par ici ce vieux chant exalté de l'ancienne Russie[22].

Soulignons l'aspect quelque peu ironique de ce passage, qui vient clore « La vallée Houdou »: « Exilés dans leur exaltation », c'est-à-dire pris d'un enthousiasme mystique, *ek-statique*, les Doukhobors, bien qu'ils aient trouvé leur terre promise (ce qui est bien relatif puisque la terre en question est impropre à la culture), demeurent exilés malgré tout. Cet extrait, d'un autre point de vue, exploite une tonalité que l'on pourrait qualifier de « poétique » dans la mesure où, en accordant au chant des allures de rivière (« Le chant s'écoulait dans la vallée », dit la narratrice), il participe d'un réseau métonymique qui traverse pratiquement toute l'œuvre de Gabrielle Roy. Plusieurs symboles, de *Bonheur d'occasion* à *La détresse et l'enchantement*, conservent en effet la trace du chant : l'écoulement des rivières, le bruissement des feuilles[23] et, surtout, le vent de la plaine remplacent souvent la voix humaine.

Ajouté aux chants « réels » (ceux de Nil dans *Ces enfants de ma vie* et ceux des Doukhobors dans « La vallée Houdou »), ce réseau métonymique (chaque bruissement d'arbre étant une partie du chant de la nature) rejoint évidemment plusieurs thèmes reliés à l'élégie. Dans la nouvelle éponyme d'*Un jardin au bout du monde*, par

---

[22] *Ibid.*, p. 113.
[23] Dans son *Introduction à l'œuvre de Gabrielle Roy (1945-1975)*, François Ricard a souligné brièvement l'importance de cette « image privilégiée du vent dans les arbres, qui associe en un même motif le mouvement et la stabilité, l'ailleurs et l'ici, la fascination de l'espace et le goût de la permanence. » (*Introduction à l'œuvre de Gabrielle Roy (1945-1975)*, Montréal, Nota bene, coll. « Visées critiques », 2001 [1975], p. 34.)

exemple, Gabrielle Roy accorde constamment au vent des attributs lyriques : celui-ci possède « un ton plaintif[24] » ou devient pour Martha, la protagoniste de la nouvelle, « une inlassable consolation[25] ». Plus qu'une simple métaphore, le vent, dans ce texte, se transforme en véritable personnage et incite le lecteur à croire que la « voix de l'exil », chez Gabrielle Roy, ne se décline pas uniquement en fonction des thèmes ou des situations narratives. Sans insister davantage sur ce récit, soulignons néanmoins qu'« Un jardin au bout du monde », à l'instar de *Ces enfants de ma vie* et de « La vallée Houdou », établit des liens explicites entre l'exil et le chant, entre le déracinement et l'expression élégiaque. Vers la fin du récit, la narratrice note en effet que Martha, écoutant le vent des plaines, « se sentait rejointe mystérieusement par une âme inconnue d'elle, dont la nostalgique tendresse était toute vivante encore dans ce vieux chant d'Ukraine[26] ».

De l'idylle à l'élégie dans *Cet été qui chantait*

Comme nous l'avons souligné jusqu'à présent, le rôle du chant consiste à conserver la mémoire d'un lieu d'origine plus ou moins idéalisé. Dans la mesure où le motif du chant apparaît dans les récits autobiographiques de la romancière ou à travers ses *alter ego* romanesques (Évelyne, Christine, Mlle Côté), il serait possible de croire que ce même lieu est aussi celui de l'enfance, du bonheur et de l'« enchantement ». Dans *Cet été qui chantait*, le lien entre le chant et les joies de l'enfance s'établit aisément si l'on pense à la voix de « Monsieur Toung », aux croassements de « Jeannot-la-Corneille » et aux innombrables chansons du vent, des rivières et des arbres. *Cet été qui chantait*, si l'on exclut « L'enfant morte », évoque plus que jamais cet état idyllique

---

[24] Gabrielle Roy, *Un jardin au bout du monde*, p. 123.
[25] *Ibid*, p. 133.
[26] *Ibid.*, p. 163.

analysé par Yannick Roy dans l'étude mentionnée précédemment[27]. Le récit intitulé « Les îles » illustre notamment ce qu'il serait possible d'associer à un « congé ontologique », lequel implique un retrait du monde, un exil non pas malheureux, mais volontaire et pleinement assumé. Ici, l'île idyllique de la narratrice est comparée à un « cocon »; elle est ce lieu « protégé » – voire matriciel – qui situe la narratrice dans un cadre paradisiaque :

> Par ces jours chauds et chantants, presque sans horizon, nous vivions bornés et bercés par le vent d'ouest qui nous tient enfermés en des cocons de faible bruissement d'eau, de légers frémissements de feuilles. Et le malheur paraît lointain[28].

Parce qu'il implique un acquiescement à l'existence, une trêve dans la lutte du personnage contre le monde extérieur, l'état idyllique entre en contradiction avec la définition même du genre romanesque. Le personnage de roman, pour reprendre la définition de Georges Lukacs, doit généralement faire face à des conflits; son identité repose sur le combat qu'il mène contre des entités concrètes ou abstraites (la mort, le temps), et son parcours est marqué par différents stades d'apprentissage, dont celui de la désillusion, qui l'entraîneront sur les chemins de la « virilité mûrie[29] ». On comprend, dans cette perspective, pourquoi *Cet été qui chantait*, contrairement à d'autres ouvrages de Gabrielle Roy adoptant également la forme du récit bref, n'est pas présenté comme un « roman » : la narratrice des récits est à l'abri de tout conflit. Même le temps – symbolisé ici par l'image du

---

[27] Yannick Roy, *op. cit.*
[28] Gabrielle Roy, *Cet été qui chantait*, Montréal, Boréal, coll. « Boréal compact », 1993 [1972], p. 153.
[29] Georges Lukacs, *La théorie du roman*, [trad. par Jean Clairevoye], Paris, Éditions Gonthier, coll. « Médiations », 1968, p. 81.

fleuve – n'est plus un obstacle à l'expérience du pur bonheur :

> Pour Berthe et pour moi le temps ne compte guère, nous le voyons à peine passer quand nous sommes au bord du fleuve. Il s'écoule dans le chant de la marée qui monte et qui baisse, à peu près le même toujours[30].

Dans la mesure où la « nature », pour utiliser à nouveau la terminologie de Schiller, n'incarne pas un objet de deuil pour les personnages, ce récit relève davantage de l'idylle que de l'élégie; la narratrice vit en harmonie avec son environnement immédiat, et « le chant de la marée » est aussi son propre chant. Dans *Cet été qui chantait*, tout comme dans *Un jardin au bout du monde*, les éléments de la nature remplacent souvent la voix humaine; l'écoulement de l'eau, les chants d'oiseaux et le bruissement des feuilles témoignent à leur façon du registre lyrique. « L'arbre a une telle allure », dit à cet égard la narratrice de « Jeannot-la-corneille », « qu'on le compare toujours à quelque chose d'autre qu'à un arbre. Au repos, le vent y jouant en sourdine, c'est une lyre[31] ». Les exemples abondent, dans *Cet été qui chantait* comme ailleurs dans l'œuvre de Gabrielle Roy, où la nature entière entonne, à l'unisson des personnages, ce chant de l'innocence et du bonheur.

Un des derniers récits de *Cet été qui chantait*, « L'enfant morte », rompt cependant la douce monotonie de cet état idyllique, et la première phrase de l'histoire signale d'emblée le passage de l'innocence à la conscience de la finitude :

> Pourquoi donc le souvenir de l'enfant morte, tout à coup est-il venu me rejoindre en plein milieu de l'été qui

---

[30] Gabrielle Roy, *Cet été qui chantait*, p. 75.
[31] *Ibid.*, p. 33.

chante? Sans que rien en moi jusque-là en ait laissé pressentir la tristesse à travers l'éblouissante révélation de toutes choses au cours de cette saison[32].

Selon ce point de vue, « L'enfant morte » est sans doute le seul épisode de *Cet été qui chantait* dans lequel la voix triomphante de l'idylle est contaminée par la conscience de la mort. L'idéal, dans cet extrait, est confronté à la réalité; l'idylle se transforme en élégie.

L'épreuve du deuil dans *Le temps qui m'a manqué*

C'est lorsque la conscience de la précarité ou de la mort traverse l'esprit des personnages que l'écriture de Gabrielle Roy se rapproche le plus de l'élégie. Les premières lignes du *Temps qui m'a manqué* sont à cet égard explicites et permettent de résumer ce qui a été dit jusqu'à présent :

> Longtemps il m'avait semblé que les rails ne me chanteraient jamais autre chose que le bonheur. Dans mes voyages d'enfant avec maman, que nous allions peu loin ou, au contraire, comme cette fois jusqu'en Saskatchewan, alors qu'elle avait eu l'air si préoccupée, toujours ils me présentèrent la vie à l'image des visions magiques que faisait naître en moi la vue de l'horizon fuyant sans cesse devant nous. Les espaces immenses […], le bonheur, me parurent pendant des années indissolublement liés[33].

Le chant – celui des rails, cette fois – est encore associé au bonheur, à l'« ailleurs », il est ce mouvement qui transporte *hors de soi*, vers quelque « horizon fuyant ». Image toute désignée pour évoquer la félicité, les rails mènent l'individu

---

[32] *Ibid.*, p. 143.
[33] Gabrielle Roy, *Le temps qui m'a manqué*, Montréal, Boréal, coll. « Boréal compact », 1999 [1997], p. 13.

sans que celui-ci ait à assumer son destin; ils incarnent, comme le fleuve ou la rivière, la paix, la « confiance » en la destinée :

> Même après que j'eus quitté ma mère en ce jour de septembre, petite silhouette solitaire au bout du quai, serrant sur elle son manteau sombre, le cœur me manquant de la voir ainsi abandonnée, même alors les rails ne furent pas longs à me rassurer et à me consoler par leur incroyable attrait sur mon âme jeune[34].

Comme dans les autres nouvelles analysées précédemment, l'image du chant est convoquée à plusieurs reprises dans *Le temps qui m'a manqué*. Contrairement à *Cet été qui chantait*, cependant, ce récit évoque à la fois un deuil réel (la mort d'un être humain) et un deuil symbolique, que l'on pourrait associer à la perte du lieu idyllique de l'enfance. Dans les dernières pages du récit, l'épisode de la grotte laisse croire que Gabrielle Roy retrouvera un lieu protégé (un « cocon », pour reprendre l'image déjà utilisée par l'écrivaine), mais le reste du récit évoque à plusieurs reprises l'errance, celle-ci apparaissant comme une étape nécessaire au processus de deuil. Ici, l'écrivaine se rappelle par exemple le calme de la nature entourant les rapides de Lachine et accorde à nouveau au chant une fonction positive :

> Tout au bord de l'eau, protégée des regards par mon orme, j'étais souvent restée des heures assise immobile et presque toujours en paix dès que m'avait envahie la lointaine voix des rapides de Lachine. À Lachine même, elle devait remplir l'air d'un fracas à la longue sans doute assez fatigant à entendre, mais il en parvenait ici juste assez pour former une sorte de chant puissant et retenu. J'écoutais ce chant au fond indéchiffrable, je fixais le tourbillonnement de l'eau où se brisait le courant, à la

---

[34] *Ibid.*, p. 13.

pointe d'une petite île qui se trouvait à peu près vers le tiers du fleuve en sa largeur, et d'habitude je n'étais pas longue à me sentir moi-même emportée par le chant et par le courant[35].

Le caractère autobiographique du *Temps qui m'a manqué* pourrait être symbolisé par les premiers mots de cette phrase : « J'écoutais ce chant au fond indéchiffrable [...] ». À la manière d'une « herméneute », l'écrivaine tente en effet de déchiffrer son propre chant, d'en connaître l'origine et la raison d'être. En procédant ainsi à un retournement de la conscience (il ne s'agit plus uniquement d'un simple épanchement d'âme, mais bien d'une introspection), l'écrivaine s'éloigne encore de l'idylle pour se rapprocher de l'élégie au sens où l'entendait notamment Hegel. Pour l'auteur de l'*Esthétique*, l'élégie appartient en effet aux formes de poésie lyrique – avec le sonnet, les sextines et l'épître – susceptibles de dépasser la simple expression de la subjectivité :

> le caractère immédiat du sentiment et de l'expression fait place ici à la réflexion et à la pensée, qui saisit les faces diverses des choses et embrasse les perceptions individuelles et les expériences du cœur sous des points de vue généraux[36].

En analysant ses propres sentiments et en les soumettant à des réflexions d'ordre général (méditations sur sa destinée, sur son passé, sur le sort de l'humanité, etc.), tout en les insérant dans un cadre prosaïque (les rapides de Lachine), Gabrielle Roy évite l'écueil de l'apitoiement et du pathos.

---

[35] *Ibid.*, p. 32-33.
[36] Georg Wilhelm Friedrich Hegel, *Esthétique*, [trad. par Charles Bénard], Paris, Le Livre de poche, 1997, [1835] p. 608.

Faire face au destin

Ce travail de deuil et de mémoire propre au *Temps qui m'a manqué* se retrouve également dans *La détresse et l'enchantement*, œuvre qui, par ailleurs, contient et approfondit plusieurs thèmes traditionnellement liés à l'élégie. Dans son essai cité précédemment, Jean-Michel Maulpoix consacre quelques lignes à la question du « destin » qui, selon lui, caractérise en partie l'élégie. Prenant appui sur les *Élégies* de Rilke, Maulpoix énonce alors certaines idées qui pourraient nous aider à préciser le rôle de l'élégie chez Gabrielle Roy :

> L'Élégie, pourrait-on dire, est le poème de l'Humain, ou le poème humain, par excellence. Elle n'a pas comme l'ode le projet de célébrer quelque héroïsme, et donc de s'orienter vers le divin. Elle considère au contraire la créature dans sa précarité, son insuffisance, sa défaite, et travaille à la réinscrire dans le monde en pleine conscience de son divorce d'avec lui. L'élégie est par excellence le poème de l'être qui fait face : « ce qui s'appelle le destin, c'est cela, être en face, rien d'autre que cela et toujours être en face », écrit Rilke dans la huitième *Élégie*[37].

« Faire face » au destin : cette formule résume bien le parcours de Gabrielle Roy dans *La détresse et l'enchantement*. Mais qu'entendre, plus précisément, par destin, sinon cette croyance en une route tracée d'avance, en de longs rails de chemin de fer qui mèneraient jusqu'à l'accomplissement de soi? Le destin, pour Gabrielle Roy, consiste tout d'abord en cette nécessité de *partir*, en ce sentiment de devoir quitter ses proches afin d'accomplir ses projets. Mais il est important d'ajouter que ce même

---

[37] Jean-Michel Maulpoix, *op. cit.*, p. 216.

sentiment, en plus de la concerner personnellement, caractérise toute sa lignée familiale. Comme si le besoin de quitter son lieu d'origine lui avait été légué par ses ancêtres, Gabrielle Roy, dès les premières pages de son autobiographie, évoque une tristesse plus ou moins atavique et parle de dépossession, de déportation. Si l'écrivaine entend l'appel du départ, c'est aussi parce qu'un instinct l'incite à partir : « On a peut-être du sang d'errants dans les veines à force d'errer[38] », suggère la mère de l'écrivaine.

Les premiers chapitres de *La détresse et l'enchantement* relèvent cependant parfois de l'idylle dans la mesure où certains passages reprennent quelques-uns des thèmes déjà analysés dans *Cet été qui chantait*. La quatrième partie [du *Bal chez le gouverneur*] rappelle que si les Franco-Manitobains portent en eux « l'héritage de la tristesse », selon le titre d'un poème de Gaston Miron, ils n'en demeurent pas moins avides de bonheur. Lorsqu'elle décrit le jardin de son enfance, Gabrielle Roy exploite encore le motif du chant dans un cadre idyllique :

> Nos arbres fruitiers donnaient leurs fleurs embaumées, ensuite d'acides pommettes dont maman faisait une exquise gelée, des cerises aussi et de petites prunes bleues. À l'arrière, notre cour, entourée d'une palissade de bois, était toujours remplie de merles et de pinsons dont le chant était si fort et si joyeux qu'il nous fallait bien l'entendre jusqu'au milieu des malheurs[39].

Mais un événement important viendra rapidement obscurcir le ciel ensoleillé de cet autre été qui chante. La mort du père, racontée un peu plus loin, constitue, dans le déroulement du récit, la première véritable blessure de

---

[38] Gabrielle Roy, *La détresse et l'enchantement*, p. 27.
[39] *Ibid.*, p. 46.

l'écrivaine. Aussi, un peu avant son départ vers l'Europe – étape qui marque la rupture définitive avec le lieu matriciel de l'idylle –, Gabrielle Roy anticipe-t-elle la chronologie de son parcours en évoquant la mort de sa mère, autre événement marquant à la suite duquel les sœurs (Adèle, Clémence et Dédette) décident de vendre la maison familiale. Ce moment représente bien cette absence de lieu, cette nécessité de *partir* – « nous n'avons plus maintenant de maison où aller[40] », dit Clémence – et annonce l'exil européen qui sera raconté plus loin. Le départ en Europe, comme l'a remarqué François Ricard dans sa biographie de Gabrielle Roy, fut interprété comme une trahison de la part de la communauté franco-manitobaine : « Tout départ, dit à ce sujet l'écrivaine, étant donné notre petit nombre, était ressenti comme une désertion, un abandon de la cause[41] ». Il faut sans doute cette dose de remords pour développer la nostalgie du lieu d'origine caractérisant l'énonciation élégiaque. Dans *La détresse et l'enchantement*, cette impression déchirante est longuement décrite et témoigne encore une fois d'une tension entre « le deuil » et « l'idéal ».

Un autre épisode, qui survient peu après la « parenthèse idyllique » chez Father Perfect, pourrait aussi appuyer cette hypothèse : en se promenant à la campagne, Gabrielle Roy rencontre la fameuse Tintern Abbey, qui fut chantée par Wordsworth dans un des poèmes élégiaques les plus célèbres du romantisme anglais. Dans « Lines Composed on the Banks of the Wye Above Tintern Abbey », le poète anglais exploite pratiquement tous les thèmes de l'élégie traditionnelle (le temps qui passe, le chant, la mort, etc.) et permet à Gabrielle Roy d'insérer un intertexte

---

[40] *Ibid.*, p. 132.
[41] *Ibid.*, p. 211.

particulièrement évocateur à l'intérieur de son autobiographie :

> Des vers de Wordsworth au sujet de Tintern Abbey, la vieille abbaye cistercienne, appris à l'école, me revenaient à la mémoire, et je saisis le merveilleux de ma vie comme je ne l'avais encore jamais saisi, hier me demandant ce que c'était que cette abbaye dont le poète anglais était si amoureux, aujourd'hui contemplant ses ruines par lesquelles commençait à pénétrer le rouge du soleil couchant[42].

C'est en se remémorant les vers d'un poème élégiaque que Gabrielle Roy prend conscience du temps qui passe; l'élégie est pour ainsi dire mise en abyme et acquiert du même coup une plus grande portée symbolique.

Entendre « La voix des étangs »

J'aimerais, pour conclure, parler brièvement de « La voix des étangs », un autre récit bref de Gabrielle Roy qui permet de constater à quel point l'écriture de la romancière est liée au chant. Cette « confession » plus ou moins autobiographique, publiée cette fois dans *Rue Deschambault*, relate une « découverte » de l'écriture : retirée dans le grenier de la maison familiale, la petite Christine entend les voix des grenouilles peuplant un étang. Ces chants mélancoliques – et c'est ici que ce récit devient intéressant dans le cadre de la présente étude – sont comparés à un « appel vers l'enfance » :

> Dans les étangs non loin de chez nous, un soir, vers le mois d'avril, commençait une sorte de musique aiguë, vibrante, d'une tristesse douce pourtant, qui durait

---

[42] *Ibid.*, p. 434.

presque tout l'été [...] Jamais je n'ai entendu appel plus fort vers l'enfance, vers ses joies un peu sauvages[43].

Ce chant des grenouilles, comme celui de « Monsieur Toung », évoque la félicité de l'enfance mais, contrairement au récit de *Cet été qui chantait*, il symbolise aussi le besoin de *partir*, l'impression de devoir faire face à un « destin » :

> Les grenouilles avaient enflé leur voix jusqu'à en faire, ce soir-là, un cri de détresse, un cri triomphal aussi... comme s'il annonçait un départ. J'ai vu alors, non pas ce que je deviendrais plus tard, mais qu'il me fallait me mettre en route pour le devenir [...] Ainsi, j'ai eu l'idée d'écrire. Quoi et pourquoi, je n'en savais rien. J'écrirais. C'était comme un amour soudain qui, d'un coup, enchaîne un cœur[44].

À l'instar du « Chant des sirènes » dont parlait Maurice Blanchot dans *Le livre à venir*[45], cette voix des étangs symbolise l'appel du récit, la nécessité d'écrire et, par extension, de quitter les siens. Simple motif à première vue, la présence du chant se ramifie ainsi en un réseau symbolique complexe qui occupe pratiquement toute l'œuvre de la romancière (chants des oiseaux, des rivières, des arbres, etc.), pour ensuite devenir une véritable métaphore de l'écriture. Ce chant, si l'on veut en établir différentes catégories, peut être interprété comme l'expression de « l'enchantement » (l'accord idyllique avec l'existence) ou de la « détresse » (nécessité de partir, deuil, tristesse, etc.). C'est la tension entre ces deux paradigmes, présente dans la plupart des récits de Gabrielle Roy où il est question d'exil, qui nous permet

---

[43] Gabrielle Roy, *Rue Deschambault*, Montréal, Boréal, coll. « Boréal compact », 1993 [1955], p. 217.
[44] *Ibid.*, p. 218.
[45] Maurice Blanchot, « Le chant des sirènes », *Le livre à venir*, Paris, Gallimard, coll. « Folio/Essais », 2002 [1959], p. 9-18.

d'évoquer la présence d'une tonalité élégiaque et de souligner l'importance du registre poétique dans son œuvre.

Mythes états-uniens et questionnement identitaire dans *Cette grenade dans la main du jeune Nègre est-elle une arme ou un fruit?* de Dany Laferrière

Nathalie Prud'Homme
Cégep de Saint-Jérôme (Québec)

> J'ai, depuis quelques années, pris l'habitude de croire que nous sommes en Amérique, je veux dire que nous faisons partie du continent américain. Ce qui me permet de résoudre quelques petits problèmes techniques d'identité. Car, en acceptant d'être du continent américain, je me sens partout chez moi dans cette partie du monde. Ce qui fait que, vivant en Amérique, mais hors d'Haïti, je ne me considère plus comme un immigré ni un exilé. Je suis devenu tout simplement un homme du Nouveau Monde[1].
>
> Dany Laferrière, *Je suis fatigué*

Avant d'énoncer explicitement cette conception de l'homme du Nouveau Monde dans le court essai *Je suis fatigué*, Dany Laferrière l'avait mise en scène dans son œuvre littéraire ou son « autobiographie américaine[2] ». Dans *Cette*

---

[1] Dany Laferrière, *Je suis fatigué*, Montréal, Lanctôt éditeur, coll. « PCL/petite collection lanctôt », 2001, p. 84.
[2] L'« autobiographie américaine » de Laferrière comporte dix livres (romans et recueil de nouvelles) parus entre 1985 et 2000 : *Comment faire l'amour avec un Nègre sans se fatiguer* (1985); *Éroshima* (1987); *L'odeur du café* (1991); *Le goût des jeunes filles* (1992); *Cette grenade dans la main du jeune Nègre est-elle une arme ou un fruit?* (1993); *Chronique de la dérive douce* (1994); *Pays sans chapeau* (1996); *La chair du maître* (1997) [sans appellation générique, cette œuvre

grenade dans la main du jeune Nègre est-elle une arme ou un fruit?, dont il existe deux versions[3], l'auteur trace un portrait de l'Amérique, et particulièrement des États-Unis, d'où se dégage une conscience de l'appartenance continentale. En 1985 paraissait le roman *Comment faire l'amour avec un Nègre sans se fatiguer*, dont la trame se tissait autour de la soif du rêve américain d'un jeune écrivain qui voulait devenir « le meilleur écrivain nègre ». Huit ans plus tard, dans *Cette grenade dans la main du jeune Nègre est-elle une arme ou un fruit?*, nous retrouvons ce même personnage qui, jouissant d'une certaine célébrité, parcourt les États-Unis afin d'en tracer un portrait pour le compte d'un grand magazine. Le roman offre des réflexions qui s'attachent à présenter l'envers du décor mythique des États-Unis. Si ce cinquième ouvrage de Laferrière ne connaît pas le succès du premier, il demeure pourtant essentiel pour comprendre le changement d'attitude du personnage qui ne veut plus devenir « le meilleur écrivain nègre », mais affirme plutôt : « JE NE SUIS PLUS UN ÉCRIVAIN NÈGRE ». Le roman permet aussi d'étudier sa perception de la vie dans le pays d'accueil, qui s'élargit à une conception naissante de la continentalité. D'ailleurs, en 2000, Laferrière décrit son œuvre comme

---

s'apparente davantage à la nouvelle qu'au roman]; *Le charme des après-midi sans fin* (1997); *Le cri des oiseaux fous* (2000). L'ordre narratif de cette autobiographie américaine (les dix textes ne formant qu'un seul livre pour l'auteur) est présenté dans *J'écris comme je vis* (2000, p. 231-241): *L'odeur du café, Le charme des après-midi sans fin, Le goût des jeunes filles, La chair du maître, Le cri des oiseaux fous, Chronique de la dérive douce, Comment faire l'amour avec un Nègre sans se fatiguer, Éroshima, Cette grenade dans la main du jeune Nègre est-elle une arme ou un fruit?, Pays sans chapeau*.

[3] Dany Laferrière, *Cette grenade dans la main du jeune Nègre est-elle une arme ou un fruit?*, Montréal, VLB éditeur, 1993, 201 p.; nouvelle édition revue et augmentée : 2002, 354 p.

[...] une réflexion sur l'Amérique, le succès, l'écriture, une sorte de bilan sur les vingt dernières années du narrateur en terre nord-américaine. En quoi vivre en Amérique du Nord a-t-il changé sa vie? se demande le narrateur en prenant un ton sceptique. Il remet en question sa posture même d'écrivain en déclarant : « Je ne suis plus un écrivain nègre[4] ».

Les images d'américanisation et d'américanité[5] se côtoient dans ce roman et elles reflètent une ambivalence à l'égard des mythes états-uniens. En fait, l'écriture de Laferrière participe à ces mythes tout en les scrutant d'un œil ironique. Le présent article a pour but d'analyser deux aspects de la représentation des mythes fondateurs des États-Unis, ces phénomènes structurant l'imaginaire social du pays : le racisme (la confrontation entre les Blancs et les Noirs) et le sentiment même d'être Américain, sentiment

---

[4] Dany Laferrière, *J'écris comme je vis. Entretien avec Bernard Magnier*, Montréal, Lanctôt éditeur, 2000, p. 239.

[5] J'entends par « américanisation » une perte d'identité, une sujétion à la culture états-unienne, un nivellement des cultures, bref un impérialisme politique, économique et culturel des États-Unis. Tandis que l' « américanité » est à l'opposé un phénomène positif, l'expérience de l'appartenance continentale, au sens de la reconnaissance des Amériques et de la multiplicité des cultures que l'on y trouve. À ce sujet, voir Jean Morisset, *L'identité usurpée. I-L'Amérique écartée*. Montréal, Nouvelle optique, 1985, 158 p.; Benoît Melançon, « La littérature québécoise et l'Amérique. Prolégomènes et bibliographie », *Études françaises*, vol. 26, n° 2, 1990, p. 65-108; Maximilien Laroche, « Américanité et Amérique », *Urgences*, n° 34, décembre 1991, p. 88-99; Jean Morency, *Le mythe américain dans les fictions d'Amérique. De Washington Irving à Jacques Poulin*, Québec, Nuit blanche, coll. « Terre américaine », 1994, 258 p.; Jean-François Chassay, *L'ambiguïté américaine. Le roman québécois face aux États-Unis*, Montréal, XYZ éditeur, coll. « Théorie et littérature », 1995, 197 p.; Victor Armony, « Des latins du nord? L'identité culturelle québécoise dans le contexte panaméricain », *Recherches sociographiques*, vol. 43, n° 1, janvier-avril 2002, p. 19-48.

ancré dans la population tout en étant évanescent[6]. Cette analyse comparative, à partir des deux versions du roman, nous permettra de constater que la déconstruction de ces mythes met en lumière un questionnement identitaire issu du mouvement contradictoire de rejet et d'intégration du modèle culturel états-unien[7].

Dénoncer le racisme en évitant la propagande

L'auteur réussit à éviter l'écueil du roman à thèse lorsqu'il parle de la situation des Noirs. Certains pourraient n'y voir qu'un jeu puisque, dans la foulée de Chester Himes, il a choisi d'aborder ce problème du point de vue des relations Noir/Blanche. Ce jeu renvoie tout de même à un tabou du racisme classique, qui met en lumière les relations de pouvoir. Sherry Simon perçoit le premier roman de Laferrière comme un fantasme vieilli du colonialisme passé. Elle écrit que,

> [p]ortrait d'un écrivain à la recherche de son sujet, roman cherchant sa place entre James Baldwin et Denise Bombardier, *Comment faire l'amour avec un Nègre sans se fatiguer* circule aux confins de plusieurs cultures sans s'identifier à aucune. C'est en cela que le récit fascine, et bien malgré son utilisation du discours politique et son

---

[6] Il faudrait également parler du mythe du succès, c'est-à-dire les possibilités illimitées que semble offrir ce pays, la *doxa* du *success story*, mais la brièveté de cet article ne permet pas d'aborder cette question. À ce sujet, voir Nathalie Prud'Homme, « Les discours de l'identité collective et les écritures (im)migrantes au Québec entre 1980 et 1999 », thèse de doctorat, Département d'études littéraires, Université du Québec à Montréal, 2003, chapitre 5 de la deuxième partie.
[7] À ce sujet, voir Anne Marie Miraglia, « Dany Laferrière, l'identité culturelle et l'intertexte afro-américain », *Présence francophone*, n° 54, 2000, p. 121-139.

machisme primaire. Produit du Québec, le Nègre est hors culture[8].

À l'encontre de cette critique, on peut défendre que, loin d'être hors culture, le personnage est à la jonction de plusieurs cultures et se retrouve ainsi, tel un funambule, en équilibre entre l'américanisation et l'américanité. Cette recherche d'équilibre se poursuit d'ailleurs dans *Cette grenade dans la main du jeune Nègre est-elle une arme ou un fruit?* Dans ce roman, le discours sur le racisme est marqué par l'intertextualité baldwinienne[9]; il est donc loin de la propagande. En fait, il est de l'ordre de ce que Max Dorsinville nomme la troisième étape de la littérature posteuropéenne, la réflexion[10]. Dans les deux versions du roman de Laferrière, le ressentiment historique est présenté

---

[8] Sherry Simon, « Cherchez le politique dans le roman, en vous fatiguant », *Vice Versa*, n° 17, décembre 1986-janvier 1987, p. 32.

[9] Le roman présente des références explicites et implicites à l'essai de James Baldwin, *La prochaine fois, le feu*. En ce qui concerne cette intertextualité baldwinienne, voir Nathalie Prud'Homme, *op. cit.*, chapitre 5.

[10] Dans *Caliban without Prospero. Essay on Quebec and Black literature*, Max Dorsinville propose l'image du personnage shakespearien Caliban, dont la quête d'identité doit se définir au-delà du cadre qu'impose Prospero, comme métaphore de l'évolution des littératures postcoloniales, qu'il présente comme un processus de passage de l'émotion à la raison, du discours viscéral au discours cérébral. Selon lui, la littérature posteuropéenne comporte trois étapes : la tristesse, la colère et la réflexion. La première étape évoque la passivité de la conscience d'une inadéquation de l'individu au monde. La deuxième, au contraire, est la prise de conscience de l'acculturation et la valorisation des particularismes, la culture étant ancrée dans un temps et un lieu avant d'être universelle. La troisième étape, la plus complexe, est la capacité de ces littératures à s'affirmer tout en portant un regard critique sur elles-mêmes, et à dépasser le discours de révolte pour rejoindre un universalisme qui se nourrit des cultures particulières. (Max Dorsinville, *Caliban without Prospero. Essay on Quebec and Black literature*, Erin (Ontario), Press Porc-épic, 1974, 227 p.)

comme un piège qu'il faut éviter. Les mémoires ne doivent pas être occultées, mais relativisées. La réflexion de Laferrière est ici proche parente de celle de Baldwin. L'écrivain américain soutenait que, tout en étant essentiel, le devoir de mémoire ne doit pas imposer des oeillères perpétuant les ghettos et la ségrégation. Il écrit dans *La prochaine fois, le feu* : « Accepter son passé, son histoire, ne signifie pas s'y noyer [...]. [C]omment faire bon usage du passé Noir américain? [Il faut] transcender les réalités raciales, nationales et religieuses[11] ». Dans la première version du roman de Laferrière, le personnage de l'écrivain fait sienne cette logique de l'Histoire. Il la considère dans sa globalité, comme un tremplin de l'évolution sociale plutôt qu'un frein. Il met en garde le réalisateur engagé Spike Lee contre l'Histoire, qui deviendrait un procès d'intention du présent et du futur :

> - Rien n'a changé! glapit Spike. Si les Blancs le pouvaient, ils nous lyncheraient demain matin.
>
> - Ils ne le peuvent plus. C'est ça l'histoire. On ne peut pas faire comme si ce fait n'existait pas. Spike, ils ne peuvent plus lyncher massivement et impunément les Noirs aux États-Unis. Seule cette réalité compte. Nos désirs ne comptent pas, tu comprends. Les Blancs peuvent-ils lyncher les Nègres en Amérique? La réponse est NON. Est-ce qu'ils aimeraient lyncher encore les Nègres? Cette question n'existe pas. Elle n'a aucune importance. Ce qui compte, c'est ce qui est. Et ce qu'on fait avec ça[12].

---

[11] James Baldwin, *La prochaine fois, le feu* [traduit de l'anglais par Michel Sciama, préface d'Albert Memmi], Paris, Gallimard, coll. « nrf », 1963, p. 94.
[12] Dany Laferrière, *Cette grenade dans la main du jeune Nègre est-elle une arme ou un fruit?*, 1993, p. 140.

La seconde version du roman vient renforcer cette réflexion. Aux discours parfois ambigus de Spike Lee et d'Ice Cube, s'ajoute celui du pasteur Al Sharpton, plus intéressé par les accusations et leur pouvoir de cabale que par le dialogue. Dans la neuvième partie, « Une certaine Amérique », et plus précisément dans le récit intitulé « La vérité historique contre le mensonge individuel », une jeune Noire de quinze ans maquille une fugue en agression commise par des Blancs. Les médias font immédiatement des parallèles avec le lynchage d'un jeune Noir en 1955. Lorsque la supercherie est dévoilée, le pasteur Sharpton continue à utiliser ce non-événement raciste pour entretenir les divisions raciales :

> Pour Sharpton, tout Blanc est un violeur et un lyncheur en puissance [...] ce mensonge innocent d'une adolescente ne pourrait en aucun cas effacer les lynchages. La seule chose qui compte, lance-t-il, c'est que des Nègres ont été lynchés il n'y a pas si longtemps encore. Billie Holiday a chanté *Strange Fruit*, ces fruits que l'on voyait pendus aux grands magnolias du sud des États-Unis et qui étaient en fait des Nègres. C'est d'ailleurs ce traumatisme historique, selon Sharpton, qui a poussé une innocente adolescente de quinze ans à échafauder un mensonge si affreux. Mais comme tout cela sonne faux dans la bouche de ce démagogue d'Al Sharpton[13] !

Cet extrait souligne l'importance de reconnaître le passé, mais également le danger à ne rechercher que des traces du passé dans le présent. Le dialogue entre les communautés[14],

---

[13] *Ibid.*, 2002, p. 269-270.
[14] Il s'agit des communautés nationales comme des communautés culturelles. Au Québec, les communautés culturelles se sont formées après l'immigration qui a suivi l'établissement d'un État démocratique. Voir à ce sujet Gilles Bourques et Jules Duchastel [avec la collaboration

pour être véritable, doit avoir pour assises les événements passés et présents, tout en tenant compte de la société future souhaitée; le présent doit ainsi être considéré comme aussi important que le passé.

Dans ce contexte, la réflexion de Laferrière se rapproche de celle de Marie-Célie Agnant, romancière d'origine haïtienne qui a émigré au Québec en 1973. Son roman *Le livre d'Emma*, paru en 2001, met en scène une femme qui s'est battue toute sa vie pour faire connaître l'histoire de l'esclavage, longtemps occultée par les Blancs. Si ce combat est nécessaire, l'épilogue du roman rappelle que l'importance de la relativisation de la mémoire l'est tout autant. Emma apparaît en songe à Flore, après son suicide, pour lui dire : « [A]pprends ton nom de femme, avant celui de négresse[15] ». Agnant souligne ainsi le fait que l'individualité ne doit pas se perdre à travers l'identité collective, et que le présent, s'il est redevable du passé, n'en est pas une simple répétition.

S'inscrit ainsi dans le roman d'Agnant, comme dans celui de Laferrière, toute la complexité du rapport à l'altérité. Gérard Deledalle, philosophe et sémioticien, identifie trois facettes de l'altérité : altérité univoque, réciproque et inverse[16], trois attitudes que l'on peut retrouver au sein de

---

de Victor Armony], *L'identité fragmentée. Nation et citoyenneté dans les débats constitutionnels canadiens 1941-1992*, Montréal, Fides, 1996, 383 p.; Julien Bauer, *Minorités et identités nationales au Canada et au Québec*, Montréal, Université du Québec à Montréal, coll. « Note de recherche, Université du Québec à Montréal, Département de science politique », n° 44, 1993, 33 p.; Julien Bauer, *Les minorités au Québec*, Montréal, Boréal, coll. « Boréal express », 1994, 125 p.

[15] Marie-Célie Agnant, *Le livre d'Emma*, Montréal, Éditions du remue-ménage et Port-au-Prince, Éditions Mémoire, 2001, p. 167.

[16] Gérard Deledalle, « L'altérité vue par un philosophe sémioticien », Ilana Zinguer [éd.], *Miroirs de l'altérité et voyages au Proche-Orient*, Genève, Éditions Slatkine, 1991, p. 15-20.

toute relation sociale. La première présente le *moi* comme le fondement de l'être. Tout ce qui n'est pas cet être est de l'ordre de l'étrange et devient donc altérité à rejeter. Cette altérité univoque qui engendre l'exclusion, Laferrière l'illustre dans les discours et les actes de Noirs comme de Blancs. Son personnage d'écrivain suggère une attitude de compromis à l'égard d'un discours contradictoire comme celui de Ice Cube. Ce chanteur de rap rejette ce qu'il appelle la culture de « l'oncle Sam », tout en participant au système capitaliste. Faisant preuve d'une logique ghettoïsante, il arrive à la même conclusion aberrante que le Ku Klux Klan lorsqu'il affirme : « Sur ce point je suis d'accord avec le Klan. La place des Noirs est en Afrique[17] ». L'écrivain, devant cette diatribe où le Noir serait dépouillé de sa culture par le Blanc, qui lui imposerait la sienne, suggère à son interlocuteur une analyse plus nuancée, moins manichéenne et qui, plutôt que de se replier sur le mythe de l'origine[18],

---

[17] Dany Laferrière, *Cette grenade dans la main du jeune Nègre est-elle une arme ou un fruit?*, 1993, p. 154.

[18] Le concept d'africanisation se fonde sur une volonté de valorisation des origines, qui devient un mécanisme de ségrégation ne reconnaissant que l'importance d'une appartenance continentale ancestrale avec l'Afrique. L'africanisation est un néologisme (conçu sur le modèle d'américanisation), qui ne doit pas être confondu avec les concepts de négritude, de créolité et de créolisation. La négritude, notamment dans l'œuvre d'Aimé Césaire, *Cahier d'un retour au pays natal*, dénonce la ségrégation raciale et veut réintroduire l'Afrique en tant que source culturelle des communautés noires du continent américain. Comme le souligne Jean Bernabé à propos de l'œuvre de Césaire, il ne s'agit toutefois pas de « ramener les Antilles vers l'Afrique » (Jean Bernabé, « De la négritude à la créolité : éléments pour une approche comparée », *Études françaises*, vol. XXVIII, n°s 2-3, automne-hiver 1992, p. 27) : il s'agit d'une quête identitaire, d'une désaliénation à la suite de la colonisation et de l'esclavage. La créolité, quant à elle, est conçue comme une critique de la négritude tout en revendiquant une filiation avec ce concept. Bernabé en parle comme d'un « mécanisme socio-opératif », construction anthropologique qui explore les langages poétiques et les

revendique une reconnaissance des Noirs en tant que membres fondateurs de la culture états-unienne : « On peut voir ça autrement, Ice... Le Blanc et le Noir ont forgé une nouvelle culture, l'Amérique d'aujourd'hui... Peut-être que les Nègres ont influencé les Blancs autant que ceux-ci ont influencé les Nègres[19] ». Ces propos – qui rappellent le concept de « culture immigrée » défendu par Marco Micone, selon lequel aucune culture ne demeure inchangée au contact d'une autre[20] – présentent également la marque de l'altérité réciproque, position éthique qui permet la reconnaissance des différences – le respect mutuel de l'identité entre le soi et l'autre –, qui doit être à la base de la construction de tout lien civique. À cette réflexion sur les altérités univoque et réciproque présentées dans les deux versions du roman, l'auteur ajoute, dans la seconde version, l'idée que l'altérité

---

imaginaires noirs du continent américain, se réclamant de l'universalité et de la diversalité, pour reprendre les termes de Jean Bernabé, Patrick Chamoiseau et Rafaël Confiant dans *Éloge de la créolité* (Jean Bernabé, *op. cit.*, p. 23-38). Quant à la créolisation, elle cherche à concevoir l'identité mouvante des « étants nègres » et non à définir « l'être nègre ». Comme le souligne Édouard Glissant, « [...] la créolité c'est une mauvaise interprétation de la créolisation. La créolisation est un mouvement perpétuel d'interpénétrabilité culturelle et linguistique qui fait qu'on ne débouche pas sur une définition de l'être. Ce que je reprochais à la négritude, c'était de définir l'être: l'être nègre... Je crois qu'il n'y a plus d'être [...]. Je crois qu'il faut dire qu'il n'y a plus que de l'étant, c'est-à-dire des existences particulières qui correspondent, qui entrent en conflit, et qu'il faut abandonner la prétention à la définition de l'être. Or, c'est ce que fait la créolité: définir un être créole. C'est une manière de régression. De façon analogue, je n'ai pas voulu consentir à la définition d'un être nègre alors qu'il y a des étants nègres qui ne sont pas forcément assimilables : un Antillais n'est pas un Sénégalais, un Noir brésilien n'est pas un Noir américain. » (Lise Gauvin, « L'imaginaire des langues. Entretien avec Édouard Glissant », *Études françaises*, vol. XXVIII, n°s 2-3, automne-hiver 1992, p. 21).

[19] Dany Laferrière, *Cette grenade dans la main du jeune Nègre est-elle une arme ou un fruit?*, 1993, p. 152.

[20] Marco Micone, *Le figuier enchanté*, Montréal, Boréal, 1992, p. 100.

inverse ne peut engendrer de véritable dialogue. Cette altérité est caractérisée par le désir d'un individu de fuir son groupe pour s'intégrer à un autre. Dans « Le crime organisé », récit de la septième partie « La vie matérielle », un jeune cadre municipal blanc demande l'aide du personnage de l'écrivain pour dénoncer une situation légale, mais honteuse. Un ancien quartier de Blancs (dans le roman, il s'agit de cols bleus), devenu dynamique en raison de l'arrivée de jeunes cadres noirs d'origine caribéenne, est convoité par des promoteurs immobiliers. Ces derniers convainquent la mairie d'établir des rues à sens unique faisant le tour du parc du quartier, de manière à le transformer en nouveau centre de prostitution, ce qui entraînera l'exode des habitants et laissera libre cours à la spéculation immobilière. Le jeune fonctionnaire prend position pour les gens du quartier, auxquels il s'identifie :

- Eh bien, je viens d'une de ces familles de cols bleus, et mon meilleur ami était Haïtien. Son père gagnait moins que mon père, mais je me sentais bien chez lui. Son père était toujours en train de lire, alors que je n'ai jamais vu mon père avec un bouquin. Il avait toujours des discussions intéressantes avec son père sur toutes sortes de sujets, alors que le mien n'ouvrait la bouche que pour m'interdire quelque chose. Je sortais de chez moi dégoûté.

[L'écrivain lui rappelle alors certains faits sociaux]

- C'est simple, avec son salaire, ton père n'était qu'un ouvrier bien payé, alors que le père de ton ami pouvait avoir été un ministre dans son pays. Ici, c'est votre salaire qui vous définit. Dans la Caraïbe, c'est votre nom. Faut pas croire que tous les gens de la Caraïbe savent lire. C'est une société brutale, qui compte un pourcentage énorme d'analphabètes...

- Je comprends... N'empêche que j'aurais tellement aimé voir mon père avec un livre, un jour. Il avait fait son secondaire, il savait donc lire, mais ça ne lui servait strictement à rien. Vous avez dix pour cent d'alphabétisés, mais ces gens-là aiment lire, certains lisent même en latin [...] Et mon père qui regardait ces gens de haut, tu t'imagines une méprise pareille... Ici, nous avons sûrement un bon pourcentage d'alphabétisés, mais ils ne lisent pas, ça revient au même[21]...

L'épilogue de ce récit, où Laferrière fait dire au personnage de l'écrivain : « Je suis parti. Je comprends sa bataille, mais ce n'est pas la mienne. Cela arrive parfois d'être sensible à une cause sans vouloir s'y engager. Et puis, le latin m'a toujours fait chier[22] », est plus qu'une simple boutade. Il souligne un malaise devant cette attitude d'altérité inverse qui ne permet pas d'instaurer un véritable dialogue entre les communautés. Dans ce cas précis, la sympathie du fonctionnaire ne permet pas de s'attaquer au véritable problème de ce quartier (le fait que des Blancs ne veuillent pas cohabiter avec des Noirs) et à ses causes socio-politico-économiques.

Le fragile sentiment d'être Américain

Laferrière dit de la première version de *Cette grenade dans la main du jeune Nègre est-elle une arme ou un fruit?* qu'elle se voulait une réflexion intellectuelle sur les rapports raciaux aux États-Unis, alors que la seconde a permis d'y ajouter la quotidienneté de cette Amérique, un fourmillement humain constitué de Blancs, de Noirs, de riches, de pauvres et d'immigrants. Dans la première version, l'appartenance états-unienne est décrite comme un sentiment diffus, presque

---

[21] Dany Laferrière, *Cette grenade dans la main du jeune Nègre est-elle une arme ou un fruit?*, 2002, p. 198.
[22] *Ibid.*, 2002, p. 201.

enfantin, d'être unique au monde, pour ne pas dire seul au monde :

> L'Amérique est un bébé trop bien nourri. [...] Et les Américains vivent entre eux comme si personne d'autre qu'eux existait sur ce continent. Sur cette planète. J'ai le sentiment de voir évoluer devant moi [...] de magnifiques barbares. [...] Le monde est entre leurs mains comme un jouet d'enfant. Ils le cassent, le réparent. Ils ignorent le passé et méprisent l'avenir[23].

Dans la seconde version, l'appartenance états-unienne apparaît encore comme un sentiment ambigu, mélange d'ignorance et d'isolement[24], mais l'arrogance s'y atténue. Elle fait place à la peur de ne pouvoir survivre à la disparition du rêve américain, à la prise de conscience de la vulnérabilité du pays, empêtré dans son image de « superpuissance infaillible »; en somme, l'ombre des attentats du 11 septembre 2001 plane sur ce roman :

> Pendant longtemps, je me suis demandé ce que cachait cette forêt de petits drapeaux que les Américains ne cessaient d'agiter avec un sourire épinglé au visage. Était-ce pour montrer au reste du monde qu'ils sont toujours les plus forts? [...] En réalité, c'est plutôt le contraire. Les États-Unis, il faut le savoir, forment un vaste pays où l'on trouve l'une des paysanneries les moins cultivées de la planète. [...] Le système est ainsi fait que leur vision ne puisse aller au-delà des limites de

---

[23] *Ibid.*, 1993, p. 16-17.
[24] Il faut toutefois souligner que cette société n'est pas complètement dénuée de culture. Dans le récit « Paris n'est pas toujours une ville du Texas », Laferrière écrit : « L'Amérique consomme ses produits de luxe (et les meilleurs produits des autres pays) et exporte ses déchets. Ce qui fait qu'on est toujours un peu agréablement surpris en arrivant ici. On croit les Américains un peu plus ignorants qu'ils ne le sont en réalité » (*Ibid.*, 2002, p. 110).

la ville. Au-delà de la voie ferrée. Ailleurs n'existe pas. L'idée de l'Europe, de l'Afrique, de l'Asie leur est alors plus étonnante que l'idée de l'Amérique pour les contemporains de Christophe Colomb. L'univers n'existe que pour les pays minuscules et les anciennes nations colonisatrices [...] Donc, chaque matin, l'Amérique se réveille, tout heureuse d'être encore là. Et agite un petit drapeau. Elle sait que le moindre coup peut lui être mortel. Certains pays peuvent continuer à vivre après avoir tué leur rêve. Les États-Unis, non. Et les Américains le savent [... ils] dorment en se disant qu'un matin quelqu'un, un fou sûrement, aura l'audace de les prendre au mot. Une attaque, donc, sur le sol américain. Et ce sera, ils le savent profondément, le début de la fin[25].

Évidemment, le portrait du peuple états-unien que trace Laferrière peut être contesté. Il ne tient pas compte des intellectuels de la côte est, par exemple. Toutefois, il décrit assez bien la population des petites villes de l'Amérique profonde, de cette Americana blanche, anglo-saxonne et protestante qu'a dépeinte de façon bucolique le peintre Norman Rockwell jusqu'à la fin des années 1960. Laferrière souligne que devant les flambées d'intolérance et de racisme, Rockwell prit le parti de dénoncer son propre aveuglement et celui de ses compatriotes des « petites villes irréprochables », qui devaient accueillir leurs concitoyens noirs pendant qu'il en était encore temps.

Cette grenade dans la main du jeune Nègre est-elle une arme ou un fruit? dépeint la population états-unienne dans sa nécessité de s'ouvrir, aujourd'hui, à une vision moins manichéenne de la politique internationale pour comprendre que son pays, acteur principal sur cette scène depuis la Deuxième Guerre mondiale, est une superpuissance dont les

---

[25] *Ibid.*, 2002, p. 110-111.

visées hors de son territoire, comme sur son territoire, ne sont pas toujours d'ordre démocratique, mais plutôt d'ordre économique et même impérialiste.

En contrepartie, le personnage de l'écrivain décrit cette population comme accueillante et même modeste :

> Le pays est si grand, à leur avis tout être humain mérite d'être Américain. Pas à cause de cette arrogance qu'on leur attribue faussement, mais plutôt par une sorte de modestie : pour eux, ce pays n'appartient pas au premier arrivé[26].

Si cette vision passe sous silence le génocide des Amérindiens, elle est cependant un choix stratégique qui permet de présenter les États-Unis comme la terre d'accueil des immigrants par excellence[27].

Dans la seconde version du roman, Laferrière aborde les thèmes de l'exil et de l'immigration sans alimenter ce mythe de la terre d'accueil. Les portraits qu'il fait des communautés haïtiennes à Miami et à New York illustrent la diversité des communautés noires aux États-Unis, qui sont solidaires face au racisme, mais aussi héritières de leur culture respective. Il dépeint également le fossé qui se creuse entre les générations d'immigrants haïtiens. La première génération, qui s'est établie à New York, conçoit cette aventure comme un exil temporaire et empile des boîtes de marchandises en vue d'un retour, souvent chimérique, en terre natale. Par contre, les

---

[26] *Ibid.*, 2002, p. 76.
[27] Réalité qui comporte sa part de mythe en ce qui concerne le XXe siècle et ce début de XXIe siècle, puisque selon le recensement de 2001, seulement 11 % de la population des États-Unis est née à l'étranger, et il s'agit de la proportion la plus élevée en 70 ans, comparativement à 22 % en Australie et 18,4 % au Canada. (Josée Boileau, « Un Canadien sur cinq est né à l'étranger », *Le Devoir*, 22 janvier 2003, p. A5.)

enfants de ces immigrants sont enracinés dans la société états-unienne. Ainsi, dans « Brooklyn : l'avenir mise en boîte » (note 4 de carnet de route, huitième partie « Quelques règles pour survivre en Amérique »), Laferrière écrit :

> C'est le ventre de New York, ces milliers de boîtes que l'on voit comme ça, empilées dans un coin. Le pays rêvé des vieux immigrants. Et pour chaque communauté, il arrive toujours la génération qui va donner un coup de pied dans le tas[28].

Dans le récit « Miami l'argent de la drogue », le personnage de l'écrivain rencontre, dans Little Haïti, un artisan arrivé il y a trente-cinq ans à Miami, Désilorme Monestin. Cet homme attache beaucoup d'importance à sa culture d'origine[29], il est préoccupé par ce que vivent les gens en Haïti et ressent en même temps une appartenance états-unienne. Il confie à l'écrivain :

> - J'ai un rêve […] Si le gouvernement américain m'en donnait l'autorisation, je pourrais affréter des bateaux pour aller chercher mes frères en Haïti.
>
> - Vous avez beaucoup de frères là-bas?
>
> - Non, je parle de mes frères haïtiens en général. Je viens d'une région du pays où on meurt littéralement de faim. […] Je suis sûr qu'il y en a qui pourraient réussir ici. J'aimerais prouver au gouvernement américain que nous sommes aussi capables que les Cubains, à qui il a donné cette chance.
>
> Sa voix avait monté d'un cran.

---

[28] Dany Laferrière, *Cette grenade dans la main du jeune Nègre est-elle une arme ou un fruit?*, 2002, p. 234.
[29] Il voudrait par exemple voir les noms des fruits tropicaux donnés par les Haïtiens reconnus dans les dictionnaires.

- Qu'est-ce qu'ils ont de plus que nous, les Cubains? s'écrie-t-il.
- L'argent et un lobby puissant auprès du gouvernement américain.
[... Monestin rétorque]
- Je vous promets qu'un jour les paysans haïtiens feront le voyage sans mettre leur vie en péril... Je dois cela à mon pays.
- Haïti vous en sera reconnaissante, j'en suis sûr, dis-je.
Il sourit.
- Je parlais des États-Unis[30].

Ce dialogue témoigne à la fois de l'importance de la communauté d'origine et de celle de la communauté d'accueil : l'appartenance sociale peut être vécue de façon plurielle et non exclusive.

Dans ce roman, Laferrière met également en scène des Cubains qui ont immigré aux États-Unis, ce qui permet aux lecteurs de comprendre qu'une communauté culturelle n'est pas monolithique, et que l'immigration aux États-Unis ne garantit pas pour tous une plus grande justice sociale. Dans le récit « Toutes les blondes ne sont pas cubaines » (quatrième partie, « Pourquoi? »), Rafaël Garcia, jeune étudiant noir d'origine cubaine né aux États-Unis, explique à l'écrivain qu'il se sent davantage Américain que Cubain, ce qu'il ne peut dire à ses parents, qui lui parlent tous les jours de Cuba et de Castro. Pour lui, il s'agit d'une culture de souvenirs et d'un malaise, parce que, en tant que Noir, il n'est pas accepté par la communauté cubaine blanche :

---

[30] *Ibid.*, 2002, p. 249-250.

> Le raciste reconnaît l'autre comme un inférieur, mais au moins il le reconnaît. Alors que là, c'est différent. La communauté cubaine se trouve prise, depuis près de quarante ans, dans un bras de fer avec Castro. Et les Cubains de Miami ont compris qu'être Noir aux États-Unis vous enlève toute chance de réussite dans cette société. C'est pourquoi ils mènent depuis des années une campagne intense pour être perçus comme des Blancs. Ce qui implique la disparition des Noirs Cubains [...] simplement une élimination magique[31].

Cette vision s'oppose à celle de Fidel Castro, qui adopte la position inverse et présente Cuba comme un pays essentiellement constitué de Noirs. L'écrivain fait remarquer à l'étudiant l'ironie de cette situation : « Au fond c'est injuste [...] si on regarde cela sous l'angle de la composition de la population, proportionnellement, il n'y a pas plus de Noirs à Cuba qu'aux États-Unis, et pourtant l'Amérique se dit blanche...[32] »

Les États-Unis se définissent également comme un État démocratique, mais le récit « Belle Glade : Big Sugar » présente une tout autre réalité. Les frères Fanjul, qui viennent de la plus riche famille cubaine, propriétaires d'un empire de la canne à sucre, ont dû quitter Cuba après la Révolution. Immigrés à Miami, ils reconstruisent un empire de canne qui emploie plus de vingt mille ouvriers. Cet enfer pour les travailleurs s'est développé avec la bénédiction et les subventions de l'État :

> Et avec une aide financière substantielle du ministère du travail, ils ont pu monter un empire dans le sud de la Floride. Le gouvernement s'est arrangé, d'une manière astucieuse, pour ne pas être informé sur la condition des

---

[31] *Ibid.*, 2002, p. 153.
[32] *Ibid.*, 2002, p. 156.

travailleurs de la canne en ne plaçant qu'un seul inspecteur agricole dans tout le Sud-Est. Pour finir, on leur donne le droit de faire venir un nombre illimité de travailleurs jamaïcains aux États-Unis. Voilà comment on construit une fortune avec l'aide de l'État[33].

Le personnage de l'écrivain, dégoûté par cette facette amère des États-Unis, s'enferme dans une chambre d'hôtel, à Miami Beach, pour lire l'œuvre de Walt Whitman : « Les Fanjul, j'espère, passeront. Whitman restera[34] ». Le recueil de Whitman, *Feuilles d'herbe*, accompagne l'écrivain tout au long de son périple états-unien; il s'agit d'un ajout intertextuel à la première version du roman. Dans les deux versions, le personnage de l'écrivain spécifie cependant : « Chaque fois que je désespère des hommes, j'ouvre un bouquin de Baldwin pour y trouver l'intelligence la plus fine mêlée à la plus vive sensibilité[35] ». Il choisit pourtant Whitman devant l'esclavage moderne de l'empire Fanjul, comme un appel à l'Amérique mystique, cosmique, du *je* qui transcende l'individualité, l'espace et le temps. Comme le souligne Pierre Nepveu dans *Intérieurs du Nouveau Monde*,

> [l]e grand art de Whitman est de faire de la démocratie un thème poétique, le fondement d'un langage cosmique où tout communie à la même source et où toutes les réalités sont égales en droit – et de donner ainsi l'illusion qu'il parle de l'Amérique réelle, telle qu'elle est, alors que *Leaves of Grass* n'en offre que le rêve, la projection utopique, à partir d'un constat de dégradation jamais avoué[36].

---

[33] *Ibid.*, 2002, p. 254.
[34] *Ibid.*, 2002, p. 256.
[35] *Ibid.*, 1993, p. 165 et 2002, p. 309.
[36] Pierre Nepveu, *Intérieurs du Nouveau Monde. Essais sur les littératures du Québec et des Amériques*, Montréal, Boréal, coll. « Papiers collés », 1998, p. 76.

Plus d'un siècle et demi plus tard, ce constat de dégradation est au cœur du roman *Cette grenade dans la main du jeune Nègre est-elle une arme ou un fruit?* de Dany Laferrière, qui combat d'un même souffle les discours de propagande. De plus, la présence dans le roman d'extraits du recueil de Whitman rappelle que l'espoir de l'être humain ne tient parfois qu'à l'utopie, laquelle est par essence irréaliste, mais néanmoins nécessaire.

L'ÉCRITURE ET L' « ENTRE-DEUX-LANGUES »
Rajic, Comnène, Robin

L'écriture migrante comme une écriture double.
Le cas de Négovan Rajic

Vladimir Kapor
Université Charles-de-Gaulle – Lille 3
(France)

Dans son analyse récente du champ littéraire francophone, Pierre Halen range les écrivains immigrés qui ont adopté la langue française comme langue d'expression parmi les « convertis », en émettant l'hypothèse qu'il n'y a que deux voies pour obtenir la reconnaissance du système littéraire francophone :

> celle de l'assimilation, qui suppose la disparition des marques identitaires étrangères [...] ou au contraire celle de la spécification, qui suppose la production et l'exploitation de marqueurs *ad hoc*[1].

Cette analyse, faite à partir de l'exemple du centre franco-parisien, aurait sans doute besoin d'être affinée en ce qui concerne le champ littéraire québécois, considéré par Halen comme un des « domaines satellites », en raison de l'importance de la production des écrivains dits « migrants[2] »

---

[1] Pierre Halen, « Notes pour une topologie institutionnelle du système littéraire francophone », *Littérature et sociétés africaines. Regards comparatistes et perspectives interculturelles. Mélanges offerts à János Riesz à l'occasion de son soixantième anniversaire*, études réunies par Papa Samba Diop et Hans-Jürgen Lüsebrink, rééditées par Ute Fendler et Christoph Vatter, Gunter Narr Verlag, 2001, p. 63.
[2] Ce qualificatif, introduit par les travaux de Robert Berrouët-Oriol (« L'effet d'exil », *Vice Versa*, 17 décembre 1986 – janvier 1987; « L'émergence des écritures migrantes et métisses », *Quebec Studies*,

dans les lettres québécoises des deux décennies passées. Sans entrer dans des analyses sociologiques qui dépasseraient le cadre de notre propos, nous essaierons d'examiner cette hypothèse, tout en tenant compte de la double trajectoire de ces écrivains, qui comme Halen le remarque « n'interviennent pas [en dehors de la France] comme producteurs dans une zone francophone[3] ». De même, en analysant le champ littéraire québécois, Robert Berrouët-Oriol et Robert Fournier avancent que les textes « migrants » semblent remettre en question la pertinence et les limites de la notion traditionnelle de « texte national » :

> En effet, la question de la réception des écritures migrantes et métisses renvoie à celle, complexe, de leur (éventuelle?) double appartenance à la littérature québécoise et à la littérature du pays d'origine[4].

Cette « double appartenance » impose à l'écrivain migrant l'utilisation de techniques d'écriture spécifiques, capables de combler les attentes des deux publics visés. C'est à partir de l'œuvre de l'auteur québécois d'origine serbe Négovan Rajic que nous amorcerons la réflexion sur le destinataire de l'écrivain migrant, conçu comme une instance textuelle qui détermine et légitime à la fois le choix des stratégies d'écriture adoptées, à travers une analyse comparative des versions originales françaises et des traductions en serbe.

---

n° 14, printemps/été 1992 – en collaboration avec Robert Fournier) et Pierre Nepveu (*L'écologie du réel. Mort et naissance de la littérature québécoise contemporaine*, Montréal, Boréal, 1988) semble maintenant faire consensus parmi les chercheurs.

[3] Pierre Halen, *op. cit.*, p. 63.

[4] Robert Berrouët-Oriol et Robert Fournier, « L'émergence des écritures migrantes et métisses », *Quebec Studies*, n° 14, printemps/été 1992, p. 17 (souligné dans le texte).

Négovan Rajic, né à Belgrade en 1923, ne commence sa carrière d'écrivain que bien longtemps après avoir quitté clandestinement son pays d'origine en 1946. Après une vingtaine d'années passées en France, il émigre au Québec en 1969 où il publie son premier récit, *Les hommes-taupes,* aux Éditions Pierre Tisseyre, lequel remporte le prix Esso du Cercle du livre de France en 1978. Ses titres suivants paraissent également chez des éditeurs québécois : *Propos d'un vieux radoteur* en 1982 et *Sept roses pour une boulangère* en 1987 chez le même éditeur, puis le recueil de nouvelles *Service pénitentiaire national* aux Éditions du Beffroi en 1988. Il n'y a que son dernier roman, *Vers l'autre rive – adieu Belgrade*, qui paraît chez L'Âge d'homme, maison d'édition suisse assurant une large diffusion européenne et spécialisée dans la promotion de la littérature de l'espace ex-yougoslave auprès du public francophone. Avec ces quatre premiers titres publiés, dont la diffusion en France est restée très restreinte avant la nouvelle édition du récit *Les hommes-taupes,* parue aux Éditions de l'Aube en 1992, Rajic peut être considéré comme un écrivain québécois. Son dernier roman le situe, en revanche, dans un contexte éditorial tout autre, assurant non seulement une diffusion francophone européenne mais établissant aussi un lien direct avec la zone d'origine. Les traductions en serbe ne se firent pas attendre : en 1989 paraît la première traduction des *Hommes-taupes,* à Toronto, dans l'édition de l'Académie nationale serbe[5]; en 1993, le *Service pénitentiaire national,* dans la traduction de Ljiljana Matic[6], qui traduisit également

---

[5] *Ljudi-Krtice*, prevod Zivojin Zivojnic, predgovor Alexis Klimov, Srpska narodna akademija, Toronto, 1989.

[6] Nous voudrions exprimer ici notre profonde reconnaissance à Madame Matic pour ses précieux conseils et les renseignement fournis au sujet de ses traductions.

Vers l'autre rive en 2002 pour les éditeurs serbes[7]. En juin 1988, Rajic obtenait la reconnaissance dans son pays d'origine en devenant membre d'honneur de l'Association des écrivains de Serbie.

Outre le contexte éditorial, le critère générique doit être pris en considération pour opérer une classification de l'opus rajicien, d'autant plus que Rajic semble choisir lui-même les indications paratextuelles de ses œuvres. Ainsi *Vers l'autre rive* est un « roman », les *Propos d'un vieux radoteur* et le *Service pénitentiaire national* sont des recueils de « nouvelles », alors que *Les hommes-taupes* et *Sept roses pour une boulangère* sont qualifiés avec souplesse de « récits ». Pour les besoins de notre analyse, cette classification s'avère, en revanche, peu pertinente. Nous insisterons plus volontiers sur une distinction d'ordre thématique entre les œuvres relevant du régime du « fantastique » et la prose narrative avec une note autobiographique plus ou moins prononcée. Cette dernière, qui semble rattacher l'œuvre de Rajic à la littérature de l'exil, se caractérise curieusement par une absence apparente de rapport à l'« ici », souligné par Pierre Nepveu comme un des éléments-clés de l'écriture migrante[8]. Ce positionnement identitaire par rapport au pays d'accueil et au pays quitté, semble d'ailleurs légitimer l'épithète « migrant » dans le cas de Rajic, suivant l'opposition écriture migrante/écriture métisse proposée par Berrouët-Orriol et Fournier[9]. En effet, « le pays d'accueil » de Rajic n'apparaît qu'une seule fois

---

[7] *Nacionalna robijaska sluzba – novele*, prevela Ljiljana Matic, Svetovi, Novi Sad 1993, *Ka Drugoj obali – Zbogom, Beograde – roman*, prevela Ljiljana Matic, Prosveta, Beograd, 2002.
[8] Pierre Nepveu, « Écritures migrantes », *L'écologie du réel. Mort et naissance de la littérature québécoise contemporaine*, Montréal, Boréal, coll. « Compact », 1999 [1988], p. 197-220.
[9] Robert Berrouët-Oriol et Robert Fournier, *op. cit.*, p. 12-13.

dans ses écrits, et d'une façon très élusive[10]. Cela n'implique pas en revanche une attitude dysphorique, d'autant plus que la grande partie de l'œuvre rajicienne se place sous le signe de la dénonciation. Une autre particularité de l'écriture rajicienne est le fait que le classement thématique tenté plus haut se révèle également peu étanche. En réalité, les œuvres fantastiques et les œuvres autobiographiques présentent des liens subtils et complexes qui assurent la cohérence globale interne de sa création fictionnelle, ce que nous démontrerons dans les pages qui suivent.

L'un des traits qui semble traverser les deux catégories d'ouvrages est lié à l'utilisation spécifique des expressions imagées, puisées dans les ressources de la langue maternelle de l'écrivain et versées en français dans une traduction littérale, à la place d'un équivalent sémantique ou fonctionnel. Il s'agit plus précisément de comparaisons figées dont chaque sociolecte possède un répertoire identifiable et limité. L'équipe de sémiologues connue sous le nom de « groupe mu » remarque à propos de ce type de constructions que

> ce genre de cliché consiste le plus souvent en des expressions à valeur intensive, superlative, hyperbolique, expressions qui fonctionnent comme des unités sémantiques [...] en réalité, il n'y a pas figure sémique puisqu'il n'y a pas infraction au code lexical[11].

Par contre, une fois transportées en dehors de leur sociolecte d'origine, les (pseudo-)comparaisons en question peuvent

---

[10] « Quant à moi, voilà déjà quatre décennies que j'ai quitté le pays pour vivre à l'autre bout du monde dans *une* ville tranquille au bord d'*un* grand fleuve qui me rappelle le Danube », « Le 22 juin 1941 », *Service pénitentiaire national*, Montréal, Éditions du Beffroi, 1988, p. 157.
[11] Groupe mu, *Rhétorique générale*, Paris, Seuil, 1971, p. 113.

acquérir des valeurs figuratives très originales. Ainsi, dans *Les hommes-taupes*, nous trouvons la comparaison : « l'homme est empêtré dans ses souvenirs comme le poulet dans la filasse[12] », variation explicite sur la comparaison figée du sociolecte serbo-croate « *zaplesti se kao pile u kucine* » signifiant « s'empêtrer, s'enliser dans les explications, les mensonges, perdre contenance, perdre le fil[13] ». Dans *Sept roses pour une boulangère*, récit racontant les années d'exil de l'écrivain à Paris, qui correspond peut-être le mieux au profil de l'œuvre migrante, Rajic semble forcer ce procédé en modifiant la forme originale d'une comparaison figée du sociolecte serbe pour la rendre plus « exotique » : « Ce n'était peut-être pas un hasard si l'on disait, dans son pays natal, que l'âme d'un homme bon pouvait être aussi douce que la mie du pain[14]. » En réalité, l'expression serbe est un équivalent parfait de la comparaison figée française « être bon comme du pain blanc », évitée, sans doute délibérément par la « surconscience linguistique » de Rajic en vue de la création des effets dépaysants – ce qui semblerait conforter l'hypothèse émise par Pierre Halen. Le caractère unilatéral de ce procédé rend cette couche stylistique intraduisible dans sa langue d'origine, en indiquant clairement un destinataire francophone visé.

D'autres aspects de l'écriture présentent des différences sensibles selon leur appartenance générique : nous nous

---

[12] Négovan Rajic, *Les hommes-taupes*, Marseille, Éditions de l'Aube, coll. « Regards croisés », 1993 [1978], p. 104.
[13] De même, dans la nouvelle « Les treize » (*Service pénitentiaire national*, p. 60), Rajic parle de « ce pays perdu auquel *les dieux eux-mêmes ont tourné le dos* », variation explicite à l'expression serbe « *Bogu iza leca* », équivalente de la locution figée française « au diable vauvert ».
[14] Négovan Rajic, *Sept roses pour une boulangère*, Montréal, Éditions Pierre Tisseyre, 1987, p. 33.

pencherons sur quelques-uns qui semblent révélateurs quant au destinataire de l'œuvre, tel qu'il est esquissé par les stratégies d'écriture utilisées. Les transferts culturels se heurtent à de nombreuses difficultés dans le cas des écrits dont l'action est située dans le pays d'origine de l'écrivain migrant. Ces difficultés résultent en règle générale de ce que l'on pourrait désigner comme le « différentiel des sociolectes ». Ainsi, les sonorités des noms propres de personnages peuvent sembler rebutantes à un lecteur francophone, de sorte qu'elles deviennent difficiles à retenir. De même, le bagage culturel du lecteur du pays de l'exil peut rendre difficile l'implantation du décor et la mise en perspective de l'action. Dans l'œuvre de Rajic, nous pouvons distinguer plusieurs récits ou épisodes qui ont pour cadre Belgrade ou la ville d'Uzice. Analysés suivant le critère de l'utilisation des noms propres, ces écrits présentent une évolution sensible en fonction de leur appartenance générique. Si les textes fantastiques témoignent de l'utilisation des techniques consacrées par Franz Kafka – l'emploi des initiales : « Yvon B. », « Jérôme B. » ou la désignation des personnages par des lexèmes neutres dénotant souvent un trait saillant, comme par exemple leur appartenance professionnelle : « le commissaire », « le médecin-chef », « le sous-locataire » – les textes au caractère biographique sacrifient, à cet égard, à l'esthétique romanesque traditionnelle et dotent les personnages d'un prénom, donné dans la plupart des cas sans patronyme. Les résonances non francophones des noms propres sont évitées par la technique des « équivalents onomastiques » caractéristiques de l'écriture de Rajic : ainsi « Gavrilo » devient « Gabriel », « Jevrem », « Ephrem », « Vasilije », « Basil », et ce procédé s'applique jusqu'aux surnoms et aux hypocoristiques : « Beli » devient « Blanchot » et « Joca Zec », « Jeannot Lapin ». En règle générale, il n'y a que les prénoms sans équivalent direct qui gardent leur forme originale : « Milenko, Bosko, Dusan ». Les traces de ce travail d'écrivain restent visibles à la surface du texte, dans un passage curieux de *Vers l'autre rive*. Ainsi, un personnage féminin est d'abord désigné par son nom propre : « À Jagodina, je faisais assidûment la cour à Zora N., la fille d'un riche commerçant ». Dès le paragraphe suivant, elle est désignée par son équivalent onomastique français qu'elle portera jusqu'à la fin de cet épisode : « Avant de recevoir l'ordre de partir au front, j'avais convenu avec Aurore de nous retrouver dans une gloriette, propriété de sa famille[15] ». Ce processus de « francisation » des noms propres est en réalité réversible, et facilite une réception double par la traduction étant donné que les prénoms et les surnoms peuvent aisément retrouver leur forme originale dans les traductions. De même, Rajic semble assez réticent quant à l'introduction des néologismes pour combler les insuffisances de la langue française devant les réalités n'existant pas dans le sociolecte français. Celles-ci sont dénotées soit à l'aide des paraphrases, (ainsi : « les petits bâtonnets de la viande grillée, roulés dans l'oignon finement haché » évite les sonorités bizarres de « *cevapcici* ») ou bien suivis d'une extension appositive explicative : « OZNA, la police secrète », « *burek*, une pâte feuilletée farcie de viande[16] ». Ce dernier procédé, trait récurrent de tous les types d'écriture interculturelle, nous fait comprendre qu'un transfert culturel a eu lieu, signalant ainsi le public francophone visé.

L'analyse de la topographie de Belgrade à travers les œuvres de Rajic fait preuve de stratégies d'écriture encore plus ingénieuses. La prise en compte du facteur générique et de la chronologie de la rédaction des différentes œuvres nous

---

[15] Négovan Rajic, *Vers l'autre rive – adieu Belgrade*, Lausanne, L'Âge d'homme, coll. « Contemporains », 2000, p. 63-64.
[16] Les paraphrases et les extensions explicatives disparaissent bien sûr facilement dans les traductions serbes.

permet d'esquisser une évolution assez sensible. Si la topographie de la ville non nommée du récit *Les hommes-taupes* est peu précise et toute symbolique – *le parc de la Justice Géométrique*, avenue de la *Grande Vertu*, place de *l'Intransigeance*, dans « Trois rêves », longue nouvelle fantastique du recueil *Propos d'un vieux radoteur* (1982), dont l'ambiance rappelle souvent Kafka et Boulgakov –, il est déjà possible de reconnaître les contours de la topographie belgradoise derrière des appellations allégoriques telles que « place de la Bascule », « le grand hôtel des deux tours », ou « le parc des Canonniers ». À partir de cet exemple, nous pouvons observer le procédé analogue à celui de la francisation des noms propres : à la place d'une transcription phonétique, Rajic puise dans l'étymologie du toponyme pour donner une version française. Dans « topciderski park » il se sert de la racine turque « tobji » qui signifie « canonnier », alors que « Terazije » est remplacé par son équivalent linguistique « bascule », ou bien il forge un toponyme à l'aide d'un trait saillant : « le grand hôtel des deux tours ». Les deux techniques produisent le même effet : cette francisation de la topographie référentielle à l'aide des lexèmes courants confère à l'écriture un degré de généralité beaucoup plus élevé, en la dotant parfois des connotations symboliques qui transforment facilement l'espace référentiel en un espace symbolique ou allégorique, sans rester méconnaissable pourtant à un destinataire yougoslave. Le régime fictif change quant aux écrits qui affichent une dimension autobiographique, ce que nous révèle un examen des deux nouvelles du *Service pénitentiaire national*, et du roman *Vers l'autre rive*. Dans le texte de la nouvelle « Le 22 juin 1941 », qui relate un souvenir du début de la Deuxième Guerre mondiale, nous retrouvons plusieurs exemples de la technique d'écriture déjà relevée : « L'île de Guerre », « la rue du Dragon », mais également un bon nombre de toponymes donnés comme de simples transcriptions phonétiques : « rue Galsworthy », « rue Brankova ». La même stratégie est gardée dans le roman, qui a pour décor principal le Belgrade après l'Occupation : ainsi nous y trouvons « l'église de l'Assomption » (*uspenska crkva*), « le Marché-au-Foin » (*Senjak*), « l'île des Gitans » (*Ada ciganlija*), « rue Grande-mère griotte » (*Baba-Visnjina ulica*), non sans quelques incohérences, révélant sans doute un souci de précision référentielle plus prononcée. Ainsi, la « rue Élie » de la nouvelle devient rue « Ilija », la ville de Zemun désignée par son appellation française ancienne « Zemlin » garde son nom serbe, et la « place de la Bascule » retrouve son appellation originale de « place Terazija ».

Un toponyme qui traverse l'œuvre rajicien, de la nouvelle fantastique « Trois rêves », à travers les nouvelles autobiographiques « Une soirée d'hiver » et « Le 22 juin 1941 » jusqu'au dernier roman, est très caractéristique de la poétique de l'auteur : « l'avenue du Prince-Analphabète ». Sous cette appellation allégorique, un lecteur yougoslave reconnaît la rue du prince Milos (Obrenovic), qui gouverna la Serbie de 1815 à 1839 et de 1858 à 1860, figure historique connue par son despotisme et son pragmatisme, mais également par un manque absolu de formation – ce qui explique son incompréhension pour le travail du grand réformateur de langue serbe, Vuk Stefanovic Karadzic. *Vers l'autre rive* contient une scène qui rend cette allusion historique explicite :

> Devant le bâtiment de la Faculté technique passaient les tramways et au coin du Parc des Étudiants, le vieux Vuk Karadzic, coulé en bronze, restait impassible. Comment aurait-il jugé mon geste s'il n'avait pas été mort depuis plus de quatre-vingts ans, cet homme, qui de pâtre autodidacte, était devenu, à force d'intelligence et de volonté, le réformateur de la langue serbe? [...] M'aurait-il grondé paternellement ou m'aurait-il approuvé, lui qui

jadis avait tenu tête au Prince Analphabète, préférant rester pauvre et libre que soumis à la volonté d'un despote? Maintenant muet, mendiant de l'éternité avec sa jambe estropiée et ses yeux tournés vers le ciel, il ne cessait d'implorer la pitié pour son peuple asservi[17].

Cet exemple jette une lumière toute neuve sur les motivations des choix d'appellations dans le processus d'allégorisation de l'espace référentiel, parsemé de métaphores obsédantes de l'imaginaire rajicien. Cette allégorisation contamine même la dimension qui assure le plus de cohérence interne à l'œuvre de Rajic, soit la dimension historique des écrits autobiographiques.

Même sur ce plan-là, qui semble plus intimement lié à la dimension référentielle, l'opposition avec les récits fantastiques est loin d'être absolue. Les métaphores récurrentes introduites dans le tout premier récit de Rajic, *Les hommes-taupes*, pour dénoncer les systèmes totalitaires, réapparaissent régulièrement à travers son œuvre, jusqu'au dernier roman, rédigé vingt ans plus tard : la symbiose sociale entre les « hommes-taupes » et les « hommes à mâchoire forte », ainsi que l'ordre social idéal de « la justice géométrique » dévoué à la « Grande Idée ». En revanche, le passage du régime fantastique au régime autobiographique permet d'esquisser une évolution sensible : « Le Maître incomparable » des *Hommes-taupes,* devient dans les « Trois rêves » « Le Grand moi » dont tous les citoyens doivent avaler la lettre sans se soucier du contenu, pour devenir enfin le « Grand Serrurier » dans *Vers l'autre rive*. D'un espace fantastique et fantasmagorique dépourvu de tout repère temporel ou spatial des premiers récits, on bascule, avec *Vers l'autre rive,* dans un espace référentiel, cadencé par une chronologie précise bien régulière, permettant de situer la

---

[17] *Ibid.*, p. 98.

trame narrative principale entre août 1945 et juillet 1946. Le symbolisme universel des récits fantastiques semble s'appauvrir pour devenir une allégorie, dans laquelle chacune des allusions historiques appelle une clé bien précise. Ainsi, à titre d'exemple, le maréchal Josip Broz Tito est désigné sur un registre ironique comme le « grand serrurier » faisant référence à son parcours professionnel, relayé par d'autres allusions qui se multiplient en ne laissant pas trop de soupçon sur l'identité de ce personnage. Relatant son unique rencontre avec lui, Rajic précise qu'il criait « avec un accent étranger, aux soldats qui l'accompagnaient : 'Dépêchez-vous, camarades, dépêchez-vous'! », avant de conclure :

> Ironie du sort, l'ancien *Feldwebel* d'un empire germanique fuyait devant une expédition punitive allemande. Je l'ai appris plus tard en lisant sa biographie. Si à ce moment je l'avais su, j'aurais pu dire comme Hegel en 1812 regardant Napoléon passer par Iéna : « J'avais vu l'Histoire en marche »[18].

Même si l'allégorie peut sembler parfois délibérément transparente pour un destinataire yougoslave, cette technique d'écriture, tout en ancrant le récit dans un contexte référentiel précis, permet de mettre en évidence certains traits généraux des systèmes totalitaires : les origines roturières affichées des dirigeants, l'obéissance aveugle à une idéologie sans assises théoriques stables, sujette à toutes sortes d'interprétations, ainsi que l'attitude intransigeante vis-à-vis ceux qui refusent d'y adhérer. C'est précisément cette idée maîtresse de la dénonciation des systèmes totalitaires qui semble assurer une cohérence interne spécifique à l'œuvre de Rajic. En réalité, les articulations internes sont repérables à plus d'un niveau : 1) sur le plan des réseaux isotopiques de « métaphores obsédantes » traversant l'ensemble de l'œuvre. Outre la

---

[18] *Ibid.*, p. 178.

constellation dont Rajic se sert pour désigner le système totalitaire, déjà relevée, Ljiljana Matic y distingue aussi le labyrinthe, dont les variations sont la taupinière, la fourmilière, des couloirs interminables, l'élément fluide symbolisant la pensée libre[19]; 2) par la présence des visions oniriques dans les deux ensembles d'œuvres puisant souvent dans la même thématique, comme le scindement de l'auteur-narrateur; 3) sur le plan intertextuel par exemple, l'épisode de la création du parc de la *Justice Géométrique* – raconté d'abord dans le récit fantastique *Les hommes-taupes* – parle d'une « action bénévole d'embellissement de notre cité » à laquelle prennent part des milliers de jeunes « volontaires » qui détruisent eux-mêmes la moitié de l'étendue aménagée en célébrant l'événement. La même histoire est reprise sur un registre réaliste dans *Adieu Belgrade,* où Rajic parle d'une action volontaire organisée à la faculté à l'occasion de la Fête du travail en 1946, dont le but était la réfection d'une pelouse, piétinée quelques semaines plus tard lors du passage du défilé solennel. Cela mène le narrateur, qui ne voulait se porter volontaire, à expliciter la valeur symbolique qu'il attachait à cet événement :

> [...] je ne pus m'empêcher de regarder avec un malin plaisir la pelouse piétinée. Elle symbolisait, en quelque sorte cette vaine agitation et ces énormes énergies gaspillées en travaux absurdes. Reposez en paix, vertes brindilles, vous qui n'avez joui du soleil du printemps que l'espace de quelques jours, mais soyez-en assurées, votre mort ne sera pas vaine. Elle m'avait donné une grande leçon sur la bêtise humaine, plus vaste que l'infini mathématique. Et vous, chers camarades, qui avez gaspillé tant d'énergie de votre ardente jeunesse à bêcher,

---

[19] Ljiljana Matic, « Négovan Rajic : *Vers l'autre rive* », *Ponts et lignes de démarcation*, Beograd, Prosveta, , 1998, p. 200.

à ratisser et à semer pour rien, sachez qu'aujourd'hui encore, je perçois vos chants à la gloire de la Grande Idée comme de lugubres mélopées[20].

Cet exemple nous permet d'observer les différentes étapes du travail de l'écrivain : l'expérience vécue acquiert à travers le processus de la cristallisation une valeur symbolique qui se prête facilement à l'écriture allégorique et/ou symbolique en conférant à celle-ci sa dimension universelle. Ce mélange curieux du vécu et de l'imaginaire qui donne lieu à une contamination de l'espace réel par le fantastique et le fantasmagorique et vice versa, semble tout à fait voulu, si l'on s'en tient au discours de Rajic intitulé « Littérature et exil », prononcé lors de son élection à l'Association des écrivains de Serbie :

> Il nous semble aussi que l'homme ne peut pas vivre sans la transcendance et que vouloir la remplacer par une rationalité à outrance revient paradoxalement à ériger le monde matériel en une nouvelle transcendance. Cela ne peut qu'aboutir à une grande confusion des esprits et à l'apparition du surréalisme réel. Cependant l'acceptation de la transcendance n'implique pas que la littérature doive se détacher du réel. Le plus grand spécialiste de la faim dans le monde ne sait rien sur la faim s'il n'a jamais souffert de la faim[21].

Une poétique semblable cantonne l'écriture de Rajic dans le domaine du « réalisme fantasmatique », suivant la formule d'Ivan Dimic[22]. Elle range l'auteur parmi les écrivains dont « la mémoire du pays d'origine est elle-même

---

[20] Négovan Rajic, *Vers l'autre rive*, p. 96.
[21] Négovan Rajic : « Littérature et exil », *Beffroi, Revue philosophique et littéraire*, n° 8, avril 1989, p. 84.
[22] Ivan Dimic : « Negovan Rajic – Nostalgija kao naizmenicnost fikcije i fantazma », *Filoloski Pregled*, XXV, 1998, n° 1, p. 65.

presque fictive, puisqu'ils l'ont quitté encore jeunes[23] » distingués par Pierre Nepveu. En même temps, cela éloigne son œuvre fantastique des écritures allégoriques migrantes postmodernes analysées par Nepveu, pour le situer plutôt du côté des allégories modernes comme celles de George Orwell ou de Kafka.

À l'issue de cet examen de l'écriture migrante de Négovan Rajic, il est possible de formuler quelques conclusions quant au destinataire visé de son œuvre. Si certains aspects de l'écriture rajicienne, comme l'emploi des périphrases évitant les néologismes ou l'utilisation particulière des locutions figées de sa langue maternelle, désignent Rajic comme un auteur d'expression française écrivant pour un public francophone, d'autre, en revanche, témoignent d'un caractère double devant lequel les catégories de Halen se montrent trop rigides et étroites. La technique des équivalents onomastiques et topographiques relève, en réalité, d'un processus de traduction sociolinguistique, parfaitement réversible, qui se prête facilement, de ce fait, à une double réception, tout en exploitant le potentiel allégorique et symbolique des appellations déguisées. On peut ainsi avancer que l'écriture migrante de Rajic[24], qui affiche à la fois « les marques identitaires » selon la formule de Halen et les symboles d'une portée universelle, se prête à deux types de lecture en fonction du champ littéraire de sa réception : une lecture symbolique et une lecture allégorique, sans que les deux types d'interprétation s'excluent mutuellement. En réalité, il nous semble que c'est précisément cette oscillation constante et subtile entre le symbole et l'allégorie qui rend le destinataire de Rajic

---

[23] Pierre Nepveu, *op. cit.*, p. 199.
[24] Mentionnons que l'écriture de Rajic est sous-tendue par des liens multiples assurant la cohérence globale de l'œuvre.

« migrant » lui-même, en conférant à son écriture ce degré d'universalité qui a valu à l'auteur cette double reconnaissance que les champs littéraires québécois et serbe lui ont accordée.

Le témoignage différé de l'Histoire. L'exemple d'Angela Comnène

Chantal Ringuet
Université du Québec à Montréal

De tous les textes littéraires qui s'inscrivent dans le cadre de l'immigration littéraire au Québec et en Amérique du Nord, peu de témoignages de l'histoire européenne ont retenu l'attention des théoriciens et des historiens de la littérature jusqu'à présent. S'il est vrai que les auteur(e)s ayant émigrés sur le continent nord-américain au XXe siècle ont eu tendance à privilégier la fiction, quelques-uns ont néanmoins choisi de rendre compte d'une expérience personnelle ancrée dans une réalité collective à caractère historique. C'est entre autres le cas d'Angela Comnène[1], auteure d'origine roumaine dont le texte *Liberté reconquise à la nage sur le bleu Danube et une nouvelle vie aux Amériques* (1991) constitue l'un des rares témoignages littéraires de l'histoire roumaine contemporaine écrit en français en Amérique du Nord[2]. Marqué par la constitution

---

[1] Angela Comnène, de son vrai nom Angéla Sava-Goiu, est née en Roumanie en 1918. Après avoir émigré en France, puis au Brésil en 1956, elle est venue vivre au Québec vers 1966, pour finalement s'établir à Ottawa. Romancière, essayiste et professeure d'histoire de l'art, sa production littéraire, de 1968 à 1992, comprend huit ouvrages, dont *Liberté reconquise à la nage sur le bleu Danube et une nouvelle vie aux Amériques*.

[2] Il existe plusieurs témoignages connus de l'histoire roumaine contemporaine, comme ceux de la Résistance dans les années 1950, publiés à compte d'auteur ou par des associations telles l'Association des anciens détenus politiques de Roumanie, l'Institut national pour l'étude du totalitarisme, la Fondation de l'Académie civique, etc. À ce sujet, voir l'ouvrage de Georges Diener, *L'autre communisme en Roumanie*.

d'un nouveau régime démocratique en Roumanie, ce texte peu connu rapporte les bouleversements qui ont eu lieu à Bucarest durant les années 1950. En fait, Comnène transpose dans son œuvre un pan de l'histoire complexe d'un état de l'Europe centre-orientale, comme l'ont fait d'autres écrivaines émigrées au Québec, telles Alice Parizeau[3], Elena Botchorichvili[4] et Tecia Werbowski[5]. S'inscrivant à la fois dans une optique historique et fictionnelle, ce texte est le lieu d'un questionnement soutenu à propos des limites de l'Histoire en tant que témoignage différé. Dans cet article, nous analyserons le dédoublement du témoignage chez Comnène, à partir de la posture énonciative soutenue par l'auteure.

Genre répandu depuis les dernières décennies, moment où de nombreux survivants de la Deuxième Guerre mondiale ont commencé à rendre compte de leur expérience de la guerre ou des camps de concentration, le témoignage de l'histoire pose des enjeux précis en littérature. Au confluent des genres fictionnel et autobiographique, il fait référence à des temporalités et des espaces distincts attribuant deux statuts à l'énonciateur, soit celui de témoin et celui d'auteur. Chez Angela Comnène, ce genre présente des innovations formelles et sémantiques déterminantes : d'abord, *Liberté*

Résistance populaire et maquis 1945-1965, Paris, L'Harmattan, 2001, en particulier le chapitre III, « La résistance », p. 57-190. S'ajoute à ces titres *Journal de guerre. Un diplomate suisse à Bucarest (1939-1945)* de René de Weck, publié aux Éditions de la Société d'histoire Suisse romande (édition critique établie par Simon Roth) en 2001.

[3] Voir à ce sujet Alice Parizeau, *Les lilas fleurissent à Varsovie,* Montréal, Cercle du Livre de France, 1981.

[4] Voir Elena Botchorichvili, *Le tiroir au papillon,* Montréal, Boréal, 1999.

[5] Le lecteur pourra consulter les ouvrages suivants de Tecia Werbowski : *Zegota. The Rescue of Jews in Wartime Poland,* en coll. avec Irene Tomaszewski, Montréal, Price-Patterson, 1994; *Prague, hier et toujours,* Montréal, Les Allusifs, 2001.

reconquise à la nage sur le bleu Danube et une nouvelle vie aux Amériques jette un pan de lumière sur la Roumanie des années 1950 ; ensuite, ce texte renvoie de manière indirecte à l'histoire de l'auteure; enfin, il est illustré de photographies montrant des objets, des lieux et des espaces symboliques faisant référence à la culture roumaine. Par ailleurs, ce texte suscite des interrogations à propos du témoignage différé de l'Histoire et des possibilités qu'il recouvre quant au fait de rendre compte des événements décisifs de cette dernière, tout en départageant la réalité de la fiction.

Spécificités du témoignage de l'Histoire

Afin de bien cerner les spécificités du témoignage de l'histoire chez Comnène, il importe de présenter ce genre, et d'en relever les caractéristiques principales. Mentionnons d'emblée que pour plusieurs auteurs du XXe siècle, produire un témoignage de l'Histoire s'est imposé pour rendre compte d'une expérience déterminante, souvent traumatique. Les grands bouleversements que sont les guerres, massacres, régimes politiques oppressifs, chutes des idéologies, ont servi de motif d'écriture principal, à la fois lié à des contingences historiques et, plus fondamentalement, à l'horreur même. Les effets ravageurs de cette horreur partagée et indicible sont repérables dans l'énonciation de certains « témoins[6] » qui, assumant la rupture entre un « avant » et un « après » de

---

[6] Sur la notion de témoin postérieure à la *Shoah*, voir l'ouvrage d'Annette Wieviorka, *L'ère du témoin,* Paris, Plon, 1998. Le lecteur pourra également consulter la théorie du témoin élaborée par Giorgio Agamben dans *Ce qui reste d'Auschwitz,* Paris, Kimé, 2001 et sa critique par Philippe Mesnard et Claudine Kahan, *Giorgio Agamben à l'épreuve d'Auschwitz,* Paris, Kimé, 2001. Sur le problème de la disparition des témoins, voir le livre de Régine Robin, *La mémoire saturée,* Paris, Stock, 2003.

l'événement, transforment cet indicible par la mise en acte de la parole et du regard, réprésentés sous des modalités spécifiques. Tout en se rapportant à des réalités socio-politiques et à des événements historiques précis, l'« avant » et l'« après » relèvent chaque fois de faits microscopiques, de paroles inédites et d'actes insaisissables appartenant à l'histoire individuelle – et à ses multiples extensions, à savoir l'histoire familiale, l'histoire amoureuse, etc. –; bref, toutes formes d'histoires qui déclinent l'histoire personnelle dans son rapport à autrui.

Ainsi le témoignage de l'Histoire, sous ses diverses formes, se fonde sur la mise à l'épreuve d'un sujet humain happé par un événement bouleversant qui l'engage, comme les autres membres de sa communauté, dans une rencontre avec la mort, le désastre, l'horreur. L'« indicible[7] » et l'« irréparable[8] » sont des termes qui qualifient le réel pour les survivants, que chacun nomme à sa manière[9]. Or, le

---

[7] « L'œuvre de Primo Levi nous montre on ne peut plus nettement qu'avec la *Shoah,* dans l'acte d'écriture du témoignage, il s'agit de faire place à l'indicible », souligne Jean-François Chiantaretto dans « Témoigner : montrer l'irréparable », dans Pierre Ouellet *et al.* [éd.] *Identités narratives. Mémoires et perception*, Québec, Presses de l'Université Laval, 2002, coll. « Intercultures », p. 175-188.

[8] Associant l'« irréparable » à la *Shoah*, Jean-François Chiantaretto définit ce terme de la manière suvante : « L'irréparable, c'est-à-dire le fait que la mort sans témoin, collective et industrialisée, de millions de personnes pour le seul fait d'être né, marque une rupture sans retour dans le cours de l'histoire et ne puisse faire l'objet d'aucune réparation. » (Jean-François Chiantaretto, *op. cit.,* p. 179.)

[9] Les récits des témoins ayant survécu aux camps de concentration est exemplaire à cet égard. Par exemple, Jorge Semprun parle de « la sensation, en tout cas, soudaine, très forte, de ne pas avoir échappé à la mort, mais de l'avoir traversée. D'avoir été, plutôt, traversé par elle. De l'avoir vécue, en quelque sorte. D'en être revenu comme on revient d'un voyage qui vous a transformé : transfiguré, peut-être » (Jorge Semprun, *L'écriture ou la vie*, Paris, Folio, 1994, p. 27).

témoignage requiert une mise à distance vis-à-vis de la réalité pour que le survivant s'affirme auteur(e). À entendre : pour que le sujet de l'expérience devienne, de survivant à témoin, celui ou celle qui assumera la charge d'une énonciation issue de l'événement; pour qu'un passage du réel au symbolique se réalise et produise du sens recevable dans la culture, tout en étant supporté par l'imaginaire. L'énonciation, on l'aura compris, est ici une donnée capitale qui autorise un nouveau souffle de vie, un nouveau sursis aux rescapés, voire davantage : elle leur donne un nom dans l'Histoire, un statut symbolique d'auteur s'érigeant par-delà les affres de l'agonie des « survivants », des « rescapés » qui savent, à leur manière, ce qu'il en est du non-sens – ou de la chute du sens – de l'expérience humaine.

Sur le plan littéraire, ce genre présente des critères déterminés. Une première caractéristique renvoie aux frontières poreuses entre le témoignage et le récit. Comme le témoin rapporte des événements historiques à partir de sa propre vision, ce genre accorde une large place au « je » de l'énonciation. Pour parler du récit, Walter Benjamin fait remarquer, avec justesse, qu'il s'appuie sur la possibilité « d'échanger des expériences[10] », tout en appelant une situation d'interlocution. Une deuxième caractéristique se rapporte à sa définition. Oscillant entre la réalité et la fiction, il englobe la question de la véracité des faits et celle de la vérité historique – vérité propre à l'Histoire et au sujet de l'Histoire à la fois. Or, du point de vue historique, la définition du témoignage pose également problème. Comme le rapporte Danièle Voldman :

> le témoignage en histoire est sollicité pour des faits (événements, ensemble d'événements, impressions,

---

[10] Walter Benjamin, «Le narrateur», *Poésie et révolution*, vol. 2, Paris, Denoël, coll. «Dossiers des lettres nouvelles», 1971, p. 149-150.

éléments biographiques) en général anciens. C'est une parole de maintenant sur ce qui est advenu avant. Il s'agit donc d'une mémoire, d'une présence du passé. Or, l'histoire n'est pas, ou pas seulement, présence du passé mais aussi, surtout, sens du passé[11].

Une troisième caractéristique du témoignage se définit par la mise en scène de deux temps précis, celui du vécu et celui du témoignage lui-même. Le premier renvoie au silence, et le second, à la parole. À ces temps divergents s'ajoutent des espaces sociaux distincts : selon Jean-François Chiantaretto, « [l]e témoignage suppose, dans son projet intrinsèque, une continuité minimale entre passé et présent, entre l'espace social de l'événement témoigné et l'espace social de l'inscription du témoignage[12]. »

Ce propos sur le témoignage de l'Histoire permet d'en saisir la spécificité du point de vue littéraire. À l'origine, il comprend une énonciation fortement ancrée dans un présent complexe qui offre une relecture du passé qui se projette dans un avenir, tout autant qu'une énonciation où le sujet de l'expérience – le témoin – se dévoile. La prise de parole, issue de l'ici-maintenant, révèle le sens du passé en histoire et en littérature à la fois, mais ce qui distingue la perspective littéraire est le travail esthétique qui organise le sens en question selon des modalités d'énonciation singulières.

Tout en affichant certaines caractéristiques génériques énoncées précédemment, le texte d'Angela Comnène présente des modalités énonciatives qui rompent avec ces critères. Si l'écriture de l'Histoire comporte des enjeux liés

---

[11] Danièle Voldman, *Le témoignage dans l'histoire française du temps présent,* http ://www.ihtp.cnrs.fr/dossier_htp/htp_DV.html, 2001, p. 2 (décembre 2003).
[12] Jean-François Chiantaretto, *op. cit.,* p. 185.

tant à la réalité historique qu'à la fiction, la définition du témoignage pose problème, ici encore, puisque l'histoire personnelle de l'auteure est reléguée à l'arrière-plan de celle d'autrui. D'emblée, en effet, le texte repose sur une posture énonciative distanciée : la mise en retrait de l'auteure, qui rapporte le témoignage de ses amis, est explicitement évoquée. Comnène raconte le parcours de Raoul et Alina, qui « ont attendu quarante ans [...] pour faire état de leur histoire parce que, actuellement seulement, la Roumanie est de nouveau un pays démocratique et on peut librement écrire et exprimer ses opinions sur n'importe quel sujet[13]. » Cette mise en retrait de soi, qui s'impose tout au long du texte, produit un détournement de la subjectivité auctoriale, par le recours simultané à l'objectivation et à la fictionnalisation. D'une part, l'évacuation de la subjectivité se réalise au profit de la réalité historique, grâce à un discours objectif vis-à-vis des faits de l'histoire roumaine; d'autre part, elle fait place au récit héroïque, par l'exposition des aventures quasi spectaculaires des protagonistes. En ce sens, la posture de l'auteure dédouble la question du témoignage dès le départ, de sorte qu'il se présente à la fois en tant que récit et témoignage différé.

Le récit héroïque : la subversion du témoignage?

En premier lieu, ce dédoublement se manifeste à travers l'espace fictionnel, centré sur le récit héroïque des témoins. La reconstruction d'un péril exilique, de la Roumanie au Brésil, compose la trame littéraire. Divisé en quatorze courts chapitres, le texte rend compte de la difficile situation de la Roumanie pendant les années 1950[14], à travers l'histoire d'un jeune couple formé d'un ingénieur de Bucarest et d'une

---

[13] Angela Comnène, *op. cit.*, p. 11.
[14] Dans le premier chapitre, l'auteure a le souci de dresser un portrait rapide de la Roumanie avant les années 1950 en guise d'introduction.

diplômée de la faculté de droit de Iasi. Le caractère héroïque du récit s'affirme dans la dialectique victoire / déroute : les protagonistes font face à des épreuves quasi infranchissables, qu'ils réussissent chaque fois à surmonter. Bien que la victoire soit le pôle favorisé du récit, la déroute s'impose toutefois dans l'ensemble du texte.

Que l'héroïsme imprime sa marque au récit, cela est perceptible dans la structure du texte, en progression constante de l'emprise à la liberté. Donnée typique du récit héroïque en général, cette progression implique une série d'épreuves qui mettent en péril la vie des protagonistes et / ou de leurs proches. Parmi les principales épreuves, mentionnons le procès de « sabotage » intenté contre Alina par un colonel de l'armée roumaine[15], qui se solde par une forte somme à payer, acquittée par Raoul[16]; la séparation temporaire du couple qui, de plus en plus menacé, formule un projet de mariage; le départ brutal de Raoul et Alina de Bucarest[17]; les recherches de travail infructueuses d'Alina, qui s'ouvrent sur des emplois mal payés en raison de son « origine 'malsaine' de non prolétaire[18] »; la persécution de Raoul dans l'usine où il était auparavant co-propriétaire; et la séparation de plus en plus marquée du couple, qui demeure pourtant sous le même toit[19]. À ces premières épreuves, correspondent des réussites qui procurent aux personnages le statut d'acteurs principaux sur la scène sociale. Le mariage

---

[15] Angela Comnène, *op. cit.,* p. 22.
[16] *Ibid,* p. 25.
[17] Ce départ survient au moment où Raoul, ayant appris que l'arrestation des anciens propriétaires terriens était imminente, se dirige vers Alina, qui habite avec sa mère et sa tante. Celles-ci refusent de quitter la maison seigneuriale, mais prient Raoul et Alina de fuir. Elles sont finalement expulsées, alors que le couple a la vie sauve.
[18] Angela Comnène, *op. cit.*, p. 41.
[19] *Ibid.*, p. 41-42.

du couple, la naissance de leur fille, la réussite de leur échappée du pays, puis leur émigration au Brésil, sont des événements qui participent de l'héroïsme des personnages. La conjugaison des épreuves aux réussites crée une logique narrative qui structure l'ensemble du texte.

En deuxième lieu, la gradation en question se reflète dans les titres des chapitres. D'un côté, « L'emprise de l'Est[20] », « Saccage et vandalisme[21] », « L'enfer[22]... » et « Tâche irréalisable, oh non[23]! » évoquent le contexte pénible dans lequel les protagonistes se trouvent. De l'autre, « La lueur au bout du tunnel[24] », « Le tunnel enfin franchi[25] », « Liberté réapprise[26] » et « Adieu Rideau de Fer[27] » font référence à la liberté qu'ils cherchent à conquérir. L'ensemble des titres symbolise le passage décisif qu'effectuent les personnages, du statut initial de témoins passifs, au statut final de survivants victorieux, grâce à la traversée du « tunnel » en question. Tout en structurant la fiction, cette progression insiste sur l'aspect inouï de leur victoire, de telle sorte que le caractère tragique de la réalité roumaine est amplifié.

Le septième chapitre, « Tâche irréalisable, oh non![28] », représente un exemple déterminant du caractère héroïque propre au cadre fictionnel. Le passage graduel de l'emprise à la liberté atteint son paroxysme dans un événement significatif où le temps, l'action et le lieu jouent un rôle

---

[20] *Ibid.*, p. 21-26.
[21] *Ibid.*, p. 33-36.
[22] *Ibid.*, p. 41-43.
[23] *Ibid.*, p. 45-50.
[24] *Ibid.*, p. 37-39.
[25] *Ibid.*, p. 51-54.
[26] *Ibid.*, p. 59-62.
[27] *Ibid.*, p. 63-65.
[28] *Ibid.*, p. 45-50.

fondamental. D'abord, le temps entraîne des risques graves; ensuite, l'action est une « tâche irréalisable », comme l'indique le titre du chapitre; enfin, le lieu est légendaire. C'est, en effet, au moment où la vie devient « de plus en plus insupportable et dangereuse[29] » que les protagonistes organisent « la fuite de la famille de l'enfer staliniste[30] », en entreprenant la traversée du Danube en une seule nuit, ce dernier étant décrit comme « le fleuve tutélaire qui a participé [aux] grands faits historiques[31] » de l'Europe centre-orientale. Cette épreuve marque un tournant dans le récit : elle opère un renversement définitif chez les protagonistes, qui ne sont plus des témoins, mais des héros. La fin du texte confirme cette assertion :

> Épaule contre épaule, main dans la main, dans une parfaite communion de sentiments, Raoul et Alina réalisent qu'ils sont au début d'une nouvelle vie, que la série des années d'incertitude et de perpétuel danger est terminée, qu'ils sont dans un pays libre, qu'ils sont arrivés au seuil d'une nouvelle existence basée sur leur travail et sur le profond sentiment qui les unit [...]. Décidément, le Brésil les accueille les bras grand ouverts et promet à Raoul et Alina une bonne et heureuse existence pour l'avenir[32].

À l'opposition radicale entre l'emprise et la liberté, correspond ainsi le mouvement dialectique chute de la nation / victoire du couple, ou, comme nous l'avons énoncé ailleurs, l'articulation « rupture collective / union singulière dans la

---

[29] *Ibid.*, p. 42.
[30] *Ibid.*, p. 42.
[31] *Ibid.*, p. 15.
[32] *Ibid.*, p. 72-73.

fiction[33] ». La construction du récit héroïque confère une dimension supplémentaire au témoignage, puisque la fiction produit une esthétique dualiste, où les pôles de l'emprise et de la liberté organisent le récit de manière à écarter toute composante personnelle et intime propre au témoignage. En mythifiant le parcours des personnages, Comnène travestit l'histoire. L'entreprise testimoniale est ainsi camouflée derrière le déploiement d'une myriade d'événements qui tendent à liquider la réalité historique au profit de la victoire exacerbée des héros.

**Les documents du témoignage
et l'objectivation partielle de l'Histoire**

Le dédoublement du témoignage se reflète aussi dans l'espace objectif, axé sur les événements de l'histoire roumaine durant les années 1950. Ces événements sont représentés par deux types de documents : la référence directe à la réalité socio-politique troublée et le support photographique. D'abord, la référence directe à des événements découlant de l'effritement de la politique ancre l'histoire au cœur du texte, de manière à informer le lecteur des événements servant de motif au témoignage. La volonté d'objectivité qui en résulte met en relief les faits collectifs relatés, qui jettent une ombre sur les faits personnels vécus par Raoul et Alina. Cependant, l'objectivité est minée à plusieurs reprises par le point de vue de l'auteure :

> Partout ce ne sont que mouvements violents [dans la] rue avec coups de feu, main-mises sur les dépôts de la gendarmerie par la soi-disant masse ouvrière, l'occupation des immeubles officiels et l'expulsion des

---

[33] Voir à ce sujet notre article « Structurations particulières du temps et de l'espace chez quatre écrivaines d'origine est-européenne », *Globe, Revue internationale d'études québécoises*, vol. 6, n° 2, 2003, p. 51-72.

> dignitaires et fonctionnaires non-agréés par les bandes d'agitateurs communistes, et organisation de manifestations syndicales où les fonctionnaires et ouvriers sont encadrés par des éléments de sûreté communiste Sécuritate (gueules féroces, casquettes et jaquettes de cuir, brassards, révolvers, etc).
>
> Partout également surgissent les défilés avec banderoles, portraits de Marx, Engels, Lenine, Staline, et les répertoires de slogans en faveur des Russo-communistes et contre les « Impérialistes Occidentaux »[34].

Dans ce passage exprimant la gravité de la situation, consécutive à la montée des communistes à Bucarest, l'évacuation du style et de l'affect produit une impression d'objectivité qui permet d'exposer les faits directement au lecteur. De plus, cette objectivité atténue le décalage entre les deux temps constitutifs du témoignage, celui du silence devant les événements et celui de la prise de parole de l'après-coup. Néanmoins, l'entreprise consistant à introduire un espace objectif pour représenter l'histoire achoppe à quelques reprises, lorsque le point de vue de l'auteure traverse l'écriture, ce qui pervertit l'ordre du sens créé par l'exposition des faits historiques. Les traces de la subjectivité auctoriale apparaissent à travers des expressions telles « la soi-disant masse-ouvrière », « les bandes d'agitateurs communistes » et les « gueules féroces », qui dévoilent un parti pris. Il en ressort une ambiguïté relative au parti pris scripturaire de l'auteure, puisque d'un côté l'effacement du style et de l'affectivité produisent un retranchement subjectif devant les faits, et que de l'autre, les marques subjectives oblitèrent l'objectivité qui sert de cadre au témoignage.

---

[34] Angela Comnène, *op. cit.*, p. 28.

Ensuite, le matériel photographique permet d'appuyer le texte sur des images qui représentent des objets, des lieux et monuments renvoyant à l'histoire roumaine. En focalisant sur le patrimoine culturel, ces images captent les fragments d'une histoire collective ébranlée, de manière à renchérir la valeur de ce patrimoine. Or, l'absence quasi totale de figures humaines[35] produit, ici encore, un dépouillement subjectif au cœur du texte. Le manque de témoins sur les photographies relègue l'histoire de Raoul et Alina à l'arrière-plan de l'histoire collective, alors qu'elle est pourtant centrale dans le récit. Au retranchement de la subjectivité auctoriale dans le témoignage différé s'ajoute donc l'effacement des témoins dans le matériel photographique. Sans constituer de réelles archives, ces photographies jouent une fonction commémorative qui bloque l'accès à la représentation subjective. À titre d'exemple, les multiples photographies annexées au témoignage présentent les ruines romaines de la « Tabula traiana » à Cazane (Danube)[36]; le fauteuil-trône avec armoiries de la maison d'Alina et Raoul à Bucarest[37]; le Danube bleu[38], confluent de faits historiques majeurs, qui symbolisent la richesse culturelle, familiale et géographique de la Roumanie. À cela s'ajoute la statue du Christ de Rio de Janeiro[39], qui souligne la « rédemption » des personnages exilés au Brésil à la fin de leur périple. Ces images insistent sur la pérennité d'une mémoire collective qui est menacée par les sévices de la guerre et par les autres bouleversements socio-politiques ; la mémoire joue ici un rôle crucial, puisqu'elle produit plusieurs tableaux historiques qu'elle lie

---

[35] Outre la présence de quelques passants lointains devant un café à Bucarest, qui appartiennent au décor plutôt que de jouer un rôle significatif, aucun témoin n'apparaît sur ces photographies.
[36] Angela Comnène, *op. cit.*, p. 17.
[37] *Ibid*, p. 20.
[38] *Ibid*, p. 44.
[39] *Ibid*, p. 69.

entre eux. Pourtant, on y perçoit une idéalisation de la culture roumaine et de l'histoire des protagonistes à la fois, ce qui atteste un parti pris chez l'auteure. En somme, l'utilisation du support photographique, comme la référence directe à la réalité socio-politique troublée, révèlent le flottement caractéristique de la posture scripturaire de l'auteure, qui opte tantôt pour le récit fictionnel, tantôt pour le témoignage différé des faits. Chacun de ces documents tend, *a priori*, vers une objectivité maximale, mais les traces de l'auteure dans les extraits faisant directement référence à la réalité historique, tout comme l'absence des témoins dans le matériel photographique, posent un paradoxe relatif au parti pris scripturaire de Comnène, entre le témoignage différé et le récit héroïque.

Bien qu'il réponde à certains critères canoniques du témoignage, le texte d'Angela Comnène fait éclater les frontières entre les genres littéraires. Par les multiples trajectoires qu'il emprunte, ce témoignage est le lieu de questionnements soutenus à propos des limites du témoignage de l'Histoire. En raison de la mise en perspective de l'histoire roumaine et de l'expérience hautement romancée des témoins, qui se trouvent enrichies par des documents photographiques, le texte de Comnène s'inscrit dans une tendance récente qui traverse les littératures contemporaines. *Liberté reconquise à la nage sur le bleu Danube et une nouvelle vie aux Amériques* s'intègre ainsi de manière originale à l'écriture migrante au Québec. À l'instar d'autres textes issus de ce courant, qui abordent le rapport à l'histoire est-européenne en privilégiant la fiction ou l'essai – tels ceux de Sonia Kaleva Anguelova et Felicia Mihaly –, il se présente comme un témoignage différé où les fluctuations incessantes entre les dimensions testimoniale et fictive construisent une double posture scripturaire. D'un côté, la tentative d'objectiver le subjectif fige l'Histoire dans des énoncés et des images qui camouflent la vérité subjective et modifient la véracité des faits ; de l'autre, l'idée de mythifier les témoins dévalue la dimension testimoniale du texte. Malgré ce paradoxe, qui entraîne le travestissement de l'Histoire et la dissolution des sujets de l'Histoire, ce texte constitue un apport incontestable au genre, dans la mesure où il pose une question cruciale : à quelles conditions le témoignage différé, développé dans un cadre littéraire, est-il encore un témoignage de l'Histoire?

À la recherche d'un « entre-deux-langues ». La traduction identitaire chez Régine Robin

Cynthia Fortin
Université du Québec à Montréal (Québec)

Malgré l'intérêt avéré du milieu littéraire vis-à-vis de l'écriture migrante, peu de théoriciens se sont penchés sur la spécificité de l'écriture migrante au féminin. Dans les années 1990, Lucie Lequin et Christl Verduyn, entre autres, se sont intéressées à cette problématique et ont fait figure de précurseuses dans ce champ de recherche[1]. Or, leurs travaux, par ailleurs essentiels à l'étude de ce nouvel objet de recherche, restent synthétiques et se limitent à brosser les grands axes de cette écriture. De plus, de façon strictement quantitative, les études sur l'écriture migrante abondent alors que le champ de l'écriture migrante au féminin commence à peine à se développer.

---

[1] Voir, entre autres, Lucie Lequin, « Écrivaines migrantes et éthique », Anne de Vaucher Gravilli [éd.], *D'autres rêves. Les écritures migrantes au Québec*, Venise, Supernova, 2000, p. 113-141; Lucie Lequin, « À la croisée des chemins », Lucie Joubert [éd.], *Trajectoires au féminin dans la littérature québécoise (1960-1990)*, Québec, Nota bene, coll. « Littérature(s) », 2000, p. 107-118; Lucie Lequin, « D'exil et d'écriture », Gabrielle Pascal [éd.], *Le roman québécois au féminin (1980-1995)*, Montréal, Triptyque, 1995, p. 23-31; Christl Verduyn, « Pespectives critiques dans des productions littéraires migrantes au Québec et au Canada », Christl Verduyn [éd.], *Literary Pluralities*, Peterborough, Broadnew Press, 1998, p. 184-192; Christl Verduyn, « La voix féminine de l'altérité québécoise », Yolande Grisé et Robert Major [éd.], *Mélanges de littérature canadienne-française offerts à Réjean Robidoux*, Ottawa, Presses de l'Université d'Ottawa, 1992, p. 379-390.

Partageant avec leurs homologues masculins un intérêt marqué pour les thèmes du déracinement, de l'altérité et du décentrement, les écrivaines migrantes investissent cependant leurs écrits d'une strate sémantique additionnelle, attribuable à leur identité sexuelle. Plus précisément, le fait d'être femmes et migrantes teinte d'une couleur singulière leur pratique d'écriture et permet un niveau d'analyse supplémentaire. De fait, pour se ménager un espace dans le langage et la culture écrite, elles doivent d'abord briser le silence imposé par leur double marginalisation. En cela, les migrantes ne sont pas seulement mises à l'écart en raison de leur origine ethnique, mais, par surcroît, en raison de leur identité sexuelle. Ce double mouvement, que Tamara Palmer Seiler définit comme le « *double jeopardy*[2] », marque leur énonciation d'une inflexion distinctive, déterminée par des stratégies de prise de parole dont le but est de faire signifier la langue selon leur réalité propre.

Ces préoccupations quant à la recherche d'un langage spécifique rejoignent celles de Régine Robin, écrivaine québécoise d'origine française, née de parents juifs polonais, qui se demande : « Où trouver une place, un espace de langue, un intervalle, une langue entre?[3] » C'est en montrant comment Régine Robin tente de répondre à ces questions que nous analyserons la nouvelle « Gratok. Langue de vie et langue de mort », parue dans le recueil *L'immense fatigue des pierres*[4] publié en 1996. Cet article vise à montrer comment

---

[2] Voir à ce propos l'article de Tamara Palmer Seiler, « Including the Female Immigrant Story : A Comparative Look at Narrative Strategies », *Canadian Ethnic Studies*, vol. XXVIII, n° 1, 1996, p. 51-66.

[3] Régine Robin, *Le deuil de l'origine. Une langue en trop, la langue en moins*, Paris, Presses universitaires de Vincennes, coll. « L'imaginaire du texte », 1993, p. 8.

[4] Régine Robin, *L'immense fatigue des pierres*, Montréal, XYZ éditeur, coll. « Étoiles variables », 1996, 189 p.

Robin y construit un nouvel espace langagier hybride qui prendra la forme d'une langue inventée, celle de Gratok, pour ensuite se manifester par la traduction déplacée et réinventée du yiddish dans la langue française. Cet « entre-deux » constitue un lieu de passage entre les langues où la petite fille du récit, en allant au-delà de la double marginalisation, prendra enfin la parole en toute légitimité.

Cette prise de parole ne va pas de soi dans ce récit où l'on suit, dans le Paris de l'occupation nazie, une toute petite fille juive qui, pour échapper à la mort, doit se cacher avec sa mère dans un garage lugubre. D'abord enfant, puis adulte, elle est déchirée entre les langues. D'une part, son yiddish natal est mortifère puisque ses inflexions mènent aux dénonciations, à la disparition, voire à la mort : « [S]i dans la rue, on vous prend à parler le yiddish, on vous emmène[5]. » Le yiddish devient alors « une langue de mort, dangereuse[6] ». D'autre part, bien que la langue française apparaisse comme un symbole de liberté, c'est aussi une marque de trahison. La Deuxième Guerre mondiale ajoute aux contraintes de cette quête langagière et contribue à rendre les deux langues inadéquates. De fait, nous le verrons, elles n'offrent aucune prise à la construction de l'identité, si bien que la jeune protagoniste devra se ménager un espace interstitiel entre les langues, seul moyen d'échapper au silence et de faire entendre sa voix plurielle. Elle deviendra ainsi traductrice, puis écrivaine, afin de réconcilier ces deux langues entre lesquelles son appartenance identitaire et langagière est écartelée[7].

---

[5] *Ibid.*, p. 76.
[6] *Ibid.*, p. 77.
[7] Narré à la troisième personne, le récit ne mentionne jamais le nom de la petite fille, protagoniste de la nouvelle. Nous référerons donc à ce personnage en la nommant « la petite ».

Le yiddish, langue du silence

Dans un premier temps, le yiddish s'avère problématique pour la petite ainsi que pour sa mère, et ce, bien qu'il s'agisse de leur langue maternelle. Dans un contexte de double oppression – celle de l'occupation nazie où les deux Juives parlent une langue, le yiddish, qu'il faut impérativement taire et celle perpétrée par les autres Juifs du refuge où elles se cachent, qui redoutent de se voir découverts en raison du bruit que fait la petite –, la mère doit étouffer littéralement la voix de sa fille. L'étranglement de la voix par la mère[8] est particulièrement patent dans cet extrait :

> Mais [la petite] était sujette aux bronchites. Elle se mettait à tousser. Difficile de tousser « en-dedans ». Sa mère lui mettait la main sur la bouche pour étouffer le bruit, même qu'une fois, elle faillit l'asphyxier tant elle avait appuyé fort, paniquée qu'elle était par la grogne des autres qui menaçaient de les mettre dehors si la petite continuait à faire du bruit[9].

Ce passage met en relief l'impossibilité non seulement de parler, mais de produire le moindre son. De fait, ce n'est plus seulement l'écho du yiddish qui peut s'avérer fatal, mais tout éclat de voix, pire, tout ce qui émane de la bouche. À cet égard, l'expression « tousser en-dedans » définit bien la nouvelle norme langagière pour ces femmes. Elles doivent

---

[8] Cet extrait fait écho à une constante de la littérature au féminin : la difficile relation entre mères et filles. Considérées au service du patriarcat, les mères apparaissent, dans bien des cas, incapables de transmettre à leurs filles une véritable « langue maternelle » et contribuent ainsi à les réduire au silence. Voir, entre autres, l'essai de Lori Saint-Martin, *Le nom de la mère. Mères, filles et écriture dans la littérature québécoise au féminin*, Québec, Nota bene, coll. « Essais critiques », 1999, 331 p.
[9] *Ibid.*, p. 72.

contenir leur voix, la retourner vers l'intérieur, la ravaler; en somme, la maintenir tout à fait muette pour l'extérieur. Ainsi, l'intimation à tousser « en-dedans » dénature cette action, qui, en étant dirigée vers l'intérieur, devient pour la petite une véritable suffocation de sa propre parole. Tousser vers l'intérieur, c'est s'étouffer soi-même, réprimer sa voix et l'empêcher d'être entendue. Alors que tousser pourrait faire référence à l'action de s'éclaircir la voix avant de parler, dans la nouvelle de Robin, il s'agit, au contraire, d'anéantir toute énonciation. La voix de la petite, irrecevable et frappée d'inanité dans ce contexte, doit impérativement être refoulée, et elle est contrainte à demeurer au-dedans. La langue maternelle est ainsi devenue une véritable « langue de mort », comme en témoigne le titre de la nouvelle, et est tant et si bien imprégnée de l'horreur qu'elle « sentait [même] le gaz et la fumée[10] » : une langue, comme la décrit Lise Gauvin, « désappropriée, faite d'empreintes, de meurtrissures et de cicatrices[11]. »

De plus, historiquement discrédité par la Haskalah, mouvement des Lumières juives qui a cours aux XVIIIe et XIXe siècles et qui privilégie l'hébreu, le yiddish est longtemps considéré comme « un langage de pauvre, de déshérité, la marque du paria, de l'illégitimité », une véritable « non-langue », un « jargon[12] ». Cette langue dévalorisée constitue le stigmate de l'altérité et le propre des porteurs d'étoile, figures de l'*autre* par excellence, mais aussi, comme le rappelle Robin dans *L'amour du yiddish*, « [il] est la

---

[10] *Ibid.*, p. 78.
[11] Lise Gauvin, « L'écriture entre les langues », Anna Pia de Luca, Jean-Paul Dufiet et Allessandra Ferraro [éd.], *Palinsesti culturali, gli apporti delle immigrazioni alla letteratura del Canada*, Udine, Forum, 1999, p. 74.
[12] Régine Robin, *L'amour du yiddish. Écriture juive et sentiment de la langue (1830-1930)*, Paris, les Éditions du Sorbier, 1984, p. 60.

langue du peuple, des pauvres, des femmes[13] ». La mère et la fille sont en effet privées de leurs voix et reléguées aux marges du langage. Le yiddish, symbole de judéité et symptôme de souffrance, apparaît donc douloureux, interdit et associé à l'horreur, au silence et à la mort. Il est refoulé par la petite et perd tout à fait son sens, si bien que lors du retour du père des camps de travail allemands après la Libération, « [i]l lui parla en yiddish. Elle ne le reconnut pas[14]. » La petite, en rejetant de la sorte sa langue et, par extension, son identité, se crée un rempart contre l'horreur qu'elle ne peut ni comprendre ni formuler. Les enjeux de la guerre se cristallisent dans la seule langue, ce yiddish qu'il a fallu d'abord taire, puis renier afin de survivre. Même après la guerre, « [e]lle sentait un malaise en face des trésors de cette langue. [...] Un jour, elle s'évanouit à la lecture d'une page [en yiddish] pourtant bien anodine d'un écrivain du XIXe siècle[15]. » Dans le contexte historique de cette nouvelle de Robin, le yiddish empêche d'aller au-delà des appartenances et des identités univoques et rigides, de transcender l'exclusion et la marginalité de la mère et de la fille. Au contraire, il enferme et condamne aux marges, à la périphérie, au silence et à la mort. Autant pour la mère que pour la fille, le yiddish isole et enferme dans l'histoire : c'est une langue qui ne peut plus dire autre chose que l'horreur de l'Holocauste, le silence et la peur; par conséquent, il devient intenable et indicible pour la protagoniste de la nouvelle.

Le français, langue de la liberté et de la trahison

Le français se présente à la petite comme une solution de rechange au yiddish : une langue de vie plutôt que de mort,

---

[13] *Ibid.* p. 60.
[14] Régine Robin, *L'immense fatigue des pierres*, p. 77.
[15] *Ibid.*, p. 78.

celle qui symbolise « la liberté et le jeu[16] ». La petite apprend ce français libérateur aux côtés de Juliette, à qui sa mère la confie durant le jour. Avec avidité et urgence, pénétrée du sentiment qu'il s'agit d'une question vitale, la petite arrive à maîtriser la nouvelle langue et à perdre son accent d'Europe centrale qui menaçait à tout moment de la trahir. Elle n'aspire désormais qu'à parler français, cette langue avec laquelle il fait bon rire et faire du bruit : « Tu sais [dit-elle à Juliette], quand je serai grande, je parlerai français comme toi. [...] Je parlerai français, pas le yiddish[17] ». Il apparaît alors que la conciliation des langues est impossible, car le yiddish et le français sont envisagés dans une logique d'opposition où ils ne peuvent se côtoyer.

Une seconde identité s'offre à la petite par le truchement de cette nouvelle langue. D'ailleurs, en raison de son très jeune âge, elle est la seule du garage à ne pas porter l'étoile et, par conséquent, à ne pas être contrainte à une identité univoque. Il est encore temps pour elle de *devenir* française. Ce potentiel de transformation identitaire résonne donc à travers de nombreuses visites au théâtre, où Juliette joue et chante. Juliette, la petite et son ourson Gratok – groupe que le texte qualifie de « troupe[18] », comme celle du théâtre – passent leurs journées aux « Folies Bergères », « au guignol des Buttes-Chaumont » ou encore au « célèbre Caf Conc », où se succèdent sur scène « des jongleurs, des magiciens puis des chanteurs[19] ». Aux yeux de la petite, le français, à l'instar du monde de la comédie propre à Juliette, évoque une réalité diamétralement opposée à celle de sa mère, du garage et du yiddish. Alors que le yiddish enferme, le français devient le

---

[16] Lise Gauvin, *op. cit.*, p. 74.
[17] Régine Robin, *L'immense fatigue des pierres*, p. 76.
[18] *Ibid.*, p. 74.
[19] *Ibid.*, p. 74.

signe d'une identité qui peut être modelée, façonnée au gré du comédien. Il est le symbole d'un monde où tout est possible, magique, en mouvement car sans cesse renouvelé, un monde où elle n'est plus cette Juive obligée de se taire, de se cacher et d'échapper tous les jours aux rafles et aux dénonciations, mais où elle peut tenir le rôle d'une petite Française qui a le loisir de parler autant qu'il lui plaît. Rapidement « [e]lle prit même la gouaille des titis parisiens et au bout de quelques semaines, on l'aurait cru originaire de Belleville[20]. » Le français permet donc à la petite de tenir un autre rôle, de s'arroger une identité de rechange qui la libère des contraintes de son identité marginale. Le monde du théâtre permet à la petite de mettre son identité *en jeu*, de véritablement *jouer* sa vie.

La maîtrise du français ouvre donc la voie à une nouvelle vie où la petite peut être, à l'image de Juliette, « rieuse et tonique[21] ». En effet, avec Juliette, et grâce au français, « on riait, on s'amusait, on chantait[22] », modes d'expression désormais impossibles en yiddish. Le français, adopté afin de contourner les interdits qui frappent sa voix, lui assure en quelque sorte une alternative au silence, une issue de secours. Elle se ménage, avec cette langue de remplacement, une voie d'accès à la parole, ainsi qu'à une identité moins étouffante et libérée des entraves de l'altérité, comme l'illustre cet extrait :

> Ainsi, à Paris, il y avait deux vies, deux mondes qui ne se rencontraient que dans ces moments furtifs qui duraient une demi-seconde. Le monde de ceux qui portaient l'étoile, qui devaient se cacher, qui parlaient tout bas, qui parlaient yiddish, et le monde de ceux qui buvaient du champagne, qui allaient au Caf Conc, qui chantaient

---

[20] *Ibid.*, p. 74.
[21] *Ibid.*, p. 74.
[22] *Ibid.*, p. 75.

J'attendrai et qui allaient au guignol. Elle apprit à séparer les deux mondes, celui de la mort et celui de la vie[23].

Même après la guerre, la petite continue à mettre d'intenses efforts dans l'apprentissage du français, qui symbolise encore, pour elle, la libération du silence connoté par le yiddish :

> À l'école, elle était la première en français. Son livre préféré devint le *Petit Larousse illustré* […]. Elle restait des heures à feuilleter le dictionnaire, à rêvasser devant tel ou tel mot qui avait une étrange consonance ou qui lui rappelait quelque chose de Juliette[24].

Alors que les cours de yiddish auxquels ses parents l'inscrivent se font sous le signe du sérieux – « les déclinaisons, les conjugaisons, le double système de formation des mots […], les verbes irréguliers[25] » – et provoquent un malaise profond, le français, quant à lui, évoque toujours le plaisir et l'avènement d'une vie nouvelle et meilleure. Ainsi, « [e]lle, la petite, c'était à l'école de la République qu'elle était heureuse avec nos ancêtres les Gaulois, la belle forme hexagonale de la France, le *Tour de France de deux enfants* et ses poètes s'appelaient Lamartine et Musset[26] ». Dès lors, le français devient la seule langue d'avenir, la seule vivante et productive. Or, le français ne connote pas que la liberté, car il s'agit, en outre, de la langue de la trahison et de la collaboration. Trahison de l'identité, car la petite, en ne souhaitant vivre qu'en français, rejette en quelque sorte sa culture et sa langue d'origine. Le yiddish ne concerne plus que ces « livres et [c]es articles que ses parents

---

[23] *Ibid.*, p. 75.
[24] *Ibid.*, p. 77.
[25] *Ibid.*, p. 78.
[26] *Ibid.*, p. 78.

lui cachaient[27] » mais dont elle connaît le contenu : les horreurs du régime nazi et Auschwitz. Le yiddish est relégué au fond de la mémoire comme une tache honteuse qu'il faut oublier, si bien que longtemps après cette époque, la petite devenue grande est incapable de se reconnaître sur des photographies prises alors : « [q]uelque chose de ses traits lui reste totalement étranger[28] ». Ne pas *reconnaître*, dans cet extrait, renvoie au désir de nier, de ne pas assumer un passé encore problématique. Trahison, également, de la nation, pour Juliette qui collabore ouvertement avec les Nazis. En effet, elle fréquente et reçoit régulièrement chez elle des officiers allemands. La petite devenue grande se demande par ailleurs si Juliette a fini tondue sur la place publique, sort réservé aux femmes collaboratrices soupçonnées d'avoir été amantes des Nazis. Ainsi, la connaissance nouvelle du français permet à la protagoniste de se forger une identité de rechange moins étouffante, bien qu'il s'agisse là d'une stratégie temporaire et lacunaire. S'il n'est que voie de détournement pour éviter le silence et la mort, le français ne peut, à long terme, se révéler apte à dire l'identité multiple de la petite. De cette façon, le français, quoique symbole de vie, est néanmoins une langue du simulacre, du mensonge, de même qu'un leurre qui ne saurait, pas plus que le yiddish, permettre l'émergence d'une identité valable.

La langue de Gratok, un entre-deux langagier

Ainsi déchirée entre une langue de mort et une langue de vie, toutes deux inadéquates pour dire la spécificité de son identité, la multiplicité des appartenances et la guerre, mais aussi pour transgresser les interdits et le silence, la petite invente une langue dont elle se sert pour raconter des

---

[27] *Ibid.*, p. 78.
[28] *Ibid.*, p. 78.

histoires à son ourson Gratok. L'origine de cette langue demeure par ailleurs incertaine. Langue fictive aux glossolalies étranges, insituable et instable, elle est impossible à fixer parce que déjà oubliée sitôt inventée :

> Mais dans quelle langue lui a-t-elle donc parlé durant si longtemps, tant d'heures et tant d'années. Ce ne pouvait être en français. Avant Juliette, elle ne connaissait que des bribes de cette langue, [...]. À coup sûr, ce n'était pas en yiddish, la langue dans laquelle il fallait se taire, et même tousser et éternuer « en dedans ». Elle avait dû inventer un langue pour elle et pour lui, des écholalies plaintives déchiffrables par eux seuls, les mettant à l'abri des adultes, et pensait-elle, des Allemands[29].

On peut dès lors postuler que cette langue est faite de la superposition de toutes celles avec lesquelles la petite a été mise en contact : le polonais des berceuses de sa mère, le yiddish – lui-même formé de racines hébraïques, germaniques et d'emprunts slaves[30] –, le français, ainsi que le russe, si l'on se fie à la consonance du nom de l'ourson[31]. Un des enjeux majeurs de cette langue imaginée, où convergent toutes les autres, est donc d'être enfin capable de coller à la

---

[29] *Ibid.*, p. 79.
[30] Le yiddish est caractérisé par la superposition de plusieurs langues et par ses emprunts divers et multiples aux autres langues avec lesquelles il a été en contact. Ainsi, le yiddish a souvent été taxé d'être une forme d'allemand corrompu auquel avait été ajoutés de nombreux mots hébreux pour en faire « une langue de mixture » (Wagenseil cité par Jean Baumgarten, *Introduction à la littérature yiddish ancienne*, Paris, Éditons du Cerf, coll. « Patrimoine juidaïque », 1993, p. 29), déviante à la fois de l'allemand et de l'hébreu.
[31] En cela, la langue de Gratok illustre le désir de Régine Robin de travailler sur la multiplicité, « de fondre dans une nouvelle langue les langues qui lui sont présentes ou passées... » (Clément Moisan et Renate Hildebrand, *Ces étrangers du dedans. Une histoire de l'écriture migrante au Québec (1937-1997)*, Québec, Nota bene, 2001, p. 259).

réalité de la petite, de combler un vide et de dire ce que les langues à sa disposition échouent à évoquer, c'est-à-dire les origines, la peur, la liberté, l'avenir. Il s'agit en somme, « d'une langue douce, dite à mi-voix avec laquelle on pouvait dire tout, absolument tout[32]. »

« La troisième langue, l'outre-langue, l'autre de la langue[33] » peut, dans cette optique, être qualifiée « d'interlangue ». L'interlangue, selon le concept développé par Régine Robin, se manifeste comme « un rapport de bordure, de frontière que l'énonciateur ou le narrateur, ou encore [...] que l'écrivain entretient avec sa langue maternelle et avec les autres langues ou registres sociaux qui constituent son univers langagier[34] ». À la lisière de toutes les langues, dans une sorte d'indéfinition qui met en relief sa labilité, émerge la langue interstitielle de Gratok, qui se glisse entre la mort et la vie pour actualiser une prise de parole sinon impossible. En posant cette interlangue comme médiatrice et unique énonciation vraie, Robin montre que seuls l'hétérogène et le plurivoque s'avèrent féconds pour la petite, qu'elle ne saurait s'enfermer dans une identité linguistique statique et fixe. En cela, la nouvelle illustre bien ce que Pierre l'Hérault observe à propos de Régine Robin, à savoir que « l'identité ne saurait être pensée [...] que dans l'hétérogénéité, la polysémie, l'équivoque, l'hybridité, le multiple. En d'autres mots : en dehors du régime de l'opposition simple qui rétablit l'homogène en excluant[35]. »

---

[32] Régine Robin, *L'immense fatigue des pierres*, p. 81.
[33] Lise Gauvin, *op. cit.*, p. 74.
[34] Régine Robin, *Le roman mémoriel. De l'histoire à l'écriture du hors-lieu*, Longueuil, Le Préambule, coll. « L'univers des discours », 1989, p. 171.
[35] Pierre L'Hérault, « Cartographie de l'hétérogène », Sherry Simon *et al.* [éd.], *Fictions de l'identitaire au Québec*, Montréal, XYZ éditeur, 1991, p. 67.

La langue de Gratok autorise une prise de parole salutaire. En effet, cette langue inventée devient un rempart érigé contre la guerre et contre le malaise à la fois langagier et identitaire qui écartèle la petite entre une identité natale sclérosante et une identité d'adoption impossible. Elle fonctionne selon une logique non pas d'opposition, mais d'inclusion, et réussit ainsi à concilier les langues. De plus, elle est tout à fait dégagée des limites du français et du danger du yiddish et peut, par conséquent, être entendue partout, au garage comme dans la rue. Elle permet en outre de fuir une réalité trop difficile à négocier et d'y substituer un monde imaginaire réconfortant qui immunise contre les déchirures identitaire et langagière. De fait, « [e]lle savait qu'elle appartenait aux deux [mondes, aux deux langues] et que sa vie avec Gratok, les histoires qu'elle lui racontait, c'était l'entre-deux, une façon d'échapper à cette coupure[36]. » Ainsi, la langue de Gratok se révèle une solution à l'impossibilité de langage en ce qu'elle permet non seulement la prise de parole, comme c'est le cas du français, mais une parole qui sache être le reflet de la véritable identité de la protagoniste. Il s'agit néanmoins d'une énonciation qui n'a de prise que dans l'imaginaire et qui, par conséquent, demeure en un circuit privé. L'unique destinataire est en effet l'ourson en peluche, disparu depuis, comme cette langue inventée pour lui. Élaborée dans l'urgence d'une situation extrême, la langue de Gratok demeure donc une tentative ponctuelle de faire sonner toutes les langues dans la même et de rendre compte de l'identité mouvante. Métissage des appartenances, cette langue se comprend comme un premier pas vers l'émergence d'une langue véritablement capable de dire l'identité hybride; elle préfigure certainement le travail langagier dans lequel la petite s'engagera devenue grande, c'est-à-dire dans la voie de la traduction réinventée.

---

[36] Régine Robin, *L'immense fatigue des pierres*, p. 75.

La traduction comme création d'un nouvel espace langagier

Si la langue inventée permet une avancée notable, faisant passer la voix de la petite d'aphone à plurielle, il faut attendre la fin de la guerre avant que le nouvel espace langagier ne bénéficie d'une portée élargie en sortant du domaine privé par le biais de la traduction de textes yiddish en français. Encore là, la conjugaison de ces deux langues s'avère problématique. La protagoniste les considère encore comme irréconciliables, l'une posée contre l'autre dans des cases séparées de la mémoire. En effet, envisager la traduction comme le passage nécessaire, quoique impossible, de tous les éléments d'une langue à une autre sans l'établissement de ponts entre les deux systèmes de pensée apparaît vite angoissant, et cause de la dyslexie chez la traductrice. Le yiddish devient, dans ce contexte, insaisissable. Son sens glisse, et la protagoniste ne parvient à reconnaître ni les mots ni les formes syntaxiques. Bref, traduire dans cette logique d'opposition binaire s'avère intenable. Poser « langue de mort contre langue de vie[37] » limite, contraint et empêche la mise en œuvre de la part de création du traducteur.

La traductrice ne supporte pas de « passer du royaume des morts à celui des vivants[38] », mouvement qu'impose la traduction du yiddish vers le français. Elle ne peut concevoir la façon de faire résonner « le silence, la nuit, la mort[39] » dans une langue à son sens bien vivante et dépourvue de ces connotations. Trop plein des horreurs de la guerre, le yiddish, au contact duquel « elle se retrouvait, à chaque virgule, à chaque paragraphe, sur la rampe de Birkenau[40] » finit par

---

[37] *Ibid.*, p. 80.
[38] *Ibid.*, p. 80.
[39] *Ibid.*, p. 80.
[40] *Ibid.*, p. 80.

l'étouffer et la forcer à mettre fin à cette confrontation des langues. La dichotomie yiddish/français, qu'elle avait réussi enfant à transcender avec la langue inventée de Gratok, éloigne désormais ces langues plus qu'elle ne les rapproche et empêche toute rencontre entre celles-ci.

La protagoniste décide alors de troquer le caractère rigide de la traduction pour l'écriture, pratique qui s'avère une façon *autre* de traduire, puisque la littérature est propre à transporter les langues les unes dans les autres[41]. Une telle conception de la traduction, qui passe désormais par la réécriture et qui s'applique à « essayer de faire sonner le yiddish en français, d'imiter sa prosodie, son rythme, sa propre respiration[42] » est apte, d'une part, à rendre compte de la multiplicité des langues, et d'autre part, à ménager une brèche dans un langage d'où la voix de la protagoniste s'élèvera librement. C'est cet espace que Susanne de Lotbinière-Harwood, dans son essai sur la traduction au féminin, identifie comme « un lieu de passage, l'espace-entre-deux-langues d'où le sujet traduisant parle[43]. »

Alors que la langue de Gratok constituait une interlangue, c'est-à-dire le pont entre deux langues difficilement réconciliables, la traduction réinventée rappelle plutôt l'outre-langue, qui sert justement à « évoquer une autre langue sans se prévaloir d'une entre-langue (ou interlangue)[44] », ce que fait la traductrice-écrivaine en tentant de faire paraître le yiddish à travers le français. Ainsi, dans

---

[41] Régine Robin, *Le deuil de l'origine*, p. 33.
[42] Régine Robin, *L'immense fatigue des pierres*, p. 80.
[43] Susanne de Lotbinière-Harwood, *Re-Belle et infidèle. La traduction comme pratique de réécriture au féminin*, Montréal, Éditions du remue-ménage, 1991, p. 26.
[44] Alexis Nouss et François Laplantine, *Métissages*, Paris, Pauvert, 2001, p. 470

l'optique où la traduction conventionnelle demeure impossible, c'est la traduction réinventée, où point l'outre-langue, qui prend le relais. En effet, elle « pèse sur l'exercice de la traduction comme traduction de l'intraduisible, traduction des limites de chaque langue[45] ».

Amalgamer les deux langues comme le fait désormais la protagoniste renvoie davantage à « un processus de négociation interlinguistique et interculturelle[46] », qu'à une confrontation des langues telle qu'engagée dans la première forme de traduction. En somme, « [p]ar la pratique de la traduction vraie (maintenir l'étrangeté de l'autre et non pas le rendre conforme), du côtoiement, du chatoiement, du frottement des langues, les textes minent l'appartenance simpliste, toute théorie de l'adéquation[47] ». Ce processus permet donc de créer des liens entre les deux langues, d'abolir les hiérarchies et les frontières relatives à chacune d'entre elles, de sorte qu'enfin elles se superposent, se confondent et se répondent.

La traduction ainsi envisagée débarrasse le yiddish du poids de l'horreur et l'investit plutôt d'un fort pouvoir créateur, comme le soulignait déjà Józef Kwaterko à propos de *La Québécoite* : « Dans cette perspective, où, pourrait-on dire, l'écriture de la perte joue à plein, le yiddish apparaît ultimement comme image d'une potentialité créatrice, d'un devenir littéraire plurilingue, espace post-moderne d'une

---

[45] *Ibid.*, p. 471.
[46] Sherry Simon, *Le trafic des langues. Traduction et culture dans la littérature québécoise*. Montréal, Boréal, 1994, p. 18.
[47] Régine Robin, « Langue-délire et langue-délit », *Discours social/Social discourse*, 1993, vol. 5, n° 3-4, p. 27.

traversée des langues[48].» Ce nouvel espace langagier, d'où peut s'opérer la transmission de la langue et de la culture, représente non seulement une voie de passage d'une langue à l'autre, mais aussi un lieu de pouvoir sur la langue et la parole, que les exclus – les Juifs, mais aussi les femmes, incarnées par la petite et sa mère – pourront investir pour faire valoir et faire entendre leur voix spécifique. Le yiddish n'apparaît plus comme la langue dans laquelle il faut se taire. Le processus de traduction à l'œuvre réhabilite non seulement le yiddish, mais il permet, symboliquement, l'expression des voix demeurées silencieuses auxquelles la traductrice mêle la sienne : celles des innombrables yiddishophones morts dont le souvenir est ainsi préservé du « silence, [de] l'oubli, [du] passé, ce passé poubelle et déchet de l'histoire, [de] l'amnésie[49].»

Alors que dans le récit, la principale préoccupation de la nouvelle écrivaine est de retrouver la langue de Gratok, son rythme et sa scansion, c'est l'écriture à la fois du yiddish et du français, cette traduction réinventée et féconde, qui lui permet de faire émerger une langue inédite, cet espace entre-deux-langues tant recherché. Pour Édouard Glissant, « le traducteur invente un langage nécessaire d'une langue à l'autre [...] un langage commun aux deux mais en quelque sorte imprévisible par rapport à chacune d'elles[50].» Ce vecteur nouveau lie les deux langues impliquées dans le processus de traduction et fait surgir de nouvelles formes, de nouveaux codes libérés du poids de l'histoire. Imprévisible, cette fusion s'inscrit dans ce que Robin nomme la « non-

---

[48] Józef Kwaterko, « Discours interculturel et imaginaire juif : *La Québécoite* de Régine Robin », *Le roman québécois et ses (inter)discours*, Józef Kwaterko [éd.], Québec, Nota bene, 1998, p. 188.
[49] Régine Robin, *L'immense fatigue des pierres*, p. 79.
[50] Édouard Glissant, *Introduction à une poétique du divers*, Montréal, Presses de l'Université de Montréal, 1995, p. 35.

coïncidence » et atteste de sa prédilection pour la mobilité linguistique et les identités éclatées. La traduction par l'écriture est donc envisagée comme « un art de la fugue d'une langue à l'autre, sans que la première s'efface et sans que la seconde renonce à se présenter[51]. » Aussi, cette forme de traduction permet d'agir sur le langage, d'en jouer, de le réinventer, tout en le soustrayant à l'hégémonie des formes normatives et dominantes. Chez Robin, la traduction relève donc d'une démarche où sont rejetées les certitudes et les appartenances simplistes, et privilégiés le déplacement et les interactions; en somme, le maintien de l'irrésolution.

Si l'invention d'une nouvelle langue permet à l'héroïne enfant de transgresser le silence et de dire la peur de la guerre et la multiplicité des langues, c'est la traduction, plus précisément son désir de faire résonner le yiddish dans le français, soit un travail où les mots « migrent », qui s'avère la stratégie apte à faire émerger un espace entre les langues et à faire entendre de multiples voix oubliées : celles des marginaux, les Juifs, mais surtout les femmes trop longtemps réduites au silence. Le métier de traductrice, tel qu'entendu ici, rend possible la réconciliation du yiddish et du français et, dès lors, l'abolition des hiérarchies langagières par la création de nouveaux rapports d'altérité et l'exercice d'un pouvoir créateur sur le langage. L'acte de traduire devient un rempart contre l'unicité et la fixité, et qui privilégie plutôt la multiplicité des langues, des voix, des rythmes et des images.

---

[51] *Ibid.*, p. 36.

L'IMMIGRATION LITTÉRAIRE
Sui Sin Far, Garcia, Farhoud, Parent, dramaturgie

Une voix parallèle de la fin du XIXe siècle au Québec : Sui Sin Far[1]

Daniel Chartier
Université du Québec à Montréal (Québec)

Le soir du 7 novembre 1895, « un certain nombre de jeunes gens[2] » sont réunis à l'initiative des écrivains Louvigny de Montigny et Jean Charbonneau dans la salle du Palais de Justice de Montréal, près du château de Ramezay où auront lieu leurs séances publiques quelques années plus tard; ils fondent, au cours de cette soirée, une académie qui prendra le nom d'École littéraire de Montréal. Lorsqu'ils se quittent et rentrent chez eux, dans les maisons cossues du Quartier latin, ils suivent le même trajet, de la rue Notre-Dame au carré Saint-Louis, qui leur permettra de raccompagner Émile Nelligan après la célèbre séance du 26 mai 1899 au cours de laquelle le poète, « l'œil enflammé, la voix sonore clama, comme l'écrit Jean Charbonneau, les strophes de la *Romance du vin*[3] ». Or, le soir du 7 novembre 1895, à quelques mètres seulement de là, une jeune fille frêle a quitté le bureau de sténographe qu'elle venait à peine d'ouvrir au coin de la rue Saint-Jacques et du boulevard Saint-Laurent, a remonté ce boulevard en

---

[1] Je remercie Cynthia Fortin pour son précieux travail d'assistanat de recherche pour ce projet, ainsi que Dominic Marcil. Une version préliminaire de cet article a été publiée dans la *Revue internationale d'études canadiennes International Journal of Canadian Studies*, n° 27, printemps 2003, p. 61-75.
[2] Jean Charbonneau, *L'École littéraire de Montréal*, Montréal, Éditions Albert Lévesque, 1935, p. 51.
[3] *Ibid.*

traversant ce qui deviendra au XXᵉ siècle le Quartier chinois[4], et a peut-être croisé les jeunes écrivains de l'École littéraire en marchant vers chez elle, dans le quartier populaire francophone de Hochelaga. Cette jeune fille, qui travaillait au journal *Montreal Star* depuis 1883 et qui publiait depuis 1888 des chroniques et de courts récits, quittera quelques années plus tard Montréal pour la Jamaïque, reviendra au pays, puis partira pour la côte ouest américaine avant de se réinstaller définitivement auprès de sa famille, à Montréal. Elle mourra peu de temps après, en 1914, et elle sera enterrée au cimetière du Mont-Royal, où elle repose toujours sous un curieux monument qui porte des caractères illisibles pour la majorité des Montréalais : des idéogrammes chinois. Ces derniers témoignent aujourd'hui encore de l'existence de cette étonnante femme, considérée comme la première écrivaine de fiction d'origine asiatique d'Amérique du Nord et pourtant totalement inconnue dans la vie littéraire du Québec[5]. Son

---

[4] Il existait déjà quelques immigrants chinois à Montréal pendant cette période, mais ils étaient très peu nombreux. Dans un curieux texte sur la communauté chinoise de Montréal, qui révèle l'existence d'une esclave dans la ville, Edith Eaton les évalue à trois cents hommes... et trois femmes seulement. « *There are quite a number of Chinese in Montreal. Mr. Chan Tung, who lives in the hotel on Lagauchetiere street, says there are three hundred.[...] Mrs. Wing Sing, Mrs. Sam Kee, and the little girl are the only Chinese females in Montreal.* » (« Girl Slave in Montreal », *Montreal Daily Witness*, 4 mai 1894, repris dans Amy Ling et Annette White-Parks [éd.], Mrs. Spring Fragrance *and Other Writings/Sui Sin Far*, Urbana et Chicago, University of Illinois Press, coll. « The Asian American Experience », 1995, p. 181-183.)

[5] Le Québec compte peu d'écrivains d'origine asiatique; seuls les plus contemporains ont écrit en français : la plus connue est la romancière Ying Chen (Shanghaï, 1961-). Il y a aussi le poète et essayiste Yong Chung (Japon, 1960-), son frère, le nouvelliste Ook Chung (Japon, 1963-), la romancière et journaliste Bach Mai (Ho Chi Minh Ville, 1953-), la romancière Aki Shimazaki (Japon, 1955-), l'écrivain pour la jeunesse, peintre et illustrateur, qui écrit en anglais et en mandarin, Song

existence et son œuvre, inscrites dans un régime constant et multiple de non-coïncidence, à l'image du parcours parallèle qui rendait sa rencontre avec les écrivains de l'époque impossible (par son sexe, sa langue, son origine ethnique et ses propos), constituent cependant un cas-limite qui nous permet de mesurer les possibilités historiques d'interprétation des œuvres des écrivains atypiques et les limites méthodologiques des concepts qui nous guident dans la rédaction de l'histoire littéraire ou de l'histoire de la vie littéraire.

Si l'émergence dans la littérature québécoise de ce que le poète québécois d'origine haïtienne Robert Berrouët-Oriol a nommé « les écritures migrantes[6] » a transformé les thématiques, les problématiques et la nature des œuvres littéraires lues et consacrées au Québec à partir de 1982[7], il faut toutefois attendre la fin des années 1990 pour que l'histoire littéraire prenne en considération ces changements structurels pour redéfinir son objet et s'ouvrir à des corpus jusque-là laissés dans l'ombre. Amorcé par les études féministes (Lucie Lequin, Maïr Verthuy et Christl Verduyn) qui tenaient enfin compte de l'apport des écrivaines émigrées à la constitution littéraire, ce virage a été en partie incorporé dans le projet collectif d'« Histoire de la vie littéraire au Québec[8] » à partir de 1991, puis de manière plus spécifique dans des études à caractère synthétique ou historique,

---

Nan Zhang (Shanghaï, 1942-), et le linguiste et enseignant Louis Armantier (Vinch, 1938-), toutefois né de parents d'origine française.

[6] Robert Berrouët-Oriol, « L'effet d'exil », *Vice versa*, n° 17, décembre 1986-janvier 1987, p. 20.

[7] Mentionnons notamment, parmi les plus importantes, *Gens du silence* (1982) de Marco Micone, *La Québécoite* (1983) de Régine Robin, *Les lettres chinoises* (1993) de Ying Chen, *Littoral* (1999) de Wajdi Mouawad et *Mille Eaux* (1999) d'Émile Ollivier.

[8] Maurice Lemire et Denis Saint-Jacques, *La vie littéraire au Québec* (tome I, 1991).

notamment celles de Simon Harel, Sherry Simon, Pierre Nepveu, Clément Moisan, Renate Hildebrand et moi-même[9]. Ce redéploiement historique permet aujourd'hui de considérer, dans la perspective élargie de la vie littéraire[10] au Québec, des corpus qui ne sont pas directement liés au développement de la littérature québécoise (de langue française), mais qui concernent tout de même directement la vie littéraire du Québec. Des écrivains de langue anglaise comme William Henry Drummond, Stephen Leacock et Neil Bissoondath, mais aussi des écrivains qui n'écrivent ni en français ni en anglais comme Hirsh Zvi Wolfsky, Négovan Rajic et Michele Pirone, ont été l'objet d'une attention nouvelle qui force à reconsidérer l'objet littéraire du Québec dans sa pluralité, et qui modifie également l'interprétation que l'on peut proposer de leurs œuvres.

À cet égard, l'œuvre d'Edith Eaton représente un cas typique de non-coïncidence et d'inscription parallèle dans la vie littéraire, qu'on a eu jusqu'à maintenant tendance à délaisser. Le fait qu'elle n'ait pas eu de liens avec les écrivains de son époque, qu'elle ait écrit en anglais, qu'elle ait des affinités plus marquées avec les instances éditoriales américaines que canadiennes, a tour à tour justifié son

---

[9] Notons Simon Harel, *Le voleur de parcours. Identité et cosmopolitisme dans la littérature québécoise contemporaine* (1989), Sherry Simon et al., *Fictions de l'identitaire au Québec* (1991), Pierre Nepveu, *L'écologie du réel. Mort et naissance de la littérature québécoise contemporaine* (1988); Clément Moisan et Renate Hildebrand, *Ces étrangers du dedans. Une histoire de l'écriture migrante au Québec, 1937-1997*, (2001) et Daniel Chartier, *Dictionnaire des écrivains émigrés au Québec, 1800-1999* (2003).

[10] On peut définir ce concept, dans le cas du Québec, comme « toute activité ou problématique liée à la littérature qui se déroule au Québec ou qui a une incidence sur la littérature telle qu'on la conçoit au Québec. » (Daniel Chartier, « Introduction », *Dictionnaire des écrivains émigrés au Québec, 1800-1999*, Québec, Nota bene, 2003, p. 7.)

absence dans l'historiographie du Québec. Pourtant, aujourd'hui, ces mêmes raisons constituent autant de sujets qui rendent son œuvre fascinante et permettent justement de poser la question du silence et de l'absence des écrivains atypiques dans la rédaction des histoires littéraires.

Aussi, ce croisement manqué avec les écrivains de son époque n'est que l'un des lieux de non-coïncidence qui marquent le parcours et l'œuvre d'Edith Eaton, qui choisit, à partir de 1896[11], d'écrire sous le pseudonyme chinois de « Sui Sin Far », un nom qui renvoie à la fois à son enfance et à sa volonté d'affirmer l'instabilité de son identité à travers des textes qui donneront une voix à ceux dont on parle, sans qu'on les entende. En période d'acerbe sinophobie[12], tant au Canada qu'aux États-Unis, l'auteure énonce un projet d'écriture qui se veut à la fois identitaire et dérangeant. Lorsqu'elle expose son intention de publier un livre, elle affirme sa volonté « d'implanter quelques pensées eurasiennes dans la littérature occidentale[13] ». Aussi, elle écrit avec ironie et défi en 1910, dans une nouvelle intitulée « La femme inférieure » (« The Inferior Woman ») : « Des

---

[11] « *The first use of her pseudonym, initially spelled Sui Seen Far, appeared around 1896 in her stories published in* Fly Leaf *and the* Lotus, *edited by her brother-in-law Walter Blackburn Harte.* » (Amy Ling, « Pioneers and Paradigms : The Eaton Sisters », *Between Worlds. Women Writers of Chinese Ancestry*, New York, Pergamme Press, 1990, p. 28.)

[12] Denise Helly mentionne que le racisme anti-asiatique à Montréal suit la migration d'Ouest en Est des travailleurs cantonnais arrivés pour la construction du transcontinental. L'idée de sinophobie gagne donc le Québec avant même l'arrivée des Chinois, qui restent peu nombreux avant le début du XXe siècle. Voir Denise Helly, « Le racisme anti-asiatique à Montréal », *Les Chinois à Montréal, 1877-1951*, Québec, Institut québécois de recherche sur la culture, 1987, p. 137-152.

[13] Traduction de « *the intention of publishing a book and planting a few Eurasian thoughts in Western literature* » (cité dans Amy Ling et Annette White-Parks [éd.], « Sui Sin Far, the Half Chinese Writer Tells of Her Career », p. 288.)

Américaines écrivent des livres sur les Chinois; pourquoi une Chinoise n'écrirait-elle pas des livres sur les Américains?[14] »

Sui Sin Far représente un cas exceptionnel dans la vie littéraire de la fin du XIXe siècle en Amérique du Nord et au Québec. Née d'une mère chinoise et d'un père anglais, immigrée à Montréal avec sa famille en 1872, elle a décidé d'assumer le caractère mouvant et instable de son identité, et les textes qu'elle a laissés se trouvent décalés par rapport à la position de son temps et rejoignent plutôt les œuvres postmodernes de l'écriture migrante de la fin du XXe siècle. Son discours revendique toutes les facettes de sa singularité et transforme sa prise de parole en un geste politique et esthétique divergeant. Immigrée, eurasienne, donc ni asiatique ni caucasienne, et victime des préjugés des uns comme des autres, célibataire sans enfant, professionnelle du journalisme dès l'âge de dix-huit ans, elle vit une enfance difficile entre un père artiste et ruiné et une mère de quatorze enfants. Bien qu'elle doive contribuer au revenu familial en vendant sur les trottoirs de la ville des lacets qu'elle tresse avec humilité, elle reste une jeune enfant qui craint les dangers de l'urbanité : « À de nombreux moments, j'ai eu peur de 'disparaître mystérieusement'[15] », écrit-elle. Elle comprend très tôt l'ambivalence de son métissage et, à dix ans, elle constate la solitude qu'elle engendre :

> Je ne peux me confier ni à mon père ni à ma mère. Ils ne pourraient me comprendre. Comment le pourraient-ils? Il est Anglais, elle est Chinoise. Je ne suis ni comme

---

[14] Traduction de « *The American woman writes books about the Chinese. Why not a Chinese woman write books about the Americans?* » (Sui Sin Far, « The Inferior Woman », Amy Ling et Annette White-Parks [éd.], p. 39.)
[15] Traduction de « *I come near to 'mysteriously disappering' many time* », (cité dans Amy Ling et Annette White-Parks [éd.], p. 222.)

l'un, ni comme l'autre, une étrangère à mes propres parents. « Qui sommes-nous donc? », ai-je demandé à mon frère. « Qu'importe », a-t-il répondu. Et cependant, cela avait toute son importance[16].

Cette précarité et cette prise de parole inattendue dans le discours du XIXe siècle se doublent d'une conscience du rôle de pionnière que lui fait jouer la société culturelle : première à forger le terme de « *Chinese American* », qui sous-tend la problématique de l'intégration et des dangers de la folklorisation, Sui Sin Far se confronte aussi à l'absence de modèle littéraire pour exprimer l'expérience du passage de la différence silencieuse vers l'énonciation de cette particularité. Elizabeth Ammons, l'une des premières à avoir étudié, avec Amy Ling et Annette White-Parks, l'œuvre et le personnage d'Edith Eaton (tous deux difficilement séparables), écrit à propos de l'auteure :

> Elle n'avait aucun modèle littéraire, aucune femme comme elle qui avait publié auparavant et qui puisse lui servir de guide [...]. Le fait que Sui Sin Far ait pu s'inventer – et créer sa propre voix – dans ce climat de racisme étouffé et systématique constitue l'une des grandes avancées de la littérature nord-américaine du tournant du siècle[17].

---

[16] Traduction de « *I do not confide in my father and mother. They would not understand. How could they? He is English, she is Chinese. I am different to both of them – a stranger, tho their own child. 'What are we?' I ask my brother. 'It does not matter, sissy', he responds. But it does.* » (Sui Sin Far, « Leaves from the Mental Portfolio of an Eurasian », *The Independent*, vol. 66, 21 janvier 1909, p. 128.)

[17] Traduction de « *She had no literaty models, no published female forebears like herself to guide and empower her, and she wrote at a time of intensified, virulent anti-Chinese sentiment in the United States. That Sui Sin Far invented herself – created her own voice – out of such deep silencing and systematic racist repression was one of the best triumphs of American literature at the turn of the century.* » (Elizabeth Ammons,

De plus, on peut difficilement étudier la contribution littéraire d'Edith Eaton sans évoquer celle de sa sœur Winnifred, tant leurs choix esthétiques, leurs succès et leurs postérités divergent[18]. En parlant des rapports entre sa sœur et elle pendant leur enfance, Edith Eaton écrit : « Mes parents me comparent avec elle. [...] Mon père me dit que je serai jamais plus que la moitié de ce qu'est ma mère ou de ce que sera ma sœur[19]. » Winnifred devient elle aussi écrivaine, mais plutôt que de revendiquer la part chinoise d'elle-même, elle choisit de s'inventer une biographie et une identité japonaises, sous le pseudonyme de Onoto Watanna[20], ce qui

---

« Audacious Words : Sui Sin Far's *Mrs. Spring Fragrance* », *Conflicting Stories : American Women Writers at the Turn into the Twentieth Century*, New York, Oxford Universtity Press, 1991, p. 105.)

[18] La critique d'aujourd'hui est sans équivoque en comparant les deux écrivaines. James Doyle écrit : « *There seems little doubt now, however, that Winnifred was the less capable writer of the two sisters. Although she was a fluent stylist while Edith's writting is ofter stiled and laborious, most of the novels of Onoto Watanna are too obviously dependent on predictable formulas of sentimental fiction, while the stories of Sui Sin Far, whatever their artistic limitations, are sincere efforts to explore important problems of ethnic and gender conflict.* » (James Doyle, « Sui Sin Far and Onoto Watanna : Two Early Chinese-Canadian Authors », *Canadian Literature/Littérature canadienne*, n° 140, printemps 1994, p. 57.)

[19] Traduction de « *My parents compare her with me. [...] My father tells me that I will never make half the woman that my mother is or that my sister will be.* », (Sui Sin Far, « Leaves from the Mental Portfolio of an Eurasian », p. 127.)

[20] Ce pseudonyme n'est que la pointe du iceberg de la mascarade. Comme le relate Amy Ling, « *inventing a Japanese-sounding name, Onoto Watanna, she also created an appropriate history, claiming Nagasaki as her birthplace and a Japanese noblewoman for her mother. For the frontispiece of her third novel,* The Wooing of Wistaria *(1902), Winnifred had herself photographed in a kimono with hair piled high in Japanese fashion, standing before a screen painted with wisteria and iris. Decorating the title page, identified as a 'Fac-simile of the author's*

la soustrait au racisme ambiant, la coiffe de l'auréole exotique, mais la sépare à jamais de sa sœur Edith. Ce travestissement lui permet toutefois d'atteindre la fortune : elle fréquente les milieux littéraires new-yorkais, rencontre Mark Twain[21], obtient des succès littéraires – elle publie une douzaine de romans, dont *A Japanese Nightingale*[22], vendu à plus de 200 000 exemplaires – et atteint même la gloire populaire sur Broadway et à Hollywood, où elle scénarise quelques films[23]. L'ironie du sort veut que ce soit Winnifred qui rédige la notice nécrologique de sa sœur, parue dans le *New York Times* en 1914 : elle transforme alors l'engagement d'Edith de manière à couvrir sa propre mystification. Elle y écrit que Sui Sin Far était la fille d'« une noble japonaise qui a été adoptée enfant par Sir Hugh Matheson[24] ». Hors de propos à son époque, dans son milieu, dans sa famille et dans

---

autograph in Japanese', is a reasonale imitation of cursive Japanese writing. » (Amy Ling, « Pioneers and Paradigms : The Eaton Sisters », p. 25.)
[21] « *In New York city, she moved in a distinguished circle including such luminaries as Edith Wharton, Anita Loos, Jean Webster, David Belasco, Mark Twain and Lew Wallace.* » (*Ibid.*, p. 29.)
[22] Onoto Watanna, *A Japanese Nightingale*, New York, London, Harper & Bros., 1901, 225 p.
[23] « *A Japanese Nightingale would sell 200,000 copies, be made into a Broadway play and silent film, and make her rich and famous.* » (Susan Schwarts, « Plucky writer's life was her best story », *The Gazette*, 3 décembre 2001, p. E-3.) Ce roman a été adapté sous forme de film muet en 1918 par George Fitzmauricel; voir http://us.imdb.com/Title?0009237.
[24] Traduction de « *a Japanese noblewoman who had been adopted by Sir Hught Matheson as a child* ». (Cité dans Annette White-Parks, *Sui Sin Far/Edith Maude Eaton. A Literary Biography*, Urbana et Chicago, University of Illinois Press, coll. « The Asian American Experience », 1995, p. 32.) Selon S. E. Solberg, « *The irony is that obituary manages to skirt any meaningful summary of Edith's life in favor of legitimizing family history for Winnifred [...].* » (S. E. Solberg, « Sui Sin Far/Edith Eaton : First Chinese-American Fictionist », *Melus*, 8, printemps 1981, p. 29.)

sa revendication d'une identité subtile, mais équivoque, Edith Eaton n'a pas connu la coïncidence littéraire de sa sœur qui a su produire, en masquant ce qu'elle était, une œuvre populaire dont on se souvient encore[25], quoiqu'on la considère aujourd'hui comme un travestissement. L'engagement de Sui Sin Far se joue plutôt sur l'idée de non-coïncidence, un vecteur reconnu à la fin du XXe siècle et légitimé dans l'organisation sociale et culturelle comme une valorisation de la différence. À un siècle de distance, c'est aujourd'hui elle, et non Winnifred, qui occupe l'intérêt littéraire.

Cette comparaison féconde entre les deux écrivaines, l'une définie comme opportuniste, avec une œuvre populaire et prévisible, quoique réussie et mettant en scène des couples mixtes composés d'une femme asiatique et d'un homme américain, et l'autre, symbole d'authenticité et de courage, qui n'a pu écrire que de courtes fictions, engagée à donner une voix à des personnages faibles et honnis de la société nord-américaine, au talent littéraire mitigé, oubliée de la critique pendant près d'un siècle, est l'un des axes contemporains de la réception de l'œuvre de Sui Sin Far. Si cette dernière a été ignorée par l'institution littéraire de sa mort au début des années 1990, elle a été récupérée depuis par le discours féministe américain, notamment par Elizabeth Ammons[26], S. E. Solberg[27], Annette White-Parks et

---

[25] *A Japanese Nightingale* vient d'être réédité avec *Madame Buttlefly* de John Luther Long dans une série de « textes orientalistes » (New Brunswick (New Jersey), Rutgers University Press, 2002).

[26] Notamment l'introduction à *Tricksterism in the turn-of-the-century American literature*, qu'elle signe conjointement avec Annette White-Parks (Hanover et Londres, University Press of New England, 1994, p. 1-20) et « Audacious Words : Sui Sin Far's *Mrs. Spring Fragrance* », *Conflicting Stories. American Women Writers at the Turn into the Twentieth Century*, New York, Oxford University Press, 1991, p. 105-120.

Amy Ling. Ces dernières ont réédité l'œuvre de Sui Sin Far en 1995[28], alors qu'Annette White-Parks faisait paraître, après sa thèse de doctorat[29], une exhaustive biographie littéraire[30]. En dix ans, on lui a ainsi consacré aux États-Unis vingt-et-un mémoires et thèses, une vingtaine d'articles scientifiques et chapitres de livres et deux volumes, dont une biographie et une réédition de son unique recueil. Cependant, Edith Eaton est jusqu'à aujourd'hui totalement absente du discours historique sur la vie littéraire au Québec, bien qu'elle y ait vécu la plus grande partie de sa vie. Aucune traduction vers le français ni aucun article scientifique dans les revues d'études québécoises ne vient rendre compte de sa place atypique dans la vie littéraire ou culturelle, sinon une volonté affirmée par la communauté chinoise de Montréal de lui élever un monument[31] et de lui consacrer une série annuelle de conférences[32].

---

[27] Elle consacre deux articles à Sui Sin Far, l'un dans *Melus*, 8, printemps 1981, p. 27-39 et l'autre dans Mayumi Tsutakawa et Alan Chong Lau [éd.], *Turning Shadows into Light*, Seattle, Young Pine Press, 1982, p. 85-87.
[28] *Mrs. Spring Fragrance and Other Writings*, Urbana et Chicago, University of Illinois Press, coll. « The Asian American Experience », 1995, 296 p.
[29] Annette White-Parks, « Sui Sin Far : Writer of the Chinese-Anglo Borders of North America, 1885-1914 », thèse de doctorat, Washington State University, 1991, 387 f.
[30] Annette White-Parks, *Sui Sin Far/Edith Maude Eaton. A Literary Biography*, Urbana et Chicago, University of Illinois Press, coll. « The Asian American Experience », 1995, 268 p.
[31] « [...] in 1992, the Chinese Neighbourhood Society petitioned to have the Place d'Armes métro station renamed Sui Sin Far » (Peggy Curran, « A voice rarely heard, Montrealer chronicled Chinese community », *The Gazette*, 7 mai 1998, p. A-3.)
[32] Voir Linda Gyulai, « Mergers threaten diversity? Toronto record cited », *The Gazette*, 29 mai 2000, p. A-3.

La critique universitaire relève le caractère ambivalent de l'auteure, d'abord tiraillée par sa double identité, puis se portant à la défense de la part chinoise d'elle-même. Elle se situe ainsi à la source d'un renouvellement de l'image des Asiatiques et des Eurasiens dans la littérature, réussissant à leur donner un visage humain, malgré la sinophobie exacerbée de la période, illustrée par des pillages, la peur du « péril jaune » et des restrictions racistes à l'immigration, tant aux États-Unis qu'au Canada[33]. Elle est la première à donner une image de l'intérieur des Chinatown, s'intéressant d'abord aux femmes et aux enfants auxquels elle donne la parole. Elle se rapproche ainsi de nombreuses pionnières de l'écriture, tant québécoises qu'américaines, qui ont dû sacrifier toute vie de famille pour se consacrer à une difficile carrière littéraire, souvent limitée à quelques œuvres isolées, à des genres courts (la chronique, la nouvelle et le récit), souvent autobiographiques et presque toujours restées dans la marginalité.

Edith Eaton publie en octobre 1888 sa première nouvelle[34], intitulée « A trip in a horse car[35] ». Elle paraît dans

---

[33] « En juillet 1885, la voie transcontinentale étant presque terminée, [le Parlement d'Ottawa] impose une taxe d'entrée de 50 $ à tout homme d'origine chinoise entrant au Canada. […] [E]n 1903, il fixe le montant de la taxe à 500 $. » Notons à titre de comparaison qu'un représentant chinois témoignait devant une Commission d'enquête, en 1884, que le solde moyen obtenu par un ouvrier chinois après une année de travail au Canada était d'environ 43 $. (Denise, Helly, *Les Chinois à Montréal, 1877-1951*, p. 41 et 46.)

[34] Les traces des écrits de Sui Sin Far ne sont pas facilement repérables; sa biographe, Annette White-Parks, écrit en 1991 que sa première publication date de 1890 (Annette White-Parks, « The wisdom of the new », *Legacy : A Journal of Nineteenth-Century Women's Literature*, 6, printemps 1991, p. 34), mais, en découvrant de nouvelles archives, elle constate en 1995 que « *the first of Sui Sin Far's recovered writings date from 1888 and were published in the Montreal's new monthly dedicated to the promotion of Canada,* The Dominion Illustrated. » (Annette White-

The Dominion Illustrated, un périodique dédié, comme on le mentionne dans le premier numéro de juillet 1888, à « la construction d'une nation homogène, unie et patriotique » mais qui « ignore toute discrimination de race ou de religion[36] ». Le magazine vient d'être fondé par l'écrivain John Talon Lesperance, auteur d'un récit sur la tentative d'invasion américaine du Canada de 1775-1776[37] qui occupe une place importante dans la littérature canadienne-française, par sa traduction intitulée *Les Bastonnais*[38]. À Montréal, Lesperance agit envers Eaton comme l'un de ses premiers mentors et publie ses huit textes de jeunesse.

Si elle ne peut souscrire que partiellement aux objectifs politiques du périodique dans lequel elle paraît, notamment par sa défense de la diversité, la nouvelle « Un voyage en charrette » (« A trip in a horse car ») relève les tensions qui alimentent et gouvernent la place de Sui Sin Far dans la vie sociale et culturelle de son époque et les préoccupations littéraires qui l'inscriront dans un champ de non-coïncidence. Bien qu'elle publie ce premier récit en empruntant une voix canadienne-anglaise qui ne révèle pas ses origines asiatiques, Sui Sin Far développe un registre parallèle inédit qui se reproduira dans ses écrits subséquents. D'une part, elle ne

---

Parks, *Sui Sin Far/Edith Maude Eaton. A literary Biography*, Urbana et Chicago, University of Illinois Press, coll. « The Asian American Experience », 1995, 268 p.)

[35] Sui Sin Far, « A Trip in a Horse Car », *The Dominion illustrated*, vol. 1, 13 octobre 1888, p. 235.

[36] Traduction de « *We are for building up a homogene, united, patriotic nation, and for ignoring all prejudice of race and sect.* » (John Talon Lesperance, *The Dominion illustrated*, 7 juillet 1888, p. 1.)

[37] John Talon Lesperance, *The Bastonnais. Tale of the American Invasion of Canada in 1775-76*, Toronto, Belford, 1877, 359 p.

[38] La traduction est d'abord publiée en 1876 dans *La République* (de Boston), reprise dans la *Revue canadienne* en 1893-1894, puis publiée en volume par Beauchemin en 1896.

néglige pas d'engendrer sa narration dans la faiblesse d'un personnage qui observe le monde autour de lui de manière, semble-t-il, passive, tout en accordant une attention intéressée à des éléments habituellement absents du discours littéraire; d'autre part, le texte, en empruntant une forme peu novatrice, à mi-chemin entre le récit et la chronique – deux des rares formes que peuvent se permettre les écrivaines de l'époque, qui ne disposent pas de la liberté de leur spectre formel –, développe un modèle qui sera repris dans les textes publiés dans *Mrs. Spring Fragrance*, soit une trame narrative classique percée de rapides saillies porteuses d'une charge politique qui dérange le sens général du récit, sans toutefois le renverser. Donc, d'un côté la présence d'une voix inattendue qui porte une attention à des éléments socialement voulus comme invisibles, de l'autre, une narration pouvant sembler anodine, mais renfermant de petites mitrailles tactiques qui déstabilisent les niveaux de sens.

Le récit porte sur l'observation des passagers d'une carriole, qui va du Mile-End à la Côte-Saint-Antoine, à Montréal. L'attention de la narratrice, qui dit préférer par humilité ce transport à d'autres modes plus confortables, se pose sur la diversité de ceux qui peuplent la ville : « Vous rencontrez toutes sortes de gens dans ces chars, écrit-elle, des bourgeois et des ouvriers, des riches et des pauvres, dans un échantillon exact de la ville[39] ». Cette relation de la diversité, qu'on retrouvera par exemple une quarantaine d'années plus tard dans les nouvelles de Marie Le Franc, notamment dans son recueil *Visages de Montréal*[40], contraste avec les objectifs du magazine *The Dominion Illustrated*, mais surtout avec le

---

[39] Traduction de « *You meet all kinds of people in these cars, high and low, rich and poor, the quality and a quantity of the city.* » (Sui Sin Far, « A Trip in a Horse Car », p. 235.)

[40] Marie Le Franc, *Visages de Montréal*, Montréal, Éditions du Zodiaque, coll. « du Zodiaque », 1934, 236 p.

nationalisme qui se développe à l'époque, tant du côté canadien-français que canadien-anglais. Dans quelques passages, ce discours divergeant se double d'une défense de la marginalité, qui est bien sûr celle de l'auteure, sans que le lecteur en soit ici informé : « Si quelqu'un est le moindrement différent des autres habitants de cette terre, écrit-elle, il ou elle est certain d'être qualifié de fou, ou de quelque chose de semblable[41]. » Dans ce passage, la volonté de marquer la différence sexuelle en insistant sur le « il ou elle » relaie celle de donner une voix aux femmes, notamment aux démunies et aux enfants, souvent au détriment de la position des personnages masculins. La narratrice tente, par exemple, de comprendre la soumission de deux ouvrières canadiennes-françaises, dont elle déplore la pauvreté malgré leur acharnement au travail, puis observe la bonté d'une mère et de sa fille, qu'elle perd de vue alors que « la silhouette d'un jeune homme s'interpose entre elles », ce qui la rend furieuse. Cette disposition envers les misérables se veut une véritable compassion : « nous savons que ceux qui souffrent le plus sont ceux qui ne le démontrent pas[42] ». Le texte n'exclut pas une certaine ironie envers les forts, un constat d'impuissance à l'égard des désespérés et la recherche d'une justice contre les hypocrites. Par ces brefs commentaires, la narratrice dépasse la simple pitié envers le monde et pose un jugement sévère sur ceux qui l'entourent. Elle déplore ainsi la présence « d'un jeune homme qui montre quelle bonne opinion il a de lui-même[43] », mais

---

[41] Traduction de « *If a person happens to be a little different from the generality of this world's inhabitants, he or she is sure to be called a crank, or somesthésie very like that expressive word.* » (Sui Sin Far, « A Trip in a Horse Car », p. 235.)
[42] Traduction de « *for we know that they who sorrow the most give no sign* ». (*Ibid.*, p. 235.)
[43] Traduction de « *the young man shows plainly that he appreciates himself* ». (*Ibid.*, p. 235.)

observe avec attendrissement une indigente qui s'écrase pour se faire oublier. Elle écrit : « Qui est-elle qui disparaît ainsi dans un coin comme si elle voulait disparaître du monde?[44] », et elle ajoute, avec une lucidité cruelle : « Seul Dieu sait ce qui en est de sa vie. Le plus vite elle se terminera, le mieux ce sera[45]. » Sa mordante observation corrode particulièrement la bigoterie, illustrée dans ce texte initial par deux vieilles dames dont la description, si elle débute de manière favorable, s'achève dans un puissant revers : « Ce sont de riches dames, pratiquantes et charitables; je crains pourtant qu'elles n'occuperont pas dans l'autre monde la position qu'elles occupent dans celui-ci[46]. »

La publication à Chicago en 1912 du recueil *Mrs. Spring Fragrance* marque l'un des rares moments d'achèvement de l'auteure et l'un des uniques passages vers une certaine normalisation littéraire. Sans ce curieux livre, imprimé sur un papier précieux avec des illustrations chinoises en filigrane[47]

---

[44] Traduction de « *Who is this that shrinks into a corner, as if she would willingly shrink out of the world?* » (*Ibid.*, p. 235.)

[45] Traduction de « *God alone knows what her life is. The sooner 'tis ended the better.* » (*Ibid.*, p. 235.)

[46] Traduction de « *They are rich ladies, good church members, charitable in many ways; but I am afraid they will not have the same position in the next world that they have in this.* » (*Ibid.*, p. 235.)

[47] « *In 1912, A.C. McClurg and Company of Chicago collected thirty-seven of these stories in a volume entitled after the first story,* Mrs. Spring Fragrance. *In a florid fashion, the vermillion cover is embossed in gold letter ans decorated with lotus flower, a dragonfly and the moon. The pages are gray-green, lightly imprimed with a Chinese-style painting of a crested bird on a branch of bamboo, a flowering branch of plum and the Chinese characters for Happiness, Prosperity, and Longevity vertically descending along the right side. Eaton's stories, some appropriately charming and lively, others, however, striking, ironic, even bitter, notes, are printed on these delicately decorated sheets.* » (Amy Ling, « Edith Eaton : Pioneer Chinamerican Writer and Feminist », *American Literary Realism (1870-1910)*, 16, automne 1983, p. 291.)

et qui reprend avec une certaine cohérence une sélection des récits et des nouvelles qu'elle a disséminés dans les journaux et magazines québécois et américains, il est bien peu probable qu'elle ait été redécouverte des décennies plus tard et que sa contribution paradoxale ait pu jamais être enregistrée dans la mémoire littéraire. Edith Eaton avait conscience de son caractère dissemblable et de la nécessité du devoir de s'inventer une place dans une structure culturelle fortement réactive à ses choix identitaires. Parce que physiologiquement elle n'appartient à aucune minorité visible et qu'elle aurait pu soit poursuivre une carrière journalistique et littéraire sous son nom de naissance en masquant qu'elle était Eurasienne, soit se jouer de son identité et afficher comme sa sœur un faux exotisme japonais, elle marque une rupture fondamentale dans le discours sur la nationalité, la race et l'identité. En choisissant d'assumer non seulement la part asiatique d'elle-même, mais surtout l'ambivalence de son statut « d'entre-deux », elle pose l'identité comme un choix, plutôt qu'une donnée de naissance ou de sang. Par ce fait, elle déconstruit l'idée de base du racisme et celle du « nativisme » qui excluent à la fois la possibilité de triompher de sa naissance et le fait qu'il existe une part de convention dans la détermination de soi-même.

Le moment charnière de la carrière littéraire de Sui Sin Far[48] correspond à la publication, le 21 janvier 1909 dans le magazine *The Independant*, d'un texte primordial intitulé

---

[48] Annette White-Parks écrit de ce texte : « *On 21 January 1909, with the appearance of 'Leaves from the Mental Portfolio of an Eurasian', in* The Independent, *her voice came bursting forth – publicly, nationally – signaling unprecedented recognition and a cycle of writing and publishing energy for Sui Sin Far that would continue.* » (Annette White-Parks, *Sui Sin Far/Edith Maude Eaton. A literary Biography*, p. 47.)

« Extraits du journal d'une Eurasienne[49] » (« Leaves from the Mental Portfolio of an Eurasiann »), qui la conduit, au-delà de la prise en charge de la part asiatique d'elle-même, à exposer les étapes biographiques et intellectuelles qui l'ont menée à une proposition ethnique, culturelle et littéraire la distinguant de sa famille, de son milieu et de son époque. De notre point de vue, ce texte est sans aucun doute celui qui la rapproche le plus du mouvement des « écritures migrantes » de la fin du XXe siècle[50] et qui confirme l'intérêt envers son œuvre[51], non seulement dans la défense d'une identité à l'opposé des définitions déterministes ou monoculturelles, mais surtout dans la considération d'une problématique complexe, propre aux parcours des écrivains issus de l'immigration[52] et aux identités collectives travaillées par ses déplacements.

---

[49] Traduction de « Leaves from the Mental Portfolio of an Eurasian », *The Independant*, vol. 66, 21 janvier 1909, p. 125-132.
[50] Voir à ce sujet Daniel Chartier, « Les origines de l'écriture migrante. L'immigration littéraire au Québec au cours des deux derniers siècles », *Voix et images*, vol. XXVII, n° 2 (80), hiver 2002, p. 303-316.
[51] Et ce, malgré les faiblesses formelles constatées, qui ne devraient toutefois être déterminantes que dans la mesure où l'on considère les conditions dans lesquelles elle a dû travailler. S. E. Solberg constate que Sui Sin Far reproduit ainsi certains stéréotypes qu'elle cherche vainement à dépasser, faute d'une plus sûre maîtrise de son art : « *I would argue that Edith Eaton as Sui Sin Far did manage to dip into those deeper currents beneath the surface color, but no matter what she saw and understood, there was no acceptable form to shape it to. Had she been physically stronger and had a more sophisticated literary apprenticeship, she might have been able to create that new form. [...] Fictionnal stereotypes for the Chinatown tales had been established, and it was difficult for anyone, even a strongly independent mind, to ignore them. No matter how frank and open Eaton might have been in a memoir such as 'Leaves from the mental portfolio an Eurasian', when she turned her hand to fiction the possible was limited by the acceptable.* » (S. E. Solveig, *op. cit.*, p. 33.)
[52] Voir à ce sujet Daniel Chartier, *Dictionnaire des écrivains émigrés au Québec, 1800-1999, op. cit.*

Le texte d'une douzaine de feuillets retrace la biographie de l'écrivaine, de son enfance dans les jardins anglais aux motivations qui guident son engagement littéraire. Cependant, à cet itinéraire se superpose un circuit intellectuel d'une autre importance, de la prise de conscience de la différence aux considérations formelles qui en découlent. L'indignation provoquée alors qu'enfant, elle entend sa nourrice parler contre sa mère chinoise la conduit à se durcir devant ses propres alliées et à préférer par fierté, pour un temps, le mensonge à la solidarité; cependant, la honte de sa différence physique, exposée dans une soirée d'enfants, l'amène plutôt à se terrer dans l'incompréhension. Cet intérêt péjoratif, qu'elle ne comprend pas, irrigue cependant sa curiosité pour le monde chinois : « À part ma mère, écrit-elle, qui est plutôt anglaise par son éducation et ses manières, je n'ai jamais vu de Chinois[53]. » Elle saisit un jour ce monde en découvrant une échoppe chinoise à New York : elle vit cette rencontre comme un choc et n'arrive pas à se reconnaître en ces gens. Toutefois, ce premier contact lui permet de constater son double statut défensif, exacerbé par les enfants du voisinage qui la tiraillent. En plein combat aux côtés de son frère, elle sent la force que lui donne sa mixité : « Ils tirent mes cheveux, ils déchirent mes vêtements, ils grafignent mon visage, mais mon frère se défend et je sens le sang blanc dans nos veines qui lutte puissamment pour la part chinoise de nous-mêmes[54]. »

---

[53] Traduction de « *With the exception of my mother, who is English bred with English ways and manner of dress, I have never seen a Chinese person.* » (Sui Sin Far, « Leaves from the Mental Portfolio of an Eurasian », p. 126.)

[54] Traduction de « *They pull my hair, they tear my clothes, they stratch my face, and all but lame my brother; but the white blood in our veins fights valiantly for the Chinese half of us.* » (*Ibid.*, p. 126.)

À ces courts passages de solidarité font suite de longs moments de solitude, d'abord par la comparaison familiale avec sa sœur Winnifred, contre qui elle ne peut opposer qu'une constitution physiologique faible : « Je sais, écrit-elle, que le faix eurasien pèse trop lourd sur mes épaules d'enfant; je cache ma faiblesse devant ma famille, jusqu'à ce que je ne puisse plus résister[55]. » Ensuite vient la solitude d'être différente de ses deux parents qui, s'ils se sont épousés, n'ont par contre pas eu à vivre la dualité culturelle qui la déchire. Ce sentiment d'esseulement ne s'apaise que des années plus tard, alors qu'en mission journalistique, elle rencontre des enfants nés d'un couple mixte et qu'elle retrouve en eux les interrogations qui l'avaient troublée.

La prise en charge de sa nature double, entre l'Asie et l'Occident, place Sui Sin Far au milieu des tirs, victime d'un côté du racisme des Nord-Américains envers les Chinois, mais aussi de celui de ces derniers envers ceux qui sont, comme elle l'écrit, « les demi-Blancs[56] ». Elle raconte que le choix de revendiquer entièrement les influences qui l'ont façonnée l'a obligée à affronter les préjugés qu'elle aurait pu tout aussi bien endosser. Elle choisit plutôt d'affirmer sa différence. Ainsi, au cours d'un dîner auquel elle est invitée, elle est témoin d'une discussion sinophobe, alors que ses hôtes ignorent son appartenance ethnique. Elle décide à ce moment de rompre le silence, au risque d'être rejetée :

> Je concentre mes forces et je lève les yeux de table. « Monsieur K., dis-je alors à mon patron, les Chinois n'ont peut-être pas d'âme, aucune expression sur leur visage et ils demeurent bien loin de toute civilisation,

---

[55] Traduction de « *I know that the cross of the Eurasian bore too heavily unpon my childish shoulders. I usually hide my weakness from the family until I cannot stand.* » (*Ibid.*, p. 127.)
[56] Traduction de « *the half white* ». (*Ibid.*, p. 129.)

mais qu'importe qu'ils le soient, j'aimerais que vous sachiez que moi, je suis une Chinoise[57]. »

Cette première étape, liée à l'affirmation de la différence, ouvre pour Sui Sin Far de nouvelles solidarités, qui lui permettent de ne pas s'enfermer dans une exclusive ethnicité. En Jamaïque, elle se sent ainsi liée au destin des Noirs, également victimes de racisme : les Blancs ne savent pas, écrit-elle, « que je fais aussi partie du 'peuple noir' de la terre[58] ». En fait, ce n'est pas la revendication de son appartenance qui fonde l'essentiel de son originalité, mais la conscience que cette dernière est une construction volontaire : d'une part, Sui Sin Far admet que certains Chinois refusent de reconnaître en elle l'une des leurs, malgré son engagement en leur faveur; d'autre part, elle convient que l'identité est un concept mouvant qui se développe par le savoir[59]. Elle termine ce texte décisif par une réflexion sur les apports individuels et collectifs de l'identité, définissant cette quête comme une aventure individuelle, certes difficile, mais qui doit s'appuyer sur l'existence de cultures collectives. Ce passage marque à la fois la volonté de coïncidence de Sui Sin Far avec elle-même et les cultures qui l'ont construite et la non-coïncidence de ses propos avec son époque :

---

[57] Traduction de « *With a great effort I raise my eyes from my place. 'Mr. K' I say, addressing my employer, 'the Chinese people may have no souls, no expression on their faces, be altogether beyond the pale of civilization, but whatever they are, I want you to understand that I am – I am a Chinese.'* » (*Ibid.*, p. 129.)

[58] Traduction de « *that I too am of the 'brown people' of the earth.* » (*Ibid.*, p. 130.)

[59] En revenant sur sa première rencontre avec des Chinois, elle écrit : « *My Chinese instincts develop. I am no longer the little girl who shrunk against my brother at the first sight of a Chinaman. Many and many a time, when alone in a strange place, has the appearance of even a humble landryman given me a sense of protection and made me feel quite at home.* » (*Ibid.*, p. 131.)

> Après tout, écrit-elle, je n'ai aucune nationalité et je n'ai aucune envie d'en réclamer aucune. L'individualité doit primer sur la nationalité. « Tu es toi et je suis moi », dit Confucius. Pour ma part, je tends ma main droite aux Occidentaux et ma main gauche aux Orientaux et j'espère qu'ils ne détruiront pas ce lien insignifiant qui les unit. Et c'est tout[60].

Cette conclusion touchante, qui lie admirablement son engagement et sa fragilité, paraît davantage contemporaine à notre époque qu'elle ne pourrait l'être au tournant du siècle. Cette inadéquation de Sui Sin Far confirme par ailleurs l'intérêt que l'on peut porter à cette écrivaine, qui pose pour l'histoire littéraire le défi de la reconnaissance des cas marginaux; elle n'a, on le saisit bien, jamais connu les fondateurs de l'École littéraire de Montréal et son œuvre ne s'inscrit pas dans la même filiation. Mais pour ces raisons, et pour ces différences, elle éclaire cette période d'une manière nouvelle, et son parcours prescrit une réflexion sur les concepts qui président à notre conception de l'identité et de l'histoire littéraire. Elle ouvre aussi un champ de recherche fascinant pour l'analyse de ce qui détermine les frontières des corpus littéraires; le silence sur Sui Sin Far dans l'historiographie prend ainsi valeur de signe qui interpelle un renouvellement méthodologique.

---

[60] Traduction de « *After all I have no nationality and am not anxious to claim any. Individuality is more than nationality. 'You are you and I am I', says Confucius. I give my right hand to the Occidentals and my left to the Orientals, hoping than between them they will not utterly destroy the insignificant 'connecting link'. And that's all.* » (*Ibid.*, p. 132.)

« Compagnons de la neige » de Juan Garcia.
Une rhétorique de l'intégration

Petra Mertens
Université Laval (Québec)

Au Québec, la période 1953-1970 est cruciale dans le processus de construction identitaire. Durant ces décennies, la poésie cherche intensément à éclaircir le « doute sur l'identité même de la communauté[1] ». En peu de mots, Pierre Popovic résume cette fragilité identitaire : « Nous sommes des Canadiens français et nous sommes menacés car nous ne sommes plus sûrs de ce que nous sommes[2] ». Dans cette conjoncture discursive, les préoccupations des poètes nés au Québec recoupent celles des poètes immigrés vivant une expérience individuelle de redéfinition identitaire. La poésie des immigrants entre ainsi en dialogue avec celle qu'elle rencontre au Québec et des liens d'amitié se nouent entre les poètes. Le poème « Compagnons de la neige[3] » de Juan Garcia[4] est un bel

---

[1] Pierre Popovic, *La contradiction du poème. Poésie et discours social au Québec de 1948 à 1953*, Candiac, Éditions Balzac, coll. « L'univers des discours », 1992, p. 226.
[2] *Ibid.*, p. 245.
[3] « Compagnons de la neige » est un poème figurant dans *Alchimie du corps*, le premier recueil de Juan Garcia qui paraît en 1967 aux Éditions de l'Hexagone, dans la collection « Les matinaux ».
[4] Né au Maroc en 1945 de parents espagnols, Juan Garcia s'installe à Montréal avec sa famille en 1957. Un an après la publication du recueil *Alchimie du corps*, il quitte le Québec pour séjourner en France et en Espagne. En 1971, soit un an après Gaston Miron, il reçoit le prix de la revue *Études françaises* pour le recueil *Corps de gloire* (Montréal, Presses de l'Université de Montréal, coll. « Prix de la revue *Études*

exemple d'une telle rencontre. La comparaison de ce poème avec la poésie de Gaston Miron révèle des similitudes, des convergences et des points de vue qui relient la poésie de l'auteur natif du Québec à celle de l'immigrant en train de « devenir Québécois[5] ». Dans « Compagnons de la neige », Laurent Mailhot reconnaît « la camaraderie mironienne, la nature du pays, le sens de l'équipe, du groupe, de la parole collective[6] ».

En fait, Juan Garcia exprime son désir de faire partie du cercle des compagnons-poètes et il met en œuvre une rhétorique qui vise son intégration au groupe. La stratégie argumentative de Juan Garcia est d'autant plus convaincante qu'elle s'approprie un procédé caractéristique de la poésie de Gaston Miron : « [L]e texte mironien *cite* des fragments d'un vivre collectif[7] », observe Pierre Nepveu. En retenant des éléments qui sont aussi au centre de l'autocaractérisation des compagnons-poètes et de la société d'accueil en général, Juan Garcia démontre qu'il a saisi la spécificité de l'être au monde de ses nouveaux concitoyens. Cette connaissance lui sert d'argument et le poète l'utilise pour demander qu'on lui accorde le droit de parler depuis l'intérieur du groupe : « Je

---

françaises », 1971). Ce recueil reprend les poèmes d'*Alchimie du corps*, et reproduit le texte « La transmutation » ainsi que quelques autres poèmes épars.

[5] Simon Harel, *Le voleur de parcours. Identité et cosmopolitisme dans la littérature québécoise contemporaine,* Montréal, Éditions du Préambule, coll. « L'univers des discours », 1989, p. 279.

[6] Laurent Mailhot, « *Alchimie du corps*, recueil de poésies de Juan Garcia », dans Maurice Lemire [éd.], *Dictionnaire des œuvres littéraires du Québec. Tome IV. 1960–1969*, Montréal, Fides, 1984, p. 20-21.

[7] Pierre Nepveu, *Les mots à l'écoute. Poésie et silence chez Fernand Ouellette, Gaston Miron et Paul-Marie Lapointe*, Québec, Presses de l'Université Laval, coll. « Vie des lettres québécoises », n° 17, 1979, p. 176.

veux parler en nous pour que l'on s'en souvienne[8] ». Chez Juan Garcia tout comme chez Gaston Miron, la voix qui s'élève de l'intérieur du « nous » cherche à créer une mémoire collective qui servira d'assise identitaire dans une société renouvelée.

Si Gaston Miron « se disperse aux quatre vents de la camaraderie[9] », comme le dit Jacques Brault, Juan Garcia opère un travail de rapaillage. En prenant le texte de Juan Garcia comme point de départ, je présenterai quelques recoupements qui montrent les liens de compagnonnage entre les deux poètes et la stratégie argumentative par laquelle Juan Garcia vise l'admission dans le cercle des compagnons.

Compagnons de la neige

Hommes de ce pays, compagnons de la neige
vous dont le seul souci en marge de ce monde
est de fermer vos corps aux méfaits de l'hiver
dont la seule récompense est de survivre un peu
et que le temps protège au levant de l'histoire
vous qui savez par cœur l'origine des vents
qui concluez partout un marché avec l'aube
afin de recevoir l'horizon de plein front
vous ignorez pourtant le calcul des saisons
vous que je somme ici autant que j'ai de sang
longtemps j'ai isolé votre cri dans mes veines
je marchais dans vos pas avec le mauvais œil
et quand pour y voir clair vous plongiez dans vos plaies
je gardais le sourire et le regard sous clef
et je claquais la porte aux climats de ma tête
maintenant je comprends que la rage a raison

---

[8] Juan Garcia, « Compagnons de la neige », *Alchimie du corps*, Montréal, L'Hexagone, coll. « Les matinaux », 1967, p. 28.
[9] Jacques Brault, « Miron le magnifique », *Chemin faisant*, Montréal, Éditions La Presse, coll. « Échanges », 1975, p. 21.

j'affirme que le froid laissera des racines
et même si ma voix faiblit le long du temps
tant les mots perdent pied à être sur des pages
je veux parler en nous pour que l'on s'en souvienne

À première vue, la syntaxe du poème de Garcia, avec ses emboîtements et juxtapositions, peut paraître bien complexe. Cependant, récité à haute voix, il est tout à fait coulant et étonnamment expressif, ce qui révèle son fort aspect oratoire. Par sa construction syntaxique, la première partie du poème suggère un rapprochement graduel, c'est-à-dire un mouvement qui va à la rencontre du destinataire[10]. Avec une délicatesse pleine d'égards, l'orateur marche en direction du « vous », s'avance dans un effort pour saisir la spécificité, accéder à l'essence en circonscrivant l'être. L'évolution de la relation vous/je, qui s'accomplit dans la réconciliation finale exprimée par le « nous », trace au niveau des pronoms un cheminement qui est aussi une « marche à l'amour ».

Le début du poème « Compagnons de la neige » situe l'habitat des compagnons en périphérie de la société et de son centre décisionnel. De cet emplacement peu stratégique découle la préoccupation première des habitants : leur « seul souci en marge de ce monde/est de fermer [leur] corps aux méfaits de l'hiver[11] ». En parlant de la « marge de ce monde », Juan Garcia suggère prudemment ce qui se lit d'une manière bien plus explicite chez Gaston Miron. Ainsi, la « marge de ce monde », c'est, chez Miron, la périphérie habitée par le « sous-homme[12] ». Chez celui-ci, la marge

---

[10] Complément ou objet dans la première série de subordonnées, le « vous » devient par la suite le sujet des relatives pour constituer, finalement, le sujet de la principale.

[11] Juan Garcia, « Compagnons de la neige », p. 28.

[12] Gaston Miron, « Le Damned Canuck », *L'homme rapaillé*, Montréal, Presses de l'Université de Montréal, coll. « Prix de la revue *Études françaises* », 1970, p. 55.

englobe aussi une insuffisance dans la maîtrise de la langue et des structures d'expression : « je marche dans mon manque de mots et de pensée/hors du cercle de ma conscience[13] ». En situant les compagnons « en marge de ce monde », Juan Garcia résume dans un seul syntagme les nombreuses configurations de la marge que le recueil de Miron explore. Et, bien entendu, dans *L'homme rapaillé*, Miron peut aller beaucoup plus loin dans l'illustration de cette marge et s'attacher davantage à la dénonciation de son aspect historique et social. D'ailleurs, l'existence de l'homme dans cet environnement hostile est toujours un sursis, la mort guette. « [L]a seule récompense est de survivre un peu », dit le quatrième vers du poème de Garcia, et cette vie à petites doses devient une mort « à petites lampées[14] » dans le poème mironien « Soir tourmente ». On pense d'abord au « mégot de survie, l'homme agonique[15] », mais en fait, cette vie périssante est une grande constante chez Miron.

Dans le septième vers de « Compagnons de la neige », Juan Garcia poursuit son effort pour cerner les affinités particulières entre les compagnons et leur habitat : « [vous] qui concluez partout un marché avec l'aube[16] ». Présentée ici comme un partenaire d'échange, l'aube se détache des points cardinaux et devient mobile, ancrée dans la conscience des compagnons, qui éprouvent alors un sentiment d'appartenance et de vocation, l'impression de participer au commencement et au devenir d'un monde nouveau. En concluant un marché avec l'aube, les compagnons de Juan Garcia espèrent « recevoir l'horizon de plein front[17] ». Sans distance géographique et ramené à ce contact physique,

---

[13] *Id.*, « Les années de déréliction », *op. cit.*, p. 81.
[14] *Id.*, « Soir tourmente », *op. cit.*, p. 10.
[15] *Id.*, « L'homme agonique », *op. cit.*, p. 48.
[16] Juan Garcia, « Compagnons de la neige », p. 28.
[17] *Ibid.*, p. 28.

l'horizon devient céphalique. Chez Miron, la qualité de présence de l'horizon est reliée au degré de probabilité d'un être au monde dans la dignité. La verticalité de l'homme par rapport à la ligne d'horizon représente l'idéal, c'est-à-dire des « hommes debout dans l'horizon de la justice[18] ».

« [V]ous ignorez pourtant le calcul des saisons » dit le « Je » chez Juan Garcia à propos des compagnons. On peut lire dans ce vers la confrontation implicite entre l'ignorance du calcul et la connaissance de la réalité saisonnière par expérience, « par cœur[19] ». Or, percevoir l'écoulement du temps à travers les changements de la nature environnante est aussi le mode de vie préconisé dans la poésie de Gaston Miron. Nous avons déjà constaté que, dans *L'homme rapaillé*, l'environnement existe à l'image de l'homme et inversement. Dans leur vie commune, terre et hommes sont soumis au temps, dont l'homme perçoit le passage à travers les métamorphoses de la nature. C'est donc imbriqué dans la sémantique de l'espace représenté que l'aspect temporel se donne à lire. Pour prendre conscience de l'écoulement du temps, il faut aiguiser les sens : être à l'écoute et regarder autour de soi. C'est ainsi que, dans *L'homme rapaillé*, le temps n'est pas calculé mais ressenti de multiples façons.

Dans une comparaison fort bien connue, Gaston Miron illustre cette démarche en référant à une manière viscérale d'accéder au réel sensible :

> j'avance en poésie comme un cheval de trait
> tel celui-là de jadis dans les labours de fond
> qui avait l'oreille dressée à se saisir réel
> les frais matins d'été dans les mondes brumeux[20].

---

[18] Gaston Miron, « Compagnon des Amériques », *op. cit.*, p. 57.
[19] Juan Garcia, « Compagnons de la neige », p. 28.
[20] Gaston Miron, « Dans les lointains », *op. cit.*, p. 77.

L'extraordinaire capacité sensitive est sans doute un des points permettant d'établir un parallèle entre le cheval et le poète : pour les deux, la réalité n'est pas une donnée intrinsèque de l'être vivant, ni même une connaissance qui peut être acquise d'une manière définitive, mais il s'agit plutôt d'une construction active et toujours provisoire créée à partir de données sensorielles qui, une fois perçues et analysées, deviennent émotion, connaissance et conscience au monde. Bref, l'accumulation de stimulus et leur analyse subséquente sont à l'origine du sentiment d'être réel. « [S]e saisir réel[21] » désigne donc la prise de conscience d'un moi en rapport avec la réalité, une prise de conscience qui permet de conclure sur le moi-ici. Bref, ce que Gaston Miron décrit dans ces vers n'est ni plus ni moins qu'un processus de construction identitaire.

Le vaste exorde de « Compagnons de la neige » révèle que Juan Garcia a une connaissance approfondie de la manière d'être des compagnons. Son choix de passer sous silence d'éventuels éléments négatifs s'inscrit dans la stratégie argumentative et s'explique par la visée spécifique de son poème, c'est-à-dire que le sujet lyrique cherche à être admis dans le cercle des compagnons : « [V]ous que je somme ici autant que j'ai de sang[22] ». Ce vers dit l'implication superlative dans le propos à venir. Une implication qui est qualitativement déterminée par le sang, liquide vital que l'on accepte de verser pour des causes de la plus haute importance, et quantitativement par le volume sanguin, que le sujet lyrique met entièrement à la disposition de cette cause non encore spécifiée.

---

[21] *Ibid.*, p. 77.
[22] Juan Garcia, « Compagnons de la neige », p. 28.

S'investir à fond, corps et âme, n'est pas une attitude étrangère à Gaston Miron. Souvent, lorsqu'il s'agit d'exprimer l'ampleur de son engagement, Miron fait appel au sang. C'est notamment le cas dans « La marche à l'amour », où le « Je » mironien affirme : « je vais jusqu'au bout des comètes de mon sang[23] » et « je meurs de toi jusqu'à la complète anémie[24] ». Le sacrifice de Juan Garcia, cependant, n'a qu'un seul but immédiat : celui d'être écouté. Le poète se dépense dans l'intention d'assurer la réception de son dire. En recourant à la sommation, il s'accorde de l'autorité sur ses compagnons et leur impose d'être présents. Avec détermination, Juan Garcia rassemble l'auditoire devant lequel la communication qu'il espère tant aura lieu.

« [J]e marchais dans vos pas avec le mauvais œil[25] », s'accuse et regrette le sujet d'énonciation. S'il s'en repent maintenant, c'est qu'il mesure désormais la gravité de la faute. En fait, pour les compagnons, la marche, l'avancée est un dessein de la plus haute importance : « je n'ai jamais voyagé/vers autre pays que toi mon pays//un jour j'aurai dit oui à ma naissance[26] », dit Miron. Aussi, dans le treizième vers de son poème, Juan Garcia prépare le cadre situationnel d'un nouveau *mea culpa*. Le sujet d'énonciation évoque un comportement du « nous » et présente sa réaction :

> et quand pour y voir clair vous plongiez dans vos plaies
> je gardais le sourire et le regard sous clef
> et je claquais la porte aux climats de ma tête[27].

---

[23] Gaston Miron, « La marche à l'amour », p. 40.
[24] *Ibid.*, p. 41.
[25] Juan Garcia, « Compagnons de la neige », p. 28.
[26] Gaston Miron, « Pour mon rapatriement », *op. cit.*, p. 50.
[27] Juan Garcia, « Compagnons de la neige », p. 28.

Il s'accuse ainsi de la distance intérieure prise à la suite de l'observation du procédé auscultatoire pratiqué par les compagnons dans le but d'évaluer la nature de leurs plaies. Cette introspection, Miron la pratique aussi abondamment. Le vers : « je plonge dans les nuits de sources[28] » dit exactement le plongeon dans l'obscur qui se veut clarté et connaissance de soi. Chez Juan Garcia, le « Je » répond par une fermeture du corps qui est contraire à l'ouverture des sens qu'on trouve chez Miron, contraire aux « mains ouvertes[29] », aux « yeux poreux[30] » et à « l'oreille comme un coquillage[31] » qui disent chez Miron, dans le poème « Mon bel amour », une disponibilité qui inclut tous les sens. La partie du poème « Compagnons de la neige » introduite par le marqueur temporel « longtemps » présente donc la confession et le repentir du sujet d'énonciation, qui s'accuse d'avoir agi à l'encontre du bien des compagnons.

La séquence finale de « Compagnons de la neige » s'ouvre sur l'indication de temps « maintenant » et expose quant à elle la disposition actuelle du sujet d'énonciation. Adhérer à l'énoncé « la rage a raison », c'est dire : ceux qui éprouvent la rage ont raison, ont une raison maintenant jugée valable. Chez Miron, l'origine de cette rage est lointaine : « Jadis/enfant/mon poing révolté/a bondi dans l'espace[32] ». C'est une rage qui vient d'une profondeur par-delà les racines individuelles : « j'entends surgir dans le grand inconscient résineux/les tourbillons des abattis de nos colères[33] ». Cette rage acharnée avec laquelle le sujet d'énonciation « lutte à

---

[28] Gaston Miron, « La marche à l'amour », p. 38.
[29] Gaston Miron, « Mon bel amour », *op. cit.*, p. 9.
[30] *Ibid.*, p. 9.
[31] *Ibid.*, p. 9.
[32] Gaston Miron, « Petite suite en lest », *op. cit.*, p. 14.
[33] Gaston Miron, « Recours didactique », *op. cit.*, p. 61.

rebours contre réel et raison[34] » est décodée, chez Garcia, comme porteuse de vérité : « maintenant je comprends que la rage a raison[35] ».

Le dix-septième vers du poème se présente également sous la forme logique d'un oxymore apparent : « j'affirme que le froid laissera des racines[36] ». « [J]'affirme que », dit Juan Garcia et, après la compréhension, l'acte d'affirmation pose un énoncé tenu pour vrai. La vérité de cette affirmation se place au-dessus du contenu de la subordonnée : le sujet d'énonciation croit. Ce n'est que depuis peu qu'il adhère à la foi en la survivance des racines. De son côté, Gaston Miron se reproche, lui aussi, de ne pas avoir toujours pu suffire aux exigences :

> nous n'avons pas su lier nos racines de souffrance
> à la douleur universelle dans chaque homme ravalé[37].

C'est la main tendue vers celui qui revient en désavouant son comportement et en demandant à être admis dans le cercle des compagnons.

Or, l'intégration ne se réalise pas seulement au niveau cognitif : Juan Garcia joint au *credo* qu'il vient de faire une action née de la nouvelle solidarité. Tout en présentant d'éventuels obstacles à la réalisation de la prise de parole envisagée, il énonce une volonté très ferme :

> et même si ma voix faiblit le long du temps
> tant les mots perdent pied à être sur des pages
> je veux parler en nous pour que l'on s'en souvienne[38].

---

[34] Gaston Miron, « Errant amour », *op. cit.*, p. 71.
[35] Juan Garcia, « Compagnons de la neige », p. 28.
[36] *Ibid.*, p. 28.
[37] Gaston Miron, « L'octobre », *op. cit.*, p. 62.
[38] Juan Garcia, « Compagnons de la neige », p. 28.

Juan Garcia craint que la voix sorte perdante du passage de la parole à l'écrit. Elle se détache du poète et du contexte. Il y a un risque à écrire : celui de subir l'épreuve du temps. S'y soumettre, le sujet d'énonciation l'accepte dès lors, car il subordonne cette épreuve à un objectif plus important. Chez Gaston Miron, ce passage de la parole à l'écrit pose également problème. Il y a, dans la poésie mironienne, un fond nomade que Jacques Brault nomme l'« irrésolution à se fixer[39] ». En ce sens, Miron partage la crainte garciane que le mot risque de sortir perdant des presses de l'imprimerie.

Il est d'une importance capitale que la prise de parole que Garcia envisage avec détermination dans le dernier vers de « Compagnons de la neige » se fasse devant les autres, devant l'humanité entière, avec le monde entier pour témoin. Garcia réalise ainsi la volonté exprimée par son compagnon : « Je veux que les hommes sachent que nous savons[40] ». Pour Garcia comme pour Miron, toute la crédibilité de la réintégration dépend de ce que « les hommes entendront battre ton pouls dans l'histoire[41] ». Et au moment même où il rejoint le groupe, le sujet d'énonciation se dit au début d'un nouveau parcours : « je veux parler en nous pour que l'on s'en souvienne[42] ». En ce sens, le moment d'arrivée correspond au moment d'un commencement. Les deux migrants qui se dirigent vers ce lieu de coïncidence laissent constamment derrière eux les certitudes du moment dont l'enchaînement crée l'impression d'une continuité. Pierre Nepveu présente la force de Miron comme étant « le difficile retournement du silence en parole et de l'isolement en fraternité[43] » et donne l'impression de l'avoir aussi écrit à

---

[39] Jacques Brault, *op. cit.*, p. 24.
[40] Gaston Miron, « Monologues de l'aliénation délirante », *op. cit.*, p. 59.
[41] Gaston Miron, « L'octobre », *op. cit.*, p. 62.
[42] Juan Garcia, « Compagnons de la neige », p. 28.
[43] Pierre Nepveu, *op. cit.*, p. 180.

propos du poème « Compagnons de la neige ». Qui oserait refuser à Juan Garcia cette appartenance qu'il demande avec autant de sensibilité que d'adresse rhétorique?

Les écritures transmigrantes. Les exemples d'Abla Farhoud et de Guy Parent

Gilles Dupuis
Université de Montréal (Québec)

Dans une conférence portant sur le transfert en psychanalyse[1], Ellen Corin proposait quelques pistes de réflexion pour montrer comment l'approche psychanalytique du processus transférentiel pouvait éclairer certains enjeux liés à la question des transferts culturels. S'inspirant de Michel Foucault, elle dégageait deux dimensions dans l'échange culturel : un axe horizontal, où l'échange à l'autre se noue par rapport au concept d'identité ou d'appartenance culturelle, et un axe vertical, où le rapport à l'autre se joue dans l'ouverture sur l'étranger qui nous habite. En déplaçant quelque peu ces enjeux, le modèle proposé par Corin permet de reconsidérer les deux types d'interaction que la critique qui s'est intéressée au phénomène des écritures migrantes au Québec a depuis longtemps identifiés, mais en entretenant parfois une confusion à leur égard, soit le paradigme interculturel et son corollaire transculturel.

Dans leur *Histoire de l'écriture migrante au Québec*, Clément Moisan et Renate Hildebrand ont tenté de différencier ces deux modèles :

---

[1] Ellen Corin, « Le transfert en psychanalyse. Dans le jeu de l'adresse, une parole hantée », conférence prononcée le 5 février 2003 à l'Université d'Ottawa dans le cadre des conférences-débats sur les transferts littéraires et culturels organisées par Walter Moser.

L'interculturel mettait face à face deux volets de la littérature québécoise contemporaine, l'écriture immigrante et l'écriture d'ici, qui se reflétaient comme dans un miroir tournant. Il résultait cette double vision pivotant soit sur la différence, soit sur la similitude, l'idée d'une confrontation ou d'une assimilation des cultures en présence, qui débouchait sur une redéfinition de l'ensemble comme conséquence de la transformation des éléments comparés. Le transculturel, caractéristique de la présente période, dépasse la mise en présence ou en conflit des cultures pour dégager des passages entre elles et dessiner leur traversée respective[2].

Si on laisse de côté pour le moment l'épineuse question de la périodisation, la distinction proposée par Moisan et Hildebrand répond à un schéma évolutif lié à une conception de l'histoire héritée du XIXe siècle. Le « transculturel » (1986-1997) nous est présenté comme la « résultante » qui découle logiquement, après le « relais de l'interculturel » (1975-1985), d'une évolution de la société québécoise amorcée par l'avènement du discours « pluriculturel » (1960-1974), comme si aucune rupture significative n'était venue suspendre (fût-ce momentanément) le fil de cette histoire. À ce schéma, qui a le mérite d'être clair, trop clair même, on peut préférer un récit alternatif qui met l'accent sur les discontinuités historiques.

Pierre L'Hérault nous permet d'envisager une vision de l'histoire migrante qui fonctionne par anticipation. Tout en maintenant l'indétermination entre « transculturel » et « interculturel », il souligne l'importance de la revue *Dérives* (1975-1986), animée par de jeunes intellectuels haïtiens – « une 'revue interculturelle' à une époque où ni la chose ni le

---

[2] Clément Moisan et Renate Hildebrand, *Ces étrangers du dedans. Une histoire de l'écriture migrante au Québec (1937-1997)*, Québec, Nota bene, coll. « Études », 2001, p. 207.

terme n'étaient à la mode³ » –, avant l'apparition du magazine « transculturel » *Vice Versa* (1983-1996). Au lieu de se succéder selon une progression continue et harmonieuse, les deux tendances interactives se seraient chevauchées avant de prendre des tangentes différentes. Surtout, il semble qu'elles aient existé « en théorie » avant de pouvoir se vérifier dans des pratiques identifiables. Si l'on poursuit cette réflexion, en cherchant à extrapoler rétrospectivement des hypothèses que ne partagerait peut-être pas l'auteur, le discours interculturel de *Dérives* aurait donné lieu à des pratiques du même type à l'époque de *Vice Versa*, qui, à son tour, aurait théorisé l'avènement du transculturel avant une production qui lui corresponde. Bref, dans les deux cas, les revues auraient été annonciatrices plutôt que contemporaines des tendances qu'elles voulaient incarner.

Pour modifier l'approche historique du problème tout en cherchant à mieux distinguer l'interculturel du transculturel, il convient de revenir à la perspective psychanalytique esquissée par Corin. On pourrait désigner par « interculturels » les transferts où l'échange avec l'autre ne remet pas vraiment en question le concept d'identité, de part et d'autre de la frontière imaginaire, et par « transculturels » les transferts où le rapport à l'autre ouvre une brèche dans la conception du sujet et dans son mode de révélation. Si l'on adopte cette distinction, la première vague d'écritures migrantes au Québec – celle apparue au cours des années 1980, au lendemain de l'échec du référendum sur la souveraineté-association – appartiendrait encore à la phase

---

[3] Pierre L'Hérault, « L'intervention italo-québécoise dans la reconfiguration de l'espace identitaire québécois », Carla Fratta et Élisabeth Nardout-Lafarge [éd.], *Italies imaginaires du Québec*, Montréal, Fides, coll. « Nouvelles études québécoises », 2003, p. 182.

interculturelle[4]. Les deux grandes tendances de la littérature québécoise de l'après-référendum, à savoir la « tradition nationale », qui avait coïncidé à l'époque de la Révolution tranquille avec le projet d'une littérature nationaliste, et le nouveau courant migrant, se sont davantage déroulés en parallèle qu'ils n'ont effectivement entrecroisé leurs trajectoires. Certes, la revue *Vice Versa*, contemporaine de cette première vague, se voulait avant la lettre « transculturelle », mais les conditions de possibilité (pour reprendre Foucault) d'une véritable *transculture* au Québec n'étaient pas encore à l'ordre du jour. Personne ne peut nier aujourd'hui « le caractère avant-gardiste de la position de *Vice Versa*[5] », voire son aspect « visionnaire », mais il ne faut pas sous-estimer à l'époque de sa parution le mouvement de résistance tacite de l'arrière-garde majoritaire, et l'indifférence d'une relève québécoise qui se sentait étrangère à la tristesse post-référendaire.

À cette première vague migrante a succédé, au cours des années 1990, une deuxième génération plus diversifiée quant à son origine. C'est ainsi que l'on a vu arriver sur la scène littéraire québécoise des écrivains migrants dont le français n'était ni la langue maternelle ni la deuxième langue d'origine, mais une langue étrangère d'adoption *dans*

---

[4] Nous abondons ici dans le sens de Marco Micone : « C'est après le référendum de 1980 que le discours 'interculturel' a été propagé » (cité par Pierre L'Hérault, *op. cit.*, p. 181).
[5] *Ibid.*, p. 185. Tout en reconnaissant le caractère résolument avant-gardiste de *Vice Versa*, il semble qu'il y ait eu au sein du magazine « transculturel » un écart non négligeable entre la théorie et la pratique. Parallèlement à une théorisation de la transculturalité aurait persisté dans les faits une pratique plus courante de l'interculturalisme. C'est une hypothèse que nous soumettons sous toute réserve, en nous proposant d'en vérifier ultérieurement la portée.

l'écriture[6]. Or, ce n'est qu'à compter de la deuxième moitié de la décennie, comme par hasard au lendemain de l'échec très controversé du deuxième référendum (1995), qui coïncide aussi avec la disparition de *Vice Versa*, que se manifeste une nouvelle forme d'interaction entre écritures migrantes et littérature québécoise. Je propose d'appeler *transmigrantes* ces formes d'échange dans l'écriture qui opèrent dans les deux sens : du corpus issu de la tradition nationale vers le récent corpus migrant, et vice-versa. C'est dans le trait d'union qui unit l'un et l'autre que la phase transculturelle annoncée par la revue du même nom (mais sans trait d'union) s'inaugure vraiment[7].

J'ai choisi d'illustrer la dynamique des écritures transmigrantes par l'analyse de deux cas qui me paraissent exemplaires à cet égard : le roman d'Abla Farhoud, *Le bonheur a la queue glissante*, et celui de Guy Parent, *L'enfant chinois*, tous deux parus en 1998. Dans les deux cas, une écrivaine venue d'ailleurs et un écrivain né au Québec se sont ouverts, pour paraphraser Corin, sur l'étranger qui les habitait, bien que cette ouverture, en raison même de leur situation particulière entre l'ici et l'ailleurs, se soit manifestée différemment. Chez Abla Farhoud, il s'agit d'une ouverture à la réalité québécoise et à sa littérature, à travers une série d'emprunts culturels et d'échanges formels; de son côté, Guy Parent offre un exemple curieux d'exotisme indigène qui

---

[6] Contrairement aux écrivains haïtiens qui ont gravité autour de *Dérives*, ou même aux auteurs italo-québécois de *Vice Versa*, certains « néo-migrants » ont dû apprendre le français comme langue étrangère et souvent très éloignée de leurs origines. C'est le cas, entre autres, de Sergio Kokis et Ying Chen.

[7] Nous nous écartons ici de la périodisation proposée par Moisan et Hildebrand qui fait remonter l'étape transculturelle à 1986, mais aussi de la perspective adoptée par L'Hérault qui, en identifiant la transculturalité québécoise avec l'histoire de *Vice Versa* (1983-1996), recoupe les historiens de l'écriture migrante sur ce point.

confine au mimétisme, voire à ce que Pier Paolo Pasolini appelait la *mimetizzazione* (c'est-à-dire un art stylistique du camouflage[8]). La narratrice d'Abla Farhoud est une vieille femme libanaise émigrée à Montréal, où elle a lentement appris à apprivoiser le nouveau mode de vie québécois; le narrateur de Guy Parent, lui, est un jeune étudiant québécois qui découvre progressivement sa propre altérité dans le vieux quartier chinois de la métropole. Avant de poursuivre l'analyse des deux romans, soulignons un autre parallèle qui nous invite à les lire en miroir. Dans les deux cas, un trait formel original joue une fonction similaire : chez Abla Farhoud, ce sont les proverbes et dictons arabes, reproduits dans un lexique à la fin du livre, qui ponctuent inlassablement le fil de la narration de Dounia en lui permettant de conserver un lien affectif, mais aussi linguistique, avec ses origines; chez Guy Parent, il s'agit de la transcription des quatre recettes chinoises, à la fin du roman, qui atteste l'existence réelle de l'enfant chinois, Chang, mais aussi le caractère énigmatique de l'identité du narrateur québécois qui porte l'autre en soi.

Une famille comme « nous autres »

Contrairement à Ying Chen qui commence à écrire en français à la même époque, mais dont l'œuvre est peu touchée par le contexte québécois, Abla Farhoud tient compte de cette nouvelle donne dans l'élaboration de son œuvre

---

[8] C'est ainsi que Pasolini désigne l'extraordinaire capacité mimétique du caméléon géant de la littérature italienne contemporaine, Carlo Emilio Gadda. Or, le terme en italien signifie « camouflage », donc l'art de se masquer en imitant quelqu'un d'autre. Voir à ce sujet les deux études que Pasolini consacre à Gadda dans *Passione e ideologia*, Turin, Einaudi, 1985, p. 274-283, et notre propre traduction de « Un passage de Gadda », *Le Trait*, n° 10, automne-hiver 2004, p. 39-46.

fictionnelle. Dans *Le bonheur a la queue glissante*[9], l'expérience de l'exil et du déracinement reste centrale, certes, mais elle est contrebalancée par la capacité de la narratrice de s'adapter à son nouvel environnement, au point d'oblitérer la nostalgie de l'origine si souvent thématisée dans les littératures de l'exil et de l'immigration. Si son mari persiste à incarner cette nostalgie du passé, Dounia, pour sa part, redéfinit son pays en fonction de l'avenir de ses enfants : « Mon pays, ce n'est pas le pays de mes ancêtres ni même le village de mon enfance, mon pays, c'est là où mes enfants sont heureux[10]. »

L'ouverture à l'autre – ici au pays québécois – prend plusieurs formes dans le roman, mais elles peuvent être regroupées en trois cas de figures : les emprunts culturels, les références linguistiques et les influences littéraires. Si les deux premières sont relativement faciles à identifier, car elles sont le plus souvent thématisées dans l'œuvre, la troisième forme est plus malaisée à cerner, car elle se situe au niveau même de l'écriture. Il serait plus juste de l'évoquer en termes de correspondances littéraires, ou d'harmonies secrètes, plutôt que d'influences.

Les emprunts culturels concernent tous les éléments qui, vus à travers le prisme du regard de l'autre, attestent une certaine *québécité*. Une référence discrète à la chaise berçante ou une observation appuyée sur l'étonnement que suscite la présence de rideaux aux fenêtres en sont des

---

[9] Abla Farhoud, *Le bonheur a la queue glissante*, Montréal, L'Hexagone, 1998.
[10] *Ibid.*, p. 22. Incidemment, la lancée oratoire que *Dounia* provoque à son insu – elle qui ne parle pas français – reprend le motif musical d'une célèbre chanson québécoise, « Mon pays ». À l'instar de Gilles Vigneault, la narratrice apprendra à aimer un pays qui n'en est pas un, en faisant la rude expérience de ses hivers...

exemples. Parfois, ces traits culturels distincts suscitent une réflexion métaculturelle : par exemple, sur la manie des Montréalais, que la vieille Dounia ne distingue pas des Canadiens français ni des autres Québécois, de déménager périodiquement et de s'approprier leur nouveau logement comme s'il s'agissait à chaque fois du domicile définitif, ou encore, sur les brusques écarts de température qui conditionnent l'habillement quelle que soit la saison. S'ajoutent les toponymes avoisinants (Sainte-Thérèse, Terrebonne) et les noms des personnages québécois, M. et Mme Archambault, Mme Morin et Mme Chevrette, qui viennent en aide à la famille d'immigrés. Tous ces éléments concourent à forger une image à la fois sympathique et exotique du Québec à travers les yeux d'une étrangère qui, contrairement à son mari, finit par s'adapter à la nouvelle réalité qui l'entoure, au point même de vouloir s'y fondre. Le roman met en scène trois générations d'immigrés : les grands-parents, leurs six enfants (trois filles et trois garçons) et leurs cinq petits-enfants. Si tous les enfants nés de la première génération ont conservé leur nom arabe, les petits-enfants, sans exception, ont reçu des prénoms français, indice que l'acclimatation ou l'assimilation à la réalité québécoise a opéré dès la deuxième génération (entre autres, par l'entremise de mariages mixtes).

Les références linguistiques sont peu nombreuses dans ce roman, mais elles n'en demeurent pas moins révélatrices. Deux passages sont à souligner. Dans le premier, la narratrice transcrit telle quelle une expression québécoise qu'elle a entendue de la bouche de Mme Chevrette : « C'est donc de valeur, c'est bien de valeur[11] ». Elle note que l'expression peut moduler, « avec chaque fois une expression différente sur le visage », mais elle ne parvient pas à en saisir le sens.

---

[11] Abla Farhoud, *op. cit.*, p. 78.

Son fils Abdallah, « qui connaît très bien l'arabe et le français[12] », est tout aussi incapable d'expliquer le québécisme et les différentes connotations, variant du regret au dépit, en passant par l'indifférence, que l'expression peut comporter. Dans ce sens, la référence linguistique joue ici le même rôle que les emprunts culturels : elle se contente de connoter la québécité sans contaminer le discours de l'autre. Mais il y a une autre occurrence plus ambiguë. Vers la fin du récit, quand Dounia se rappelle un épisode pénible concernant la maladie d'Abdallah, le fils « tant aimé » qui sombrera dans la folie, elle commet à son tour un curieux québécisme : en évoquant la respiration difficile de l'enfant malade, elle parle de son « respir[13] ». Le mot, qui appartient au registre enfantin, est chargé d'affect. À l'image du fils dont la « parole n'était plus que balbutiements », la mère affectée par le spectacle de sa maladie, elle-même désemparée telle une enfant devant le spectre de la mort, n'arrive qu'à balbutier dans l'*autre* langue... Voilà, assurément, un effet de transmigration linguistique.

Sur le plan des correspondances littéraires, on peut tisser des liens entre *Le bonheur a la queue glissante* d'Abla Farhoud et *Bonheur d'occasion* de Gabrielle Roy[14]. Non seulement y a-t-il concordance dans les titres, mais celui d'Abla Farhoud, qui traduit littéralement en français le proverbe arabe qui a inspiré l'auteure, pourrait être la

---

[12] *Ibid.*, p. 79.
[13] *Ibid.*, p. 144.
[14] Lucie Lequin avait déjà fait le rapprochement entre les deux œuvres : « Dounia, la mère dans *Le bonheur a la queue glissante* d'Abla Farhoud, partage le silence de Rose-Anna dans *Bonheur d'occasion* et vit grâce à un même détachement, dépassant le malheur pourtant éprouvé dans une intensité indicible. » Voir Lucie Lequin, « Écrivaines migrantes et éthique », Anne de Vaucher Gravili [éd.], *D'autres rêves. Les écritures migrantes au Québec*, Venise, Supernova, 2000, p. 118.

traduction littéraire, en arabe, de *Bonheur d'occasion* retraduite en français. Sans aller jusqu'à prétendre que le roman de Gabrielle Roy constitue le palimpseste du roman d'Abla Farhoud, certains parallèles suggèrent des rapports d'affinité ou des liens d'enharmonie entre les deux œuvres. Les deux familles que mettent en scène ces romans partagent un même sort à l'origine : elles sont nombreuses, pauvres, et contraintes à de fréquents déplacements. À ce sujet, la quête d'appartements successifs de la famille libanaise après son installation dans la région de Montréal – « Sept maisons en quinze ans[15] » – n'est pas sans rappeler les déplacements répétés de la famille Lacasse dans le périmètre étroit des rues de Saint-Henri, en particulier lorsque le déménagement doit se faire en catastrophe : « Il fallait trouver un toit avant la nuit[16] ». En outre, les pérégrinations forcées des deux familles s'effectuent sur fond de guerre (la Deuxième Guerre mondiale pour les Lacasse, la guerre du Liban pour la famille de Dounia).

Mais le rapprochement le plus intime réside sans doute dans la narration elle-même. La narratrice d'Abla Farhoud, comme la voix narrative de Gabrielle Roy, est de nature empathique; elle communie avec les autres personnages dont elle partage les joies et les souffrances. Mais il y a plus, sa propre voix fait entendre une autre généalogie refoulée par l'ordre patriarcal de la société d'origine : la filiation matrilinéaire. Entre Dounia et sa fille Myriam existe le même rapport de complicité et parfois d'agressivité contenue que l'on retrouve entre Rose-Anna et Florentine. Par ailleurs, rien ne nous interdit de croire que le récit de Dounia, raconté invraisemblablement à la première personne par une vieille femme ignorante qui ne connaît pas le français et qui maîtrise

---

[15] Abla Farhoud, *op. cit.*, p. 91.
[16] *Ibid.*, p. 67.

mal la parole dans sa langue d'origine, ne soit en réalité *transcrit* par sa fille Myriam, une écrivaine qui recueille les dictons de sa mère en projetant d'écrire un livre sur elle. Double de l'auteure, elle serait alors dans la même position que la narratrice de *Rue Deschambault* qui écrivait sur sa mère, mais d'une manière encore plus discrète.

Un enfant pas comme les autres

Dans le roman de Guy Parent, *L'enfant chinois*[17], on retrouve à peu près les mêmes ingrédients de l'altérité : des références culturelles exotiques, quelques traits linguistiques appartenant à une autre langue et l'attrait d'un modèle littéraire venu d'ailleurs. Mais chez l'auteur québécois, la quête de l'autre est tournée vers l'intérieur. Si la narratrice de Farhoud tend à se fondre dans la réalité québécoise, au point d'effacer les traces de son origine orientale, le narrateur de Parent procède en sens inverse : il fuit sa *québécitude* en migrant de l'intérieur vers le quartier chinois de sa ville natale ou d'adoption. À notre connaissance, il s'agit du premier roman québécois dont l'intrigue se situe dans « ce quartier exigu, ravagé par les incendies, que les Montréalais appellent encore le Chinatown[18] ».

Résumons l'intrigue : un jeune étudiant québécois est affecté au recensement municipal dans le quartier chinois de Montréal. En se présentant au numéro 87 de la rue De La Gauchetière, il est confronté à deux mystères : « Au dessus de la porte, sous les couches de crasse urbaine, quatre formes noires dessin[ent] les lettres 'CH NG'[19] ». La lettre disparue laisse planer un doute sur l'identité de ce personnage, malgré tout *lisiblement* chinois : s'agit-il de Chong, de Chang ou de

---

[17] Guy Parent, *L'enfant chinois*, Montréal, Québec Amérique, 1998.
[18] *Ibid.*, p. 9.
[19] *Ibid.*, p. 9.

Cheng? Cette première énigme est vite élucidée, en faveur de Chang, mais le mystère n'est pas pour autant résolu. En vérifiant son registre, l'étudiant québécois découvre, à la même adresse, l'annotation : « Lot vacant, titre de propriété introuvable[20] ». Sur ces entrefaites surgit un vieux Chinois qui habite (ou plutôt squatte) le logement, en laissant entendre qu'il attendait la visite du jeune homme. C'est à ce mystérieux mandarin que revient l'honneur de faire le récit de l'enfant chinois.

Le récit n'est pas exempt de stéréotypes orientaux. Les épisodes de la vie de Chang, racontés par le narrateur chinois qui s'est substitué au premier narrateur, sont ponctués par le rituel du thé. On apprend incidemment que le vieux Chinois habite un ancien restaurant qui était la propriété d'un certain Monsieur Li, où Chang était devenu un cuisinier hors pair : « En fait, on disait de lui qu'il avait un don, que le ciel lui avait fait cadeau d'un rare talent. La rumeur voulait même qu'il connaisse plus de dix mille recettes[21] ». Devant l'incrédulité de son interlocuteur, le mandarin répond avec une sagesse tout orientale : « Tout est affaire de nuances vous savez. Une bonne idée peut facilement avoir cent visages[22] ». Mais ces traits culturels qui connotent la sinité sont plutôt discrets dans le récit. Surtout, ils servent à souligner le pouvoir de fascination qu'exerce sur le jeune homme la découverte d'une autre culture dont, en dépit de la proximité géographique dans la ville, il ne soupçonnait pas vraiment l'existence.

Le dialogue entre le narrateur occidental et son intermédiaire oriental est relayé à son tour par les six lettres laissées par Chang que le vieux Chinois lit à l'intention du

---

[20] *Ibid.*, p. 11.
[21] *Ibid.*, p. 53.
[22] *Ibid.*, p. 53-54.

jeune Québécois. Captivé par le récit de l'enfant chinois, le narrateur québécois en vient progressivement à s'identifier à lui. Il établit d'abord un simple parallèle entre l'enfance de Chang et sa propre enfance. En apprenant que l'enfant chinois avait été adopté par un couple québécois à l'âge de trois mois, il confesse : « Orphelin moi-même, je me sentis tout de suite une sorte de fraternité avec Chang. Je n'ai jamais connu mon père, et ma mère mourut lorsque j'étais enfant[23] ». Puis le lien de complicité se mue en rapport d'identification : « L'image du petit garçon aux cheveux noirs m'est longtemps restée en mémoire. Je le revois encore les poings dans les poches, serrant les noix qu'il venait de ramasser. Il marchait seul sous les arbres. Ses bottes faisaient voler les feuilles jaunes du sentier. Ce petit garçon, c'était moi[24] ». Au récit de l'agonie de la mère adoptive de Chang, l'identification se poursuit bien qu'un doute se glisse déjà dans l'esprit du narrateur : « Les gestes laissés en suspens par la mort de ma propre mère revenaient me hanter; des mouvements inachevés qui me poursuivent sans cesse. Une mémoire qui m'a échappé et qui cherche à se faire entendre. Je revois l'image d'un enfant très jeune, était-ce moi ou l'enfant chinois[25] ? »

Ce mimétisme, qui arrache le narrateur à ses origines tout en l'y ramenant par le biais de l'identification à l'autre, masque une autre forme de transmigrance. Quand Guy Parent entreprend l'écriture du premier de ses romans, Ying Chen a déjà fait paraître au Québec trois des siens : *La mémoire de l'eau*, *Les lettres chinoises* et *L'ingratitude*. La même année elle publie son quatrième roman, *Immobile*. Le titre même de Parent laisse supposer une connivence avec l'univers

---

[23] *Ibid.*, p. 21.
[24] *Ibid.*, p. 40.
[25] *Ibid.*, p. 99.

romanesque de Chen. Ce qui a transmigré de Ying Chen à Guy Parent, c'est avant tout une mémoire, mais la mémoire d'une écriture qui avait déjà, chez l'écrivaine d'origine chinoise, migré vers une autre langue[26]. Dans un certain sens, on peut dire que les « lettres chinoises » de Parent *recouvrent* celles de Chen. Osons parler ici de palimpseste, voire de pastiche, dans la mesure où le rapport entre les deux œuvres est de nature stylistique plutôt que thématique.

Le quartier chinois qui prend vie dans le roman de Parent est pour ainsi dire absent de l'œuvre de Chen. Ce constat s'explique aisément. En fuyant ses origines, Ying Chen les aurait retrouvées dans le quartier chinois de Montréal, mais sous une forme réductrice; en revanche, elle pouvait les réinventer en pratiquant dans l'ailleurs d'une autre langue ce que Barthes, inspiré de Mallarmé et de Blanchot, appelait une « écriture blanche[27] ». Pour les mêmes raisons, Guy Parent a pu se permettre d'acquiescer sans scrupules au cliché

---

[26] Or cette langue est aussi celle que partage Parent, ce qui pourrait expliquer la possibilité d'une transmigrance stylistique. Moisan et Hildebrand ont également établi le parallèle : « Certains romans québécois, si l'on ne connaissait pas leurs auteurs, pourraient sembler d'écrivains migrants. Ainsi, *L'enfant chinois* de Guy Parent [...]. On pourrait croire qu'il s'agit d'une suite des *Lettres chinoises* de Ying Chen, et de l'histoire de son jeune Chinois venu s'installer à Montréal pour y trouver un avenir » (Moisan et Hildebrand, *op. cit.*, p. 218-219). Voir aussi notre étude : « Une mémoire qui migre : de Ying Chen à Guy Parent », *Il Canada del nuovo secolo. Gli archivi della memoria*, Fasano (Bari), Schena Editore, « Biblioteca della Ricerca : Cultura Straniera 114 », 2002, p. 283-291.

[27] « Cette parole transparente, inaugurée par *L'étranger* de Camus, accomplit un style de l'absence qui est presque une absence idéale du style [...] » Voir Roland Barthes, *Le degré zéro de l'écriture*, suivi de *Nouveaux essais critiques*, Paris, Seuil, coll. « Points », 1953 et 1972, p. 55-56. De même, Barthes percevait une « certaine blancheur » de l'écriture au sein du Nouveau Roman et de Tel Quel, deux courants qui semblent avoir marqué le style de Chen.

dépaysant du Chinatown montréalais, parce qu'il a été en mesure de déceler, derrière son paravent, la possibilité de s'inventer une origine *autrement* québécoise. Pour qui connaît l'œuvre de l'écrivaine originaire de Shanghai, la dernière lettre de Chang, écrite par Parent, aurait pu être signée Chen :

> Il y a le vide, le temps et l'espace. Il y a l'être. Il y a ce que je suis, ce que j'ai cru être. Le rire et de nouveau le vide. Je ne suis rien. Je disparais à chaque instant. Ma vie n'a d'existence que dans la cadence du souffle. Je passe et n'ai plus de tristesse. Je n'ai presque plus de douleur. Il me reste cela et c'est presque déjà trop[28].

Dans l'expérience de la transmigrance, ce n'est pas seulement un imaginaire, une mémoire ou un ensemble de références culturelles qui migrent d'un écrivain à l'autre. Parfois, c'est une voix, un style, une signature. À ce niveau intime de communion avec l'autre, nous n'avons plus simplement affaire à des écritures migrantes. Si le style est bien l'âme d'une écriture, voire de la littérature, nous sommes en présence d'une réelle transmigration littéraire.

---

[28] Guy Parent, *op. cit.*, p. 181.

Une dramaturgie québécoise venue d'ailleurs. Réflexion sur la situation des auteurs de théâtre québécois nés à l'étranger

Véronique Pepin
Université du Québec à Montréal

Depuis les années 1980, l'écriture migrante constitue l'une des problématiques les plus étudiées en études québécoises. Toutefois, comme le démontrent différents chercheurs tels Clément Moisan, Renate Hildebrand et Daniel Chartier[1], la venue à l'écriture d'auteurs nés à l'étranger est loin d'être un phénomène récent. En fait, au cours des deux derniers siècles, ce sont en tout « près de six cents écrivains qui ont émigré au Québec[2] ». Par exemple, on oublie trop souvent qu'un écrivain comme Louis Hémon, auteur de l'incontournable *Maria Chapdelaine*, était un Français établi au Québec, et que tant son œuvre que sa réception soulèvent des problèmes spécifiques aux productions des écrivains migrants.

S'il est possible de distinguer des romanciers ou des essayistes d'origine étrangère qui ont marqué l'histoire de la littérature québécoise avant la période contemporaine, cela

---

[1] Notons Clément Moisan et Renate Hildebrand, *Ces étrangers du dedans. Une histoire de l'écriture migrante au Québec (1937-1997)*, Québec, Nota bene, 2001, 363 p. et Daniel Chartier, *Dictionnaire des écrivains émigrés au Québec, 1800-1999*, Québec, Nota bene, 2003, 367 p.
[2] Daniel Chartier, « Les origines de l'écriture migrante. L'immigration littéraire au Québec au cours des deux derniers siècles », *Voix et images*, no 80, hiver 2002, p. 306.

semble beaucoup plus difficile en ce qui concerne la pratique théâtrale. Il apparaît en effet ardu de nommer des dramaturges nés à l'étranger actifs avant le début des années 1980. Pourtant, la situation de ces derniers demeure particulièrement intéressante, notamment parce que le genre théâtral implique la question de la langue parlée qui, pour plusieurs de ces écrivains, pose problème. Il devient donc pertinent, au moment où l'écriture migrante est devenue partie prenante de l'histoire de la littérature contemporaine, d'étudier la situation des dramaturges québécois d'origine et de langue étrangères. C'est ce que nous ferons ici, en nous interrogeant d'abord sur le choix, non anodin, du théâtre comme pratique d'écriture, puis en nous intéressant à la problématique majeure à laquelle ces hommes et ces femmes de théâtre ont à faire face : la recherche d'un langage approprié et de thématiques pertinentes. Enfin, nous considérerons l'apport de ces dramaturges à l'ensemble de la littérature québécoise.

Le théâtre comme lieu d'affirmation

Pour les écrivains d'origine et de langue étrangères, le choix du théâtre comme pratique d'écriture revêt différentes significations. Dans plusieurs cas, les dramaturges émigrés optent pour l'écriture dramatique à cause de son lien étroit avec la langue parlée et de l'effet immédiat du théâtre sur le public. Comme l'explique Marco Micone, dont la pratique a été qualifiée de « théâtre de la responsabilité sociale[3] », « le théâtre est un geste public, dans le sens le plus complet du terme[4]. » Il s'agit selon lui d'un outil privilégié pour tout

---

[3] Entre autres par Michel Laurin dans son *Anthologie de la littérature québécoise*, Anjou, Éditions CEC, coll. « Langue et littérature », 1996, p. 291.
[4] Propos recueillis lors d'une table ronde animée par Michel Vaïs et Philip Wickham le 23 juin 1994 et publiés dans les *Cahiers de théâtre Jeu*

créateur qui ressent une certaine urgence de dire et qui a, en quelque sorte, des comptes à régler : avec le pays quitté ou la société d'accueil, notamment.

En se positionnant contre le théâtre de divertissement, Wajdi Mouawad dit quant à lui faire du théâtre par nécessité, « pour ne pas oublier le drame de son enfance[5] », lui qui, à l'âge de six ans, a assisté aux premières tueries de la guerre civile libanaise. Pour Mouawad, le théâtre est un espace de réflexion et un lieu pour exprimer l'urgence. Affirmant que « le théâtre fait dans la nécessité transforme la perte en vie [et qu']il permet aux gens de s'arracher à leur douleur[6] », le jeune dramaturge, directeur du Théâtre de Quat'Sous de janvier 2000 à août 2004, rappelle les vertus cathartiques que l'on attribue souvent à la représentation théâtrale.

Abla Farhoud, devenue comédienne à l'âge de dix-sept ans, admet pour sa part ne pas avoir vraiment choisi d'écrire pour le théâtre. L'écriture se serait tout simplement imposée à elle comme l'aboutissement normal de son cheminement. Cependant, elle admet que la scène et l'écriture lui permettent d'exprimer sa différence et, d'une certaine façon, de survivre : « Sur scène, j'avais toutes les possibilités d'être différente sans me faire pointer du doigt. J'avais le droit d'exister, *d'être* tout simplement. Je respirais comme un accusé qui aurait eu la chance de trouver un alibi[7] ».

---

quelques mois plus tard. Voir Michel Vaïs et Philip Wickham, « Le brassage des cultures », *Cahiers de théâtre Jeu*, no 72, septembre 1994, p. 11.
[5] Luc Boulanger, « Wajdi Mouawad : Quand les hommes vivront d'amour », *Voir Montréal*, vol. 15, no 40, 4 octobre 2001, p. 18.
[6] *Ibid.*, p. 18.
[7] Michel Vaïs et Philip Wickham, *op. cit.*, p. 12.

Wajdi Mouawad explique de façon similaire sa venue à la scène. Celle-ci lui aurait permis d'évacuer le feu qui brûlait en lui, d'émerger à la surface et de prendre la respiration qui sauve celui qui se noie[8] : « Le théâtre est venu d'un besoin de parler, d'une certaine urgence de témoigner[9] ». Ainsi, le théâtre serait le genre tout indiqué pour qui ressent une urgence de dire et de s'exprimer.

Un théâtre qui parle

Si jusqu'à récemment les auteurs de théâtre québécois nés à l'étranger provenaient généralement de France[10], les dramaturges migrants actuels proviennent en grande partie du bassin méditerranéen, comme le remarquent Michel Vaïs et Philip Wickham[11]. Pensons à Abla Farhoud et Wajdi Mouawad, tous deux nés au Liban, à Marco Micone, né en Italie, à Pan Bouyoucas, d'origine grecque, à Khaldoun Imam, qui a vu le jour en Syrie, et à Ahmed Ghazali, né au Maroc. Ces écrivains, originaires de pays ayant une tradition orale marquante, affirment pour la plupart avoir besoin de la langue parlée, criée, chantée, bref de la langue orale, pour s'exprimer.

La parole est d'ailleurs représentée de manière particulière dans les œuvres qu'écrivent ces dramaturges. Par exemple, Abla Farhoud a intégré des chansons folkloriques et

---

[8] Propos tenus lors de la conférence prononcée à l'Université McGill le 31 octobre 2001.
[9] Tristan Malavoy-Racine, « Wajdi Mouawad : la métamorphose », *Voir Montréal*, vol. 16, no 42, 24 octobre 2002, p. 38.
[10] Pensons entre autres à Henry Deyglun, Robert Gurik et Jean-Pierre Ronfard.
[11] Toujours dans « Le brassage des cultures : table ronde », *Cahiers de théâtre Jeu*, no 72, septembre 1994, p. 9. Cette table ronde a servi de point de départ à la réflexion que nous présentons ici ; c'est pourquoi nous nous y référons à plusieurs reprises.

des proverbes libanais à l'intérieur de sa pièce *Jeux de patience*[12]. Wajdi Mouawad, dans *Littoral*[13], met en scène des jeunes hommes et des jeunes femmes qui décident d'aller raconter leur histoire sur les places publiques pour exorciser et évacuer les démons du passé. Mouawad ressentait une telle urgence de dire qu'au début de sa carrière, il ordonnait à ses acteurs de hurler les textes dans un rythme extrêmement rapide[14]. Dans l'avertissement au lecteur qui précède *Les mains d'Edwige au moment de la naissance*[15], il insiste sur l'importance de la parole dans son œuvre : « En fait, les personnages s'arrachent littéralement la parole, la parole étant ici source de vie. Les personnages s'arrachent la parole comme des assoiffés peuvent s'arracher une source d'eau. Ils ne laissent jamais le temps à l'autre de conclure[16] ». Le nom de la compagnie que Wajdi Mouawad a fondée au début des années 1990 en collaboration avec Isabelle Leblanc – le Théâtre Ô Parleur – indique aussi clairement ses préoccupations.

Marco Micone, qui a fait ses débuts en dramaturgie à la fin des années 1970, dit avoir choisi le théâtre parce qu'il s'agit d'un « genre littéraire beaucoup plus immédiatement politique que les autres [...] On prend la parole devant un public et on trouve une interaction[17] ». Pour sa part, Pan Bouyoucas affirme que l'écriture dramatique lui semble plus naturelle : « Il n'y a pas de raison politique ni littéraire [à

---

[12] Abla Farhoud, *Jeux de patience*, Montréal, VLB Éditeur, coll. « Théâtre », 1997, 77 p.
[13] Wajdi Mouawad, *Littoral*, Paris, Actes Sud et Montréal, Leméac, coll. « Papiers », 1999, 135 p.
[14] Propos tenus lors de la conférence prononcée à l'Université McGill le 31 octobre 2001.
[15] Wajdi Mouawad, *Les mains d'Edwige au moment de la naissance*, Montréal, Leméac, coll. « Théâtre », 1999, 88 p.
[16] *Ibid.*, p. 13
[17] Michel Vaïs et Philip Wickham, *op. cit.*, p. 11.

pratiquer le théâtre]. C'est comme un chant[18] ». Lorsqu'il écrit des romans et des nouvelles, il lui manque cette dimension orale : celle de l'expression spontanée et à voix haute. Pour lui, « c'est quelque chose d'atavique, quasiment de naturel, ça vient plus facilement au théâtre[19] ». Pour ces écrivains migrants, la pratique théâtrale répond ainsi à un besoin profond : celui de prendre la parole. Que ce soit pour des raisons personnelles, politiques ou littéraires, tous ont opté pour le théâtre parce que son matériau de base est la langue parlée.

La recherche d'un langage approprié

Si la parole et l'acte de dire, de crier ou de chanter semblent nécessaires, la langue pose quant à elle un problème pour tous les écrivains émigrés, et plus encore pour ceux qui pratiquent l'écriture dramatique. En effet, il apparaît difficile de découvrir la langue appropriée pour leurs personnages, de leur prêter une voix et une parole qui soient justes. Comme l'explique Khaldoun Imam,

> ceux qui parlent l'arabe savent qu'il existe d'une part l'arabe classique, d'autre part une langue arabe argotique, et qu'il n'y a aucun lien entre les eux. Comment faire parler sur scène un personnage qui, dans la vraie vie, parle en arabe argotique? En joual? En français classique parsemé d'expressions arabes? Ou bien en traduisant, mot à mot, ses tournures de phrases[20]?

Pour sa part, Marco Micone avoue d'emblée que s'il était né au Québec, il ressentirait moins de difficulté à faire parler ses personnages sur scène. Selon lui, un choix supplémentaire

---

[18] *Ibid.*, p. 11.
[19] *Ibid.*, p. 11.
[20] *Ibid.*, p. 20.

s'impose : « Le joual n'est pas ma langue ni celle des italophones d'ici, donc il faut inventer une langue, en quelque sorte[21] ».

C'est cette solution qu'ont adoptée plusieurs dramaturges d'origine étrangère, dont Pan Bouyoucas et Wajdi Mouawad. Ce dernier emploie une langue expressive et très rythmée qui rappelle ses origines arabes, mais qu'il teinte d'argot français et de joual. Cette langue métissée se veut à l'image de son créateur : un jeune écrivain libano-québécois ayant séjourné quelques années en France. On a d'ailleurs dit de sa pièce *Journée de noces chez les Cromagnons*, créée en 1994, que

> les comédiens [qui] sont tous québécois […] ne parlent ni avec l'accent de France (cela gommerait le particularisme oriental de la pièce), ni avec l'accent arabe (ce serait de l'exotisme de pacotille), ni avec l'accent québécois (parler de *homos* [sic] avec un accent joual produirait un décalage amusant mais inapproprié)[22].

Wajdi Mouawad écrit en français, sa langue seconde, mais il répète à ses comédiens que pour bien rendre ses textes, ils doivent savoir que sous les dehors du français se trouve l'arabe, une langue rythmée et gutturale que l'on aboie, que l'on hurle : « J'écris en arabe avec des mots français[23] », affirme-t-il. Sa relation avec le langage relève de la stratégie identitaire : dans l'adaptation de *Six personnages en quête d'auteur* qu'il signe à l'automne 2001, le personnage de metteur en scène québécois est joué par Igor Ovadis, un comédien dont l'accent russe demeure flagrant. « C'est une façon de souligner que les rôles québécois peuvent être joués

---

[21] *Ibid.*, p. 22.
[22] Michel Denance, « *Journée de noces chez les Cromagnons* », *Cahiers de théâtre Jeu*, no 70, mars 1994, p. 199.
[23] Propos tenus lors de la conférence prononcée à l'Université du Québec à Montréal le 19 février 2003.

aussi par quelqu'un qui a un accent autre que québécois, tout en étant un Québécois[24] », explique Mouawad. Dans la plupart des pièces qu'il crée, adapte ou met en scène, Wajdi Mouawad joue ainsi avec les niveaux de langue et les accents.

Pan Bouyoucas admet quant à lui s'être demandé comment nommer les choses lorsqu'il a commencé à écrire :

> J'ai essayé un peu le joual, parce que c'est ainsi que l'on parlait au théâtre, puis j'ai arrêté parce que j'avais l'impression d'être un imposteur. Finalement, j'ai accepté la langue que j'ai. Je ne sais pas ce que c'est. C'est un mélange. Je me suis rendu compte qu'elle contenait une musicalité. J'utilise parfois des mots que je n'entends pas au théâtre, mais qui peuvent y apporter une certaine richesse[25].

Pour Marco Micone, le côtoiement des langues (utilisation de plusieurs langues dans une même pièce) est un moyen en voie de devenir une recette, et ne constitue pas une solution au problème de la langue au théâtre. À son avis, « il faudrait plutôt voir si, au point de vue métaphorique, syntaxique et lexical, nous ne pouvons pas, en tant qu'immigrants, enrichir la langue québécoise[26] ». Pour illustrer son propos, il mentionne qu'il « y aura peut-être un Réjean Ducharme immigrant dans quelques années – peut-être qu'il est là parmi nous et qu'il sommeille encore –, et c'est ce vers quoi nous devons tendre[27] », c'est-à-dire vers une langue hybride, riche, à la fois imaginaire et imaginative.

---

[24] Marie-Christine Blais, « Comme les six doigts de la main », *La Presse*, 6 octobre 2001, p. D-8.
[25] Michel Vaïs et Philip Wickham, *op. cit.*, p. 24.
[26] *Ibid.*, p. 25.
[27] *Ibid.*, p. 25.

Le problème de la thématique

Outre la langue, les écrivains émigrés se heurtent à une autre difficulté : la thématique. Plusieurs d'entre eux, comme Abla Farhoud, ont toujours « peur de folkloriser[28] ». Selon Khaldoun Imam, les gens entretiennent et véhiculent des clichés sur certaines sociétés et s'attendent constamment à en recevoir la confirmation. Aussi, une grande différence d'intérêt entre en jeu, comme il l'explique :

> Pendant vingt ans, la peur m'a interdit de parler de politique ou de religion. Présentement, je suis assoiffé d'en parler. Le problème, c'est que le public est las de l'une et indifférent à l'autre. C'est un défi de taille que de l'intéresser à mes préoccupations. Surtout que, moi aussi, je suis écœuré du désarroi amoureux et du mal de vivre, thèmes favoris des dramaturges québécois[29].

Ces propos rejoignent ceux de la critique. À preuve, ce commentaire de Jennifer Couëlle qui, commentant *Le mouton et la baleine*, pièce de Ahmed Ghazali montée au Quat'Sous en janvier 2001, mentionne que cette création est une « bonne chose pour notre théâtre qui ne croule pas sous le poids de sa pertinence thématique[30] ».

L'écriture des auteurs d'origine étrangère s'inscrit nécessairement dans une double tradition culturelle. Puisqu'ils proviennent d'ailleurs et qu'ils ont possiblement fait des lectures dans leur littérature d'origine, les dramaturges nés à l'étranger ont assimilé des valeurs et une vision de la société qui diffèrent de celles des Québécois nés au pays. Les écrivains émigrés sont donc, en quelque sorte,

---

[28] *Ibid.*, p. 33.
[29] *Ibid.*, p. 20.
[30] Jennifer Couëlle, « Sur le pont entre deux eaux », *La Presse*, 19 janvier 2001, p. C-5.

hybrides. Cette position est féconde, tout en pouvant être aliénante : plus vraiment d'ailleurs parce qu'ayant un jour quitté leur pays pour le Québec, ils ne sont pas tout à fait d'ici non plus parce que porteurs d'un bagage (culturel, historique, politique, etc.) bien différent. À ce sujet, Pan Bouyoucas explique :

> Je connais des comédiens grecs qui sont arrivés ici il y a deux ou trois ans, mais leur conception du théâtre est tout à fait différente de la mienne. C'est là que je me rends compte encore que je ne suis plus grec. Et s'il y a des Québécois qui ne me comprennent pas, mes parents me comprennent encore moins[31].

Abla Farhoud, de qui on mentionne souvent les origines arabes, rapporte pour sa part l'anecdote suivante, qui illustre bien la position particulière qui est celle des écrivains émigrés :

> Il est sûr que je m'inspire de tout ce qui existe. Un jour, quelqu'un qui analysait très rapidement une de mes pièces y voyait de nombreuses traces culturelles : un proverbe espagnol, un conte ancien arabe, une chanson américaine. Je suis imbibée de tout ça. […] C'est drôle parce que, quand je suis jouée à l'étranger, on dit que je fais du théâtre québécois[32].

Il apparaît donc juste de parler ici de métissage, d'hybridité. Dans *Ces étrangers du dedans. Une histoire de l'écriture migrante au Québec*[33], Clément Moisan et Renate Hildebrand distinguent, à l'instar de Régine Robin, trois positionnements

---

[31] Michel Vaïs et Philip Wickham, *op. cit.*, p. 33.
[32] *Ibid.*, p. 29 et p. 33.
[33] Clément Moisan et Renate Hildebrand, *Ces étrangers du dedans. Une histoire de l'écriture migrante au Québec (1937-1997)*, Québec, Nota bene, coll. « Études », 2001, 363 p.

que peuvent adopter les écrivains venus d'ailleurs : « Certains écrivains tendront à représenter la culture de leur groupe, d'autres à se fondre dans celle de l'Autre, ou à se situer au-dessus des cultures en présence et/ou encore, à vouloir en faire une sorte de métissage, qu'on a appelé 'transculture'[34]. » Ils expliquent le transculturel (passage « d'une écriture 'immigrante', c'est-à-dire axée sur le passé et le présent des cultures de départ et d'arrivée, à une écriture 'migrante', c'est-à-dire portée désormais par un déplacement possible vers et à travers l'autre[35] ») et le posent comme caractéristique de la période contemporaine, laquelle débute pour eux en 1986.

Un apport certain

Marco Micone remarque que depuis 1985, le théâtre québécois change, s'ouvre : « Peut-être que c'est un peu à cause de nous. Même la façon de parler au théâtre a changé, la musicalité de la parole aussi[36] ». Les difficultés que représentent la langue et la thématique pour un écrivain d'origine étrangère constituent de prime abord un obstacle, mais peuvent vraisemblablement devenir des éléments sur lesquels il peut agir, ce qui, comme l'ont par exemple compris Moisan et Hildebrand, devient assurément bénéfique pour la littérature québécoise, qui est alors amenée à déplacer les limites de son territoire imaginaire.

Ce qui apparaît le plus exclusivement original chez les dramaturges québécois d'origine étrangère, c'est le fait qu'ils affirment toujours s'inspirer, dans une mesure qui varie, de leur expérience de l'immigration. En quelque sorte, leurs textes sont porteurs de leur propre souffrance, comme en

---

[34] *Ibid.*, p. 55.
[35] *Ibid.*, p. 207-208.
[36] Michel Vaïs et Philip Wickham, *op. cit.*, p. 18.

témoigne Khaldoun Imam : « J'ai vécu vingt ans dans une société muselée par la dictature, terrorisée par la religion, écrasée sous le poids des traditions. Mes personnages ne peuvent être que tragiques, fatalistes, culpabilisés et au bout de leur rouleau[37] ». Si l'empreinte du passé n'est pas aussi vive ou profonde chez tous les dramaturges, les ravages de la guerre et la douleur de l'exil constituent les thèmes centraux de plusieurs œuvres théâtrales, dont *Jeux de patience* (1997), de Abla Farhoud, et *Littoral* (1999), de Wajdi Mouawad. Ces deux écrivains d'origine libanaise ont été marqués par la guerre civile. Forcés d'émigrer, Farhoud vint directement au Québec, tandis que Mouawad s'établit en France durant quelques années avant de venir s'installer en sol québécois. Pour l'un comme pour l'autre, l'exil a été douloureux, tout comme l'acceptation de sa différence et de sa situation d'étranger. Plus encore, la difficulté majeure pour ces deux dramaturges a été de concilier l'hier et l'aujourd'hui, le là-bas et l'ici; ils en ont fait le propos de leurs œuvres.

Ainsi, dans *Jeux de patience*, Abla Farhoud expose la recherche d'un compromis entre vie passée et présente en confrontant les visions de trois femmes qui ont vécu la guerre : l'une a perdu sa fille, a été forcée d'émigrer et ne veut pas oublier, l'autre a vécu le conflit à distance par l'entremise des médias et veut y répondre par l'écriture, alors que la troisième y a laissé sa vie et goûte, enfin, à la liberté. Dans *Littoral*, Wilfrid, un jeune homme qui veut connaître son identité et ses origines, entreprend un voyage dans le pays natal de son père afin d'y inhumer son cadavre. Malheureusement, la guerre a ravagé tout le pays et il est désormais impossible d'ajouter une dépouille à cette terre où la mort a triomphé de la vie. Wilfrid joint alors sa quête à celle d'autres jeunes victimes de la guerre qui veulent, une

---

[37] *Ibid.*, p. 14.

fois pour toutes, sortir de la prison dans laquelle ils sont enfermés, c'est-à-dire celle de leur mémoire et de la mémoire de leurs ancêtres.

On constate ainsi que, dans un cas comme dans l'autre, la mémoire est un élément central : les personnages éprouvent le besoin et le devoir de se souvenir, ce qui perturbe leur affirmation identitaire. La question de l'identité est directement liée à celle de la mémoire chez Abla Farhoud et Wajdi Mouawad qui ont, chacun à leur manière, contribué à enrichir la littérature québécoise en y intégrant la thématique de la guerre. Aussi, ces dramaturges mettent en scène des personnages pour qui le salut réside dans l'écriture, l'acte de raconter ou le monde imaginaire, trois lieux de réconciliation pour celui ou celle qui veut préserver, puis outrepasser une mémoire qui est cruciale, mais problématique.

Une position stimulante

Quand on leur demande si le clivage qui existe entre leur pays d'origine et le Québec constitue pour eux un obstacle ou un atout, les dramaturges québécois d'origine étrangère affirment être motivés par la capacité qu'ils ont, avec leur culture et leur statut particuliers, de provoquer divers questionnements. Pour Marco Micone, vivre l'immigration est une « chance[38] », puisque cette expérience permet de prendre une distance, un recul qui donne l'occasion d'aborder une multitude de problématiques différentes. Pour Abla Farhoud, l'exil permet de rester entre deux eaux, entre deux cultures, une position en apparence inconfortable, mais qui possède ses avantages : « Cela me convient totalement aussi parce que ça me force à me questionner; et écrire, c'est

---

[38] *Ibid.*, p. 34.

justement questionner[39] ». En ce qui le concerne, Khaldoun Imam ne croit pas qu'il y ait un grand clivage entre les cultures. Selon lui, « la solitude, la souffrance sont les mêmes; ce sont les mécanismes de défense qui diffèrent : résignation ou fatalisme dans les sociétés musulmanes, contre arrogance, sens du défi ou volonté de s'en sortir dans les sociétés occidentales[40] ».

Une dramaturgie québécoise venue d'ailleurs

Ayant contribué à redéfinir la littérature québécoise, les écrivains nés à l'étranger sont aujourd'hui intégrés au corpus national, et non plus marginalisés. C'est notamment le cas de Wajdi Mouawad, dont l'apport unique au théâtre québécois est reconnu. Plusieurs critiques présentent ce « multidoué du théâtre québécois[41] » comme l'un « des auteurs les plus importants de la dramaturgie québécoise[42] ». Marco Micone affirmait au début des années 1990 que les dramaturges de sa génération étaient des pionniers. Selon lui, leur théâtre était différent du théâtre politique qui avait cours à l'époque où ils ont commencé à écrire, et ils devaient, en même temps qu'ils créaient des œuvres, construire un discours critique autour de ces dernières. Il apparaît aujourd'hui que les difficultés auxquelles étaient confrontés ces dramaturges (notamment la langue et la thématique) s'amenuisent peu à peu, avec l'ouverture sur le monde dont bénéficie la littérature et surtout le théâtre québécois, dont le rayonnement devient de plus en plus international. Ainsi, les œuvres et les auteurs

---

[39] *Ibid.*, p. 35.
[40] *Ibid.*, p. 35.
[41] Stéphane Baillargeon, « Complexe d'Œdipe : Wajdi Mouawad poursuit son pèlerinage au Théâtre Denise-Pelletier », *Le Devoir*, 28 janvier 1998, p. B-7.
[42] Luc Boulanger, « Québec New York 2001 : opération séduction », *Voir Montréal*, vol. 15, no 23, 7 juin 2001, p. 53.

d'origine étrangère font désormais partie intégrante de la littérature québécoise, et la question qui se pose maintenant est celle, plus vaste, de la transmission de l'héritage.

TABLE DES MATIÈRES

INTRODUCTION

Daniel Chartier
L'espace, l'exil, l'écriture et l'histoire — 7

LES ESPACES ET LES LIEUX-DITS
Moodie, Parr Traill, Zagolin, Farhoud, Ollivier

Françoise Le Jeune
L'appropriation du paysage par l'imaginaire
colonial du XIXe siècle dans
The Backwoods of Canada et *Roughing It in the Bush* — 15

Elena Marchese
L'exil chez Bianca Zagolin et Abla Farhoud.
La recherche d'un espace habitable
entre passé et présent — 51

Simon Harel
Les lieux-dits de l'écrivain public.
Dispositifs écotopiques et migration
dans l'œuvre d'Émile Ollivier — 71

L'EXIL ET LES QUESTIONNEMENTS IDENTITAIRES
Langue mitchif, Roy, Laferrière

Pamela V. Sing
Exils et « désécritures ».
Le cas de la langue *mitchif* — 105

Antoine P. Boisclair
La voix de l'exil. Lyrisme et élégie
dans l'œuvre de Gabrielle Roy   129

Nathalie Prud'homme
Mythes états-uniens et questionnement identitaire
dans *Cette grenade dans la main du jeune Nègre
est-elle une arme ou un fruit?* de Dany Laferrière   151

L'ÉCRITURE ET L'« ENTRE-DEUX-LANGUES »
Rajic, Comnène, Robin

Vladimir Kapor
L'écriture migrante comme une écriture double.
Le cas de Négovan Rajic   173

Chantal Ringuet
Le témoignage différé de l'Histoire.
L'exemple d'Angela Comnène   189

Cynthia Fortin
À la recherche d'un « entre-deux-langues ».
La traduction identitaire chez Régine Robin   205

L'IMMIGRATION LITTÉRAIRE
Sui Sin Far, Garcia, Farhoud, Parent, dramaturgie

Daniel Chartier
Une voix parallèle de la fin du XIXe siècle : Sui Sin Far   225

Petra Mertens
« Compagnons de la neige » de Juan Garcia.
Une rhétorique de l'intégration   247

Gilles Dupuis
Les écritures transmigrantes. Les exemples
d'Abla Farhoud et de Guy Parent   259

Véronique Pepin
Une dramaturgie québécoise venue d'ailleurs.
Réflexion sur la situation des auteurs
de théâtre québécois nés à l'étranger   275

DÉJÀ PARUS

Hafid Gafaïti (sous la direction de), *Cultures transnationales de France : des "beurs" aux ...?* (2001).

Hafid Gafaïti, Anne Mairesse et Michèle Praëger (sous la direction de), *Recyclages culturels/Recycling Culture* (2003).

Alec G. Heargreaves (sous la direction de), *Minorités poscoloniales anglophones et francophones : études culturelles comparées* (2004).

Charles Bonn (sous la direction de), *Migrations des identités et des textes entre l'Algérie et la France dans les littératures des deux rives* (2004).

Charles Bonn (sous la direction de), *Échanges et mutations des modèles littéraires entre Europe et Algérie* (2004).

Christiane Chaulet-Achour (sous la direction de), *Les 1001 Nuits et l'imaginaire du XXe siècle* (2004).

Richard Jacquemond (sous la direction de), *Écrire l'histoire de son temps (Europe et monde arabe). L'écriture de l'histoire I.* (2005).

Richard Jacquemond (sous la direction de), *Histoire et fiction dans les littératures modernes (Europe, France, monde arabe). L'écriture de l'histoire II.* (2005).

Hafid Gafaïti, Patricia M. Lorcin et David G. Troyansky (sous la direction de), *Migrances, diasporas et transculturalités francophones : littératures et cultures d'Afrique, des Caraïbes, d'Europe et du Québec* (2005).

Mireille Rosello, *France-Maghreb : Poétique d'une encontre méditerranéenne* (2006).

Najib Redouane (sous la direction de), *La Francophonie du sud* (2006).

656371 - Mai 2016
Achevé d'imprimer par